용기를 내어 당신이 생각하는 대로 살아야 합니다.
그렇지 않으면 머지않아 당신은 사는 대로 생각하게 될 것입니다.

– 폴 부르제(프랑스의 시인, 철학자)

Il faut vivre comme on pense,
sans quoi l'on finira par penser comme on a vécu.

– Paul Bourget

조직에 필요한 **필요한** 유능한 팀장을 **키워내는**

팀장 제조
매뉴얼

구조조정에도
끄떡없는
팀장으로
살아남기

조직에 **필요한** 유능한 팀장을 **키워내는**

구조조정에도
끄떡없는
팀장으로
살아남기

팀장 제조
매뉴얼

제러드 H. 가이너 지음 | 송한진 옮김

터닝
포인트

조직에 필요한 유능한 인재를 키워내는

팀장 제조 매뉴얼

2009년 1월 15일 초판 1쇄 인쇄
2011년 9월 10일 초판 2쇄 발행

지은이 | 제러드 H. 가이너
펴낸이 | 정상석
펴낸곳 | (주)터닝포인트아카데미

기획 | 김재희, 박미화, 김수현, 허자연
편집디자인 | 이정환
표지디자인 | 공종욱

출판등록 | 2005.2.17 제6-738호
주소 | 121-839 서울시 마포구 서교동 375-26 2층
전화 | 02-332-7646
팩스 | 02-3142-7646
홈페이지 | http://www.turningpoint.co.kr

ISBN | 978-89-957176-6-0 03320

값 | 17,000원

내용 문의 및 원고 집필 문의 | diamat@naver.com
잘못된 책은 바꿔 드립니다.

사람들과 일하며 얻은 경험 그 자체가 특별한 행운

　지난 수십 년간 나는 수를 헤아릴 수 없을 정도로 많은 분들과 동고동락했다. 그분들의 도움이 있었기에 오늘날의 내가 존재할 수 있었다는 것을 안다. 이 자리를 통해 그분들에게 무한한 감사를 드린다. 이 책에서 논의한 '관리'에 대한 나의 생각과 태도는 그동안 전 세계에서 논리적 이론과 앞선 기법으로 나를 지도해주시고, 몸소 행동으로 가르침을 주신 수많은 분들에게 영향을 받은 것이다. 또한 오랜 기간의 실무 경험은 전통적인 사고의 틀을 뛰어넘어 더 확장하고 더 배울 수 있는 밑거름이 되었다.

　그동안 내가 만났던 다양한 채널들 즉, 사람들과 책들 그 모두가 나의 사고에 큰 영향을 주었다. 그들의 가르침은 실적, 효율성, 효과성과 같은 어떤 민감한 주제에 대해서도 일관된 원칙을 세울 수 있도록 해주었다. 또 드러난 문제와 아직 드러나지 않은 잠재적인 문제를 해결할 수 있는 지혜에 눈을 뜨게 해주었으며 미래의 새로운 기회에도 관심을 갖게 해주었다. 그 결과 어떠한 상황에서도 내가 한 행동은 스스로 책임지게 되었고 그것이 또한 성장하는 기회가 되었다.

　지난날 각 분야의 최고 전문가들과 함께 일한 경험 그 자체가 나에게는 '특별한 행운'이었다. 그런 경험을 통해 나는 어떠한 일이든지 현상 유지라는 말을 용납할 수 없었다. 그 결과 "반드시 더 나은 방법이 있다there must be a better way".라는 나만의 업무 철학을 갖게 되었다.

특별히, 내 인생에서 가장 소중한 경험은 전 세계를 돌면서 많은 경험을 가능케 했던 3M의 임직원, 그리고 동료들과 함께 했을 때이다. 이들 한 분 한 분께 진심으로 감사의 말씀을 전하지 않을 수 없다. 특히 내가 7년간 일했던 3M 이탈리아 법인의 이탈리아 친구들과 미국인 동료에게 세계 최고의 전문가에게만 드리는 존경과 우정의 마음을 담아 각별한 감사의 말씀을 전한다.

또한 아마콤AMACOM의 편집장님께도 진심으로 감사드린다. 이 책의 출판에 각별히 도움을 주신 아드린느 히케이Ms. Adrienne Hichey와 부편집장이신 마이크 시빌리Mike Sivilli, 그리고 출판 책임자이신 리디아 레위스Lydia Lewis에게도 감사를 드린다. 이 책이 세상에 나오도록 최고의 전문성을 보여주신 그 외 많은 분들과 이 기쁨을 함께 나누고 싶다. 그리고 이 책을 쓸 수 있도록 진심어린 조언과 격려를 해준 나와 함께했던 파트너이자, 내 아내인 쉴리Shirley에게도 진심으로 감사의 말을 전하고 싶다.

제러드 H. 가이너

직장에서 승진한 사람들에게
주고싶은 최고의 선물

이 책은 승진하는 사람들을 위한 책이다. 또한 관리자가 되고자 하는 사람들이라면 관리자의 책상 앞에 앉기 전에 반드시 읽어야 할 책이다.

우리가 직장생활을 하면서 대리나 과장 또는 팀장으로 승진할 때마다 거기에는 반드시 더 큰 책임과 의무가 주어진다. 하지만 승진 때마다 체계적으로 각종 관리 기법을 교육받을 기회는 그리 많지 않다. 특히 상위 직급으로 승진할수록 인간관계 관리와 조직 관리에 대한 이론과 실무는 더 필요하다. 그런 면에서 이 책은 승진하는 사람들이 새로운 마음가짐으로 관리자의 길을 시작할 때 다시 한 번 자신을 점검하도록 해주고 초심을 일깨워주는 지침서라 할 수 있다.

나는 '자본주의의 꽃'이라는 증권투자신탁회사에서 펀드매니저, 애널리스트, 그리고 스트레티지스를 거치면서 업무 전문성을 키워왔다. 이후 계속되는 전문적 연수와 자격증 취득, 그리고 대학교 출강을 통해 지식의 영역을 끊임없이 넓혀왔다. 하지만 돌이켜보면 전문가로서의 역량 강화에 비해 관리자의 역량 강화를 위한 교육 기회는 턱없이 부족했다. 그나마 개인적으로 책을 통해 독학을 하거나, 오랜 직장 경험에서 역할모델 관찰을 통해 관리자의 기본 소양을 스스로 익혀왔다. 이처럼 아직도 대부분의 기업에서는 관리자로서의 자질을 공인된 교육을 통해서가 아니라 혼자 책에서 배우거나 역할모델을 통해 스스로 눈너머로 배워야 하는 실정이다.

최근의 기업문화는 고학력자나 전문가를 지나치게 우대하는 경향이 있다. 그러다보니 팀장이나 부서장으로 임명된 사람이 조직관리의 경험이 전혀 없는 경우도 허다하다. 그러나 진정으로 관리자로 성공하고 싶다면 '관리하기'에 성공해야 한다. 조직관리, 인사관리, 총무관리, 인간관계관리 등 상위 직급으로 올라갈수록 관리의 필요성은 더욱 커질 것이다. 그런 의미에서 이 책은 '관리'에 대한 전반적인 기초 지식과 현실적인 이해를 충분히 제시한다.

경영학에서 다루는 '관리'라는 주제에는 정답이 없다. 다만 이론과 실천만이 있을 뿐이다. 이 책의 저자 제러드 H. 가이너는 오랜 기간 직장생활을 통해 몸소 체득한 관리 경험과 학교 강의, 컨설팅 업무에 종사하면서 터득한 이론적인 지식을 관리자의 입장에서 요약, 정리했다. 따라서 이 책은 기본적인 경영 이론과 관리 기법, 그리고 당장 상위 관리자로 승진한 사람들을 위해 그들이 실천해야 하는 점검 항목들에 이르기까지 다양한 관리의 주제들을 체계적으로 제시하고 있다.

앞에서 기술했지만 다시 한 번 강조하고 싶다. 관리자가 성공하려면 '관리하기'에 성공해야 한다. 관리자에게, 특히 우리나라의 직장인들에게 가장 우선적으로 필요한 '관리하기' 기법은 인간관리와 조직관리다. 조직이나 직장은 모두 사람이 하는 일이다. 따라서 조직사회에서 벌어지는 다양한 문제의 근원을 살펴보면, 대부분이 인간관계이며 조직관리의 허점에서 시작된다. 그런 면에서 이 책은 관리자가 갖추어야 할 기본 덕목과 사전 준비사항, 그리고 인간관계 관리, 프로젝트 관리, 조직 관리, 기업문화, 리더십과 부하직원 육성 등 각종 경영관리 기법을 실무적으로 설명하는 실무 지침서이다. 따라서 이 책을 직장에서 승진한 사람들에게 주고 싶은 최고의 선물로 적극 추천하고 싶다.

이 책을 통해 보다 많은 사람들이, 관리자의 길에서 성공으로 가는 희망을 발견하길 기대하면서, 이 책의 번역에 전념할 수 있도록 배려해주신 터닝포인트 출판사의 정상석 사장님을 비롯해 김재희 팀장님, 디자인팀의 공종욱 실장님, 이정환님께 감사를 드린다. 또한 초벌 작업을 도와주면서 나에게 에너지를 불어넣어 주었던 직장동료 김은순님, 시도 때도 없이 신간 서적을 들이밀며 내 지식저장고를 언제나 가득 재충전시켜 주었던 김현정님에게도 진심어린 감사의 말을 전하고 싶다. 그리고 늦은 밤 독방에 갇혀 노트북 앞에서 고민할 때 따뜻한 녹차를 말없이 건네주었던 나의 아내, 이화준에게 군더더기 없는 감사를 이 책으로 대신한다. 번역하는 동안 아빠와 함께하지 못했던, 우리 아이들, 은수와 지수에게도 고마움을 전한다.

문득 옛날 대학원 시절 내가 학위논문으로 고민하고 있을 때, 지도교수님께서 "한 권의 책으로 세상을 바꾸려하지 말고 기존에 나와 있는 많은 정보를 요약하고 그 위에 단지 세상에 도움이 되는 한 줄만 더하라"고 하신 말씀이 생각난다. 끝으로 정보의 홍수 속에서 이 책이 누군가 이 세상을 밝게 만드는 일에 한 조각 벽돌로 활용되길 희망한다.

2008년 12월

목동 용왕산 밑에서 **송한진**

승진의 기쁨을 잠시 뒤로 미루고 당신은 지금 관리자로 출발할 준비가 되었는가?

이 책은 대부분의 조직들이 관리자급 인재 발굴에 고군분투하고 있다는 사실에서 출발하고 있다. 나는 3M에서 간부로 재직하는 동안 승진 명단에 자기 이름을 넣어달라는 사람들을 자주 보았다. 그때마다 나는 그들에게 "관리자의 직무를 수행할 준비가 되어 있는가?"라고 묻고 싶었다. 이후 나는 회사를 나와 유능한 직업훈련 전문가가 되었으며, 줄곧 관리(경영) 분야에 종사하게 되었다.

한때 나는 대학원에서 경영학 조교수로 활동한 경험이 있다. 그 당시 대부분의 학생들은 '관리management'의 의미를 제대로 이해하지 못하고 있었다. 조직에서 승진하고자 하는 열망은 그 누구보다 강렬했으나, '관리하기managing'에서 필요로 하는 지식이나 책임은 거의 갖고 있지 않았다. 그뿐만이 아니었다. 많은 직장인들은 자신의 상사에 대해 신뢰하지 못하고 있었으며, 설령 신뢰한다 하더라도 자신의 상사를 솔선수범하는 리더나 본받고 싶은 모델로 생각하고 있지 않다는 사실을 알게 되었다.

조직이 중요한 직책에 어떤 사람을 임명할 때, 적절하게 준비되지 않은 사람들을 선택하게 되는 이유는 무엇일까? 그것은 과학, 공학, 재정학, 법학 등 한 분야에서 수년간 배우고 실습하는 것은 당연시하면서도 '사람 관리'는 특별한 준비 과정 없이도 가능하다고 생각하기 때문이다. 그러나 결론부터 말한다면 절대로 그렇지 않다. '사람 관리'는 그 어떤 것보다 가장 어려운 분야다. 그것은 수학 공식처럼 따를 수 없는 인간의 행위를 다루는 분야이기 때문이다. 그러므로 효과적이고 유능한 관리자가 되기 위해서는 업무에 대한 전문 지식 이상의 어떤 것, 즉 관리(경영)에 대한 기초적 이해와 인간 행동에 대한 이해가 동시에 필요하다.

어떤 조직이든 그 조직이 성공하려면 관리자가 일상 업무에서 최적의 리더십을 발휘하고, 관리행위를 실천해야 한다. 즉 관리자가 조직 구성원의 사회적 상호작용을 어떻게 다루느냐에 따라 조직의 미래가 좌우되는 것이다. 따라서 중간관리자의 행동과 노력이 매우 중요하다. 그렇다고 그들에게 최고 경영진 수준의 관리 능력을 요구하는 것은 아니다.

조직의 목적을 달성해가는 과정에는 관리자들이 조직 내 다른 단위 조직, 고객, 생산자, 정부 관계자들과 직접 접촉하는 최일선에서 지식과 노력이 요구된다. 또한 중간관리자는 조직 내에서 업무의 질을 조정하고 결정하는 사람들이다. 그들은 계획된 예산을 맞추기 위해 노력해야 하며, 조직의 비전과 목적을 달성하기 위해 모든 역량을 집중시키는 중추적 역할을 해야 한다. 그들은 조직의 성공과 실패를 결정하는 핵심 요원이다. 그럼에도 불구하고 많은 조직에서는 개인의 능력을 제대로 평가하지 않고 관리자를 임명하는 것은 물론 최소한의 교육과 훈련도 시키지 않은 채 관리자로 승진 발령을 내고, 월등한 실적을 기대하는 경향이 있다.

이 책은 처음 팀장급 관리자로 임명되기에 앞서 준비해야 할 사항들, 그리고 팀장으로 승진 후, 처음 몇 년간 관리자가 교육과 경험을 통해 배워야 할 기본적인 것들에 초점을 맞추었다. 조직구조의 관점에서 다음의 몇 가지 기본적인 질문에 대한 해답을 제시할 것이다.

- 관리란 무엇을 의미하는가?
- 관리자가 되려면 미리 준비해야 할 것은 무엇인가?
- 관리자가 되려면 어떤 것을 배워야 하는가?
- 학습곡선에서 자신에게 부족한 점은 무엇인가?

- 무엇 때문에 지식, 능력, 기술, 태도가 요구되는가?
- 관리자에게 닥치는 주요 장애물에는 어떤 것이 있는가?
- 관리 모델에는 어떤 것들이 포함되어야 하는가?
- 관리자의 업무는 무엇을, 어떻게 측정하는가?

이 책은 기업, 비영리 조직, 정부, 학계 등 모든 조직에서 관리자 (경영자)가 되고 싶어 하는 사람에게 폭넓게 적용될 수 있도록 구성했다. 특히 '관리Management'가 무엇을 의미하는지도 거의 모른 채 새로 임명되는 초급 관리자들부터 관리 능력을 통해 자신뿐만 아니라 조직과 조직 구성원의 미래까지도 책임져야 하는 중간관리자들에게도 적합하도록 서술했다. 또 자신의 관리 능력을 개선하고자 하는 관리자들에게는 현재 자신이 하고 있는 일을 재점검하는 데 이 책을 활용할 수 있도록 했다. 더 나아가 최고경영자가 읽는다면, 이 책을 통해 차세대 관리자를 개발하는 방법과 책임을 배울 수 있도록 하였다.

이 책은 당신에게 팀장급 관리자로서 보다 빠르고 쉽게 적응할 수 있도록 해줄 것이며, 다음 직급으로 승진하는 데 필요한 기술과 방법을 제시해 줄 것이다. 그러나 아무리 이 기법과 방법이 중요할지라도 그 모든 것의 출발점인 관리의 기본을 먼저 배워야 한다. 이런 점을 고려하여 이 책은 총 10장으로 구성했다. 각 장에서 다루는 주요 내용은 다음과 같다.

제1장은 관리자의 길에 처음 입문하려는 사람의 입장에서 관리자의 기본적인 직무와 조직에 대한 이해, 그리고 인력과 업무 절차를 조직의 목적을 위해 통합하는 방법을 개괄적으로 설명했다.

제2장은 모든 관리자가 수행해야 할 7가지 기본 역할을 7개의 모자에 비유해 설명했다. 이 모자는 순간순간 환경에 따라 적절히 바꿔 쓸 수 있어야 한다는 것이 핵심이다.

제3장과 제4장은 조직 내에서 비판적인 사람들에 관한 문제에 초점을 맞추었다. 제3장은 직원, 담당 업무, 직원의 경력 관리에 대해 다루었으며, 제4장은 개인과 팀의 업무 수행에 대한 관리를 다루었다.

제5장은 3장, 4장에서 다루었던 인적 자원과 팀(조직)을 바탕으로 프로젝트를 성공적으로 이끄는 관리 방법에 대하여 설명하고자 했으며, 제6장에서는 '여유를 가지고 일하라'는 주제로, 과로와 과로를 하게 되는 원인(본문에서는 '혹'으로 표현)과 그에 대한 적절한 관리방법을 제시했다.

제7장은 대표적인 개념 '리드하라'를 통해 목적을 달성하고 조직과 개인에게 미래의 기회를 제공할 수 있는 리더십과 의사소통에 대해 생각해보았다. 또한 제8장은 '상자 밖에서 생각하기'란 주제를 가지고 그것을 통해 어떻게 결과물을 산출해낼 것인가에 대한 통찰력을 제공했다.

제9장에서는 관리자로서 무엇을 어떻게 측정하고 평가해야 하는가에 대한 지침을 서술했다. 여기에는 당신 자신의 업무뿐만 아니라 단위 조직의 업무를 측정하는 접근법을 제시했다. 이제 관리자가 된 당신의 중요한 책임 중 하나는 업무 수행 과정과 그 결과를 측정하고 평가하는 것이다.

업무를 관리하는 것보다 더 중요한 것이 있다. 제10장에서는 당신이 사람들의 행동을 효과적으로 관리하는 관리자가 되기 위해 자신의 지식, 기술, 태도, 성격, 경험을 스스로 평가하는데 도움을 줄 수 있을 것이다.

총 10장으로 구성되어 있는 이 책의 전반적인 내용에는 관리자인 당신이 가슴속에 품고 있는 야망을 펼치기 위해서 먼저 깊이 생각하고 점검해야 하는 주제들을 이론과 실무를 통해 점검해 보고자 했다. 이제 '관리하기'는 당신의 몫이다. 관리자의 길이 매력적인 것은 사실이지만 꿈에 부풀어 있기보다는 현실적인 기대감을 가지고 접근하기를 간절히 바란다. 당신이 한 분야에서 성공하고 싶다면 먼저 확실한 재능과 적극적인 관심, 그리고 기술과 능력을 겸비해야만 한다는 점을 명심하자.

제러드 H. 가이너

| 차례 |

조직에 필요한
유능한 팀장을
키워내는

팀장 제조 매뉴얼 Manual for Changing Manager

＊팀장은 직책이 아니라
이제 <u>브랜드다</u>!

제1장 | 팀장의 길로 들어서기

Getting start as a manager

관리자는 '한 조직의 미래를 결정하는 임무'를 담당하는 사람이다. 우리는 그러한 관리자로서 첫발을 내딛으려고 한다. 어떤 분야를 막론하고 조직의 성공과 실패는 그 조직을 이끌어가는 관리자에 의해 크게 좌우된다. 조직이 크든 작든 그 규모와는 상관없이 한 조직의 과업 완수에 따른 최종 책임 역시, 그 조직의 리더인 관리자에게 있다. 이와 관련해서 현대 경영학자인 헨리 민쯔버그Henry Mintzberg[1]는 이렇게 말하고 있다.

경영자의 업무만큼 우리 사회에 중요한 것은 없다. 경영자의 의사결정에 따라 구성원의 능력과 자원이 낭비될 수도 있고, 반대로 구성원들이 혜택을 누릴 수도 있기 때문이다.

민쯔버그의 이 말은 우리 사회의 최고경영자를 염두에 두고, 조직 내에서 경영자의 역할과 책임을 강조하는 말이다. 하지만 이 말은 이 책의 주요 독자인 팀장급 관리자나 처음 관리자의 길에 막 입문하려는 사람들에게도 모두 적용될 수 있다. 우리는 방송매체에서 경영자들이 자신의 책임을 다하지 못해서 사회에 해악을 끼치는 경우를 종종 접하게 된다. 한 조직의 성공은 그 조직이 보유하고 있는 자원과 조직구조, 그리고 조직문화를 어떻게 조화시키고 관리하느냐에 달려있다. 전체에서, 또는 조직 내 단위 조직에서 이루어지는 총체적 활동들이 그 조직의 미래를 결정하는 것이다. 민쯔버그가 강조하는 경영자 자신의 과제를 수행하기 위해서는 각 단위 조직의 책임자, 특히 새로 입문하는 초급 관리자들이 관리의 기본 기능을 정확히 이해하고 인식해야 한다.

그런 의미에서 이 책은 한 부서나 팀을 맡아 경영하게 될 단위 조직 책임자(일반적으로 부서장) 또는 팀장들이 갖추어야 할 관리자의 기본 덕목과 업무원칙, 행동지침들에 대하여 기본적인 지식과 사고의 방향을 제시할 것이다. 이 책에 사용되는 '조직'이라는 용어는 학계, 정부, 기업체는 물론 비영리 단체까지도 포괄하는 개념으로 사용했다. 이 책에서 다루는 '관리'의 일반 원칙들은 인문학에서부터 사회과학과 공학에 이르기까지 모두 적용된다. 또한 국내와 해외, 서비스업과 제조업, 소규모와 대규모 조직을 막론하고 광범위하게 적용될 수 있다.

팀장으로의 첫 발령

우리는 먼저 이 책의 전반에 걸쳐 주요 타깃이 되는 한 가지 가정을 세우고 출발해보자. 그것은 바로 당신이 최근에 경영진으로부터 부서장(이하 팀장으로 통칭함)으로 임명될 것이라는 통보를 받았다는 가정이다. 그리고 그는 당신을 불러 그 직무에 대하여 이것저것 물어보고 논의할 것이다. 처음에는 좀 당황스럽겠지만 곧바로 흥분과 기대에 차서 그 상사와 진지한 논의를 하게 될 것이다. 목표, 인간관계, 조직관리 등 상사에게 질문할 것도 많고 듣고 싶은 것도 많을 것이다. 특히 팀장의 직무와 책임에 대하여 상사와 진지하게 논의하게 될 것이다.

논의는 심도 있게 진행될 것이며, 당신은 그 면담을 통해서 팀장이란 직책을 수행하기 위해 요구되는 기본적인 내용들을 들을 것이다. 그리고 다음 주에 다시 들어오라는 지시를 받고 임원의 방문을 나올 것이다. 당신은 갑작스런 환경 변화에 야릇한 현기증을 느끼면서 갑자기 생각할 것도 많고 정리할 것도 많아질 것이다. 팀장이 된다는 것은 승진의 기쁨, 그 이상의 의미가 있다. 그것은 바로 관리자로서의 첫 출발을 의미한다. 팀장이 되어 관리에 입문해본 사람이라면 누구나 '나는 어떤 관리자가 될 것인가?'에 대해 진지하게 고민해보았을 것이다. 한 팀의 팀원으로서 참여했던 과거의 직장생활과는 다르게 팀장으로서 새롭게 펼쳐지는 미래의 삶에 대한 두려움을 갖게 될 수도 있다.

한 번 생각해보라. 지금까지 당신은 팀장이라는 위치에 대해 많은 생각을 해봤을지라도 그것을 적극적으로 실행해 볼 기회는 없었을 것이다. 그동안 상사들에게 업무적으로 충성을 다했고, 동료들에게도 협조를 잘해서 현재 위치까지는 도달할 수 있었지만, 실제로 '관리(경영)'라는 것에는 그리 신경을 쓰지 않았다. 당신이 쌓아온 관리 경험은 기껏해봐야 프로젝트 매니저 역할을 한 것 정도가 유일할 것이다. 그러므로 관리자로서의 경험은 거의 없다고 해도 과언은 아닐 것이다. 그런 당신이 지금 관리자의 길에 들어서려고 하고 있다.

만약 당신이 부서장급 팀장이 된다면 15명 정도 되는 부하직원들의 업무활동에 대해서 총괄책임을 져야 하고, 원칙을 고수하는 다수의 전문가들과, 경영진, 동료 팀장들과도 원만하게 협력하고 조화를 이루며 업무를 수행해야 한다. 또 주변 사람들이 당신의 직책에 대해 바라는 기대에도 부응해야 한다. 평소에 스스로 팀장에게 요구되는 기본 자질과 특별한 재능이 있다고 생각했던 부분들에 대해서도 다시 한 번 고민해봐야 할 것이다. 수년에 걸쳐 함께 일했던 상사들을 떠올리고, 자신이 앞으로 어떤 관리자가 될지에 대해서도 생각해 봐야 할 것이다. 당신은 적당히 좋은 상사와 일 해보기도 했고, '아니다' 싶은 사람과도 일 해봤을 것이다. 또 상사로서 귀감이 될 만한 사람과도 일을 해봤을 것이다.

하지만 관리자가 된다는 것은 그리 쉬운 결정은 아니다. 왜냐하면 당신은 그 자리가 철저한 시간관리를 요구하며, 많은 의무들이 기다리고 있고, 또 특별한 활동이 요구되는 직책이라는 것을 잘 알기 때문이다. 팀장은 정시 출퇴근하는 자리가 아니다. 당신이 새로운 팀장으로 선임된다면 그 일이 자신의 라이프스타일과 가족, 개인생활에 미치는 영향도 충분히 고려해야만 한다. 다양한 사람들과 특이한 성격의 사람들을 상대해야 하고, 때로는 데드라인 때문에 잔업을 집으로 가져가야 하며, 부서의 성과를 책임져야 하고, 상사들과 적정한 관계를 유지하는 법을 배워야 하고, 다른 내부 기구의 위원으로 활동해야 하고, 가까운 미래에 다른 도시로 이사를 가야 할지도 모르고, 해외 근무를 할지도 모르며, 생각지도 못했던 사회생활을 하게 될 수도 있다. 또한 관리자가 된다면 당신은 조직에서 선도자 위치에서 조직 내 다양한 목소리를 수용하고 조직 구성원들에게 적정한 기회를 제공함으로써 조직의 장기 발전에도 결정적으로 공헌을 해야만 한다. 관리자로서 팀장인 당신의 성공 여부는 당연히 이런 모든 요소들에 의해 평가될 것이다.

상사와 승진에 대해 논의하고 나서 관리자가 되었을 때 발생하는 이 모든 사안들에 대해 깊이 생각한 후, 그 다음 면담에서 당신은 제안 받은 팀장 자리에 대한 수락 의사를 상사에게 전할 것이다.

오늘은 금요일, 평소처럼 당신은 일찍 출근한다. 점심 무렵이 되자, 그 임원급 상사가 다가와 당신이 다음주 월요일 날짜로 현재 부서의 팀장으로 발령이 난다는 정보를 미리 전해준다. 그 임원은 그 발표를 하기 위해 오후 4시경에 직원들을 집합시킬 계획이며, 그때까지는 비밀을 유지하라는 말도 전한다. 현재 부서를 맡은 당신의 상사가 왜 교체되었는지에 대해서는 서로 묻지도, 말해주지도 않는다. 현 부서장이 성과가 안 좋아서 교체되었는지, 아니면 새로운 보직을 맡은 것인지 당신은 알 수 없다. 어쨌든 당신에겐 매우 기쁜 순간이다. 당신은 우선 그 직책을 수락한 모든 이유를 다시 생각해보지만 자신이 옳은 결정을 했는지에 대해서는 계속

의구심을 갖게 될 것이다. 오후 4시가 되자, 모든 직원들이 회의실로 모여든다. 몇 가지 코멘트 후 부서장 선임을 발표한다. 물론 거의 대부분의 직원들은 몇 주 전부터 이런 상황을 예상하고 있었을 것이다. 왜냐하면 전임 팀장이 평소에는 사무실 문을 열어놓는 시간이 많았는데 최근에는 문이 굳게 닫혀있는 것을 자주 보았기 때문이다. 경영진은 조직의 목표와 과거 성과에 대해 발표한다. 그리고 마침내 당신이 다음주 월요일 날짜로 새로운 팀장으로 임명되었음을 알린다. 직원들 사이에는 굳이 말이 필요 없는 교차된 반응들이 나타난다. 경영진은 모든 직원들이 당신에게 잘 협조해 줄 것을 당부하면서 몇 가지 일반적인 사항을 공지한 후 회의를 끝맺는다. 회의가 끝난 후 대부분의 직원들은 당신에게 축하 말을 건넨다.

이제 금요일 오후 5시부터 다음 주 월요일 8시까지 당신은 처음으로 팀장으로서의 관리 모자를 쓰게 되는 것이다. "나는 어디에서부터 출발해야 하는가?"

이제 막 당신은 새로운 관리자 그룹에 입문한 것이다. 하지만 이제부터 당신은 팀장으로서의 경쟁력만 요구될 뿐, 팀장급 관리자가 갖추어야 할 어떤 공식적인 교육이나 훈련도 없이 곧바로 실무에 투입된다.

하필이면 왜 내가 임명되었을까?

팀장 직책을 수락하면서 가장 먼저 생각해야 할 것이 있다. 하필이면 왜 당신이 그 자리에 선임되었는지를 자문해 보라. 이는 절대 간과해서는 안 되는 매우 중요한 사항이다. 만약 전임자의 성과미달로 관리자가 교체되었다면 그 원인에 대해서 파악하는 것은 필수 사항이다. 이런 경우, 당신을 임명한 상사마저도 전임자에 대해 자세히 말해 주는 것을 꺼릴 것이다. 그 이유는 간단하다. 일반적으로 우리 사회가 부정적인 얘기는 금기시하기 때문이다. 결국 이래저래 전임자가 교체된 이유에 대해서 깊이 배울 수 있는 기회를 갖지 못하고 관리자로서 첫 업무를 수행하게 되는 것이다.

당신이 팀장으로 선임된 그 자리는 왜 공석이 되었을까? 팀장 직위의 공석은 일반적으로 다음과 같은 3가지 상황 중 하나에서 발생하게 된다.

- 현 관리자가 승진한 경우
- 현 관리자의 성과가 조직의 기대에 부응하지 못한 경우
- 조직 개편으로 새로운 부서가 신설된 경우

현 관리자가 승진을 했거나, 새로운 경험을 위해서 다른 보직으로 전출된 경우라면 당신의 팀장 임명은 한 분야의 전문가specialist에서 일반관리자general manager로 전환 배치되는 경우이다. 이런 경우, 당신의 조직은 잘 운영되고 있고 어떤 특별한 문제점이 없다고 생각할 것이다. 그리고 결국 당신은 기존의 정책 방향과 관심 사항에

동화될 것이다. 하지만 이런 경우에도 새로 임명된 관리자의 입장에서는 좀 더 적극적인 자세로 임할 필요가 있다.

현 팀장이 좋지 않은 성과 때문에 교체되는 경우라면 앞의 경우와는 달리 팀장으로서의 임무를 수행하는 데 많은 어려움이 따를 수 있다. 이런 경우의 대응 방법은 상황에 따라 다르다. 우선 문제의 원인을 냉철하게 파악해야 한다. 문제의 원인이 도덕적인 것인지, 전임자의 업무 적합성이나 혹은 개인의 능력 부족에서 비롯된 것인지, 전임자의 비효율적인 관리와 관련된 것인지를 알아야 한다. 여기에는 상사의 태도와 회사가 새로 임명된 당신에게 기대하는 것과 관련이 있다. 현재 당신의 상사가 변화를 시도하고 그것을 받아들일 준비가 되어 있는 사람인지, 아니면 변화의 필요성은 인정하지만 실질적 변화는 거부하면서 입으로만 주장하는 사람인지 파악하라. 이는 향후 당신의 관리 스타일에 많은 영향을 미칠 것이다. 당신이 한 부서의 관리자로 임명받은 이후 부서의 운영 방식을 새롭게 변화시키려고 해도 상사가 너무나 조심스런 사람이거나, 다수의 여론을 중요시하는 사람이라면 아마도 더 많은 어려움을 겪게 될 것이다. 보통 사람들은 조그만 변화에도 저항하고, 그 변화를 싫어한다는 것을 빨리 배울 필요가 있다. 그럼에도 불구하고 당신이 조직에 변화를 꾀하고 그 변화를 정착시켜 나가야 한다는 것은 분명한 사실이다.

마지막의 경우처럼, 조직 개편으로 새로운 부서가 신설되었다면 상대적으로 훨씬 쉽게 그 자리에 적응할 수 있을 것이다. 새로운 팀원들을 선택할 수 있고 팀의 방향과 목표를 새롭게 정의할 수 있다. 뿐만 아니라 팀과 개인의 업무 범위를 당신의 의도대로 설정할 수 있다. 일반적으로 새롭게 시작하는 조직은 특정한 목적과 목표를 부여 받고 보통 소수의 인원으로 시작한다. 이 경우에는 팀장이 어떻게 하느냐에 따라 그 조직의 성패가 결정되며, 새로운 도전을 극복하고 과업을 완수해가는 과정을 통해 관리자로서 당신이 성장하고 있다는 것을 느끼게 될 것이다.

관리자로서 당신은 때로는 기존의 업무 관행을 변화시키고 개선하기 위해 홍보 요원 역할도 해야 할 것이다. 이 과정에서 변화를 거부하는 세력들로부터 어려움을 겪게 될 수도 있다. 하지만 그들을 방어하는 데 시간을 낭비할 필요는 없다. 변화로 인한 긍정적인 결과가 가시화되면 될수록 그들도 당신의 편으로 돌아설 것이기 때문이다. 이 과정은 새로운 관리자가 감내해야 하는 일종의 '신고식'이라고 할 수 있다. 불행하게도 많은 젊은 초보 팀장들이 팀장의 역할에 대한 이해와 자신감 부족으로 초기에 실패하거나 좌절하게 되는 경우를 많이 보게 된다. 그들은 그것이 마치 정치에 휘말리는 것이라 생각하고 스스로 포기한다. 그렇지만 이것 역시 신임 팀장이 감당해야 할 몫이다.

일반적으로 새로 임명된 팀장은 새로운 정책을 수립하고, 새로운 업무영역을 개척해야 한다. 더 나아가 불확실성 속에서 위험을 감내하면서 새로운 아이디어로 계속 재무장해야 한다. 동시에 자신이 팀장으로 선임된 이유와 함께 다음과 같은 기본적인 이슈들에 대해서도 충분히 고려해야 한다.

1. 부서의 목적
2. 부서 관리에 대한 기대

3. 부서 내 직원들의 업무 적합성

4. 다른 조직 또는 그 하위 부서와의 상호작용

5. 특정 업무에 대한 실행과 책임

6. 하위 부서의 연간 예산

7. 최고경영자의 경영철학

8. 상사와 다른 하위 부서 사이의 커뮤니케이션

9. 실현 가능한 교육과 연수 계획

10. 권한의 위임과 한계

이러한 사안들 중 일부는 상사나 동료와 논의하는 과정에서 그 해결의 힌트를 얻을 수도 있다. 대부분의 것들은 현장에서 업무를 수행하면서 직접 부딪혀야만 해결할 수 있는 것들이다. 그것은 당신이 팀장으로서 첫 소임을 시작하는 월요일부터 당장 드러날 것이다.

첫 업무, 무엇부터 시작해야 하는가?

이제 관리자 그룹에 합류한 신입 팀장인 당신이 가장 먼저 해야 할 일은 자신만의 관리 원칙이나 경영철학을 정립하는 것이다. 우리는 이제 과거 자신의 전문 분야나 조직 내에서 담당했던 직무 등과는 상관없이 조직 내 관리자 그룹의 일원이다. 관리 원칙과 경영 철학을 바로 세우는 것은 관리자로서 당신의 행동이나 사고 체계에 도움을 줄 것이다. 관리자에게 어떤 통일된 원칙이나 철학이 없다면 매번 새롭게 발생하는 모든 일을 경험에 의해서 해결해야 할 것이다. 그러나 관리자는 매일같이 발생하는 중요한 문제들을 모두 경험으로 해결할 만한 여유가 없다. 그러므로 수많은 의사결정 과정에서 일관된 사고 체계를 유지할 수 있는 자신만의 관리 철학을 개발해야 한다.

새로 입문하는 관리자의 실제 세계는 이론서나 비즈니스 간행물에서 제시하는 것과 아주 판이하게 다르다. 관리(경영) 지침서에서 말하는 간단한 몇 가지 이론들이 관리자들을 '경영 유토피아'로 인도할 수는 없는 것이다. 관리자는 일터에서 각기 다른 개성을 지닌 사람들을 조정해야 하고, 조직의 목표를 위해 기술과 능력을 통합해야 한다. 관리자로서 당신은 과거 한 조직에서 전문적인 업무를 수행했던 것과는 달리 이제 조직 내 관리자 그룹의 한 일원인 것이다. 지금부터는 당신의 업무영역이 바뀌었다는 사실을 수용해야 한다. 그리고 이제 조직을 넓은 관점에서 봐야 한다. 아울러 다른 사람들의 성과에 대해 책임져야 하는 당신은 일반 직원과는 다른 편에 서 있다는 것을 명심해야 한다.

관리와 관리활동은 무엇이 다른가?

먼저 '관리'에 대해 잠깐 살펴보자. 관리는 인류가 생긴 이래 계속되어 왔으며 그 자체가 역사의 한 부분이다. 그러나 이론적 측면에서의 관리는 20세기 중반에서야 개발되기 시작하였고 소위 우리가 '관리management'라고 부르는 활동들에 대해 서술한 이론서들도 이때부터 쏟아져 나왔다. 막연히 불특정 다수를 대상으로 하거나, 의사 결정권자라는 추상적인 형태로 정의되는 '관리'라는 용어는 아무 의미가 없다. '관리'란 관리활동과 관련된 '지식의 총체'를 포함한다. 반면 '관리활동'은 관리를 실행하는 행위와 방법을 의미한다. 또한 관리자는 관리의 일부이며, 동시에 관리활동을 책임지는 사람이다.

관리활동은 결국 사람에 관한 것이다

우리는 학계의 연구결과들을 통해 관리자의 관리활동에 대한 새로운 접근 방법을 접할 수 있다. 피터 드러커는《피터 드러커 미래경영The Essential Drucker[2)]》이라는 저서에서 "경영(관리)은 관리활동과 속임수의 두 주머니인가?"라는 질문을 던졌다. 이는 경영관리가 관리활동을 통하여 실천되며, 역으로 관리활동은 관리를 구현하기 위한 도구임을 말하는 것이다. 또한 관리활동 과정에 관한 학계 보고서와 경영에 관한 정기간행물 및 책들을 살펴보면 관리를 관리 기술과 관리활동을 위한 도구에 초점을 맞추고 있다. 그러나 '관리'는 도구와 테크닉 그 이상의 것이다. 따라서 '관리'란 '관리활동' 행위 자체를 지원해주는 지식의 총체라고 할 수 있다.

'관리활동'은 경영 이론을 적용하여 설명할 수 있다. 그러나 이런 설명만으로는 경영 이론들이 무엇을 위해, 또 어떤 목적을 위해 적용되어야 하는지 설명하기에는 부족하다. 관리활동은 다른 사람들의 업무에 대한 책임자의 활동으로 설명해 왔다. 사실, 이 설명만으로는 충분하지 않다. 관리활동이란 조직의 목적을 달성하기 위해서 기술과 사람을 어떻게 조합할 것인지, 그리고 개인의 성장을 위해 어떤 기회를 제공해야 할지에 대한 연구, 즉 사람에 관한 것이다. 이렇게 관리활동은 실질적인 것으로 일종의 예술이요, 행위이다. 책임 있는 관리자는 조직의 목적에 부응해야 한다. 그는 관리활동을 통해 조직에서 부여한 임무를 달성해야 한다.

공동의 목표를 위해 일하게 하는 모든 활동

'드러커'의 말을 다시 인용해보자. '관리활동'이란 단순히 기술이나 도구, 어떤 트릭의 집합체가 아니다. 그것은 인간에 관한 것이다. 관리활동은 사람들로 하여금 공동의 목표를 위해 일하게 하는 것이고, 그들이 효과적으로 자신의 능력을 발휘할 수 있도록 유도하고, 그들의 약점을 보완해주는 것이다. 나는 이 책을 통해 '관리활동'의 기능을 올바르게 알려주고 관리자들의 인식을 넓혀주는 데 초점을 두고 있다. 관리활동은 조직의 목표에 부응하는 것이어야 한다. 또한 다른 부서의 목표와도 조화를 이루려는 노력이며 관리자 자신의 관리 철학을 실현시키고자 하는 모든 활동을 포함하는 것이다.

이제 이것을 실무에 적용하여 보자. 첫째, 관리자급 팀장이라면 먼저 효과적으로 다른 사람들을 이해하고 대화할 수 있어야 한다. 팀장으로서 자신의 업무는 확장되어야 하고, 자신의 모든 활동과 의사결정은 다른 부서에 영향을 준다는 것을 늘 인식해야 한다. 마케팅 혹은 영업팀의 팀장이라면, 효과적으로 고객들과 대화하기 위해서 필요한 일정 수준의 기술들을 습득해야 한다. 재무 부서의 팀장이라면 단순히 장부를 관리하는 것이 아니라, 가이드라인을 세우고 아이디어를 제공하고 재정 문제에 대하여 적용 가능한 해결책을 찾기 위해 다양한 방법들을 연구해야 한다. 인사 부서의 팀장이라면 사람과 돈뿐만 아니라, 지적 재산권, 기술, 시간, 판매망, 고객, 공급 업체, 제품 생산량, 운영 설비, 재정, 그리고 외부 재원들까지도 당신의 업무 범위에 포함시켜야 한다.

사람이 아닌 업무활동을 관리하라

나의 개인적인 경험과 관찰에 따르면 관리자가 사람을 관리한다는 것은 불가능하다. 관리자는 부하직원의 활동을 관리하고 그들을 돕는 과정을 통해 조직이 목적을 효과적으로 달성할 수 있도록 기여하는 것이다. 사람을 관리하기 위해서는 일정 부분 명령과 통제가 전제되어야 한다. 누군가에게 무엇을 하라고 지시하는 것은 그 일을 추진하는 방법이나 업무 종료 시간까지도 내가 원하는 대로 진행되길 바라는 것이다. 명령과 통제에는 많은 방법이 있지만 적어도 부하직원이 다른 사람이나 다른 정보를 찾을 기회를 무시하고, 무조건 의사결정이나 업무의 결과만을 요구하는 것은 지양되어야 한다. 반면 업무활동에 대한 관리는 관리자가 결과를 보고, 그 결과가 어떻게 달성되었는지를 확인하는 것을 의미한다. 부하직원들은 그들에게 부여된 범위 내에서 자율과 통제의 균형을 맞추려고 노력할 것이다. 여기에서 관리자는 올바르고 적정한 범위 내에서 부하직원들이 자유롭게 행동을 할 수 있도록 충분한 기회를 제공해야 한다.

업무 결과만을 요구하는 것은 지양하라

업무활동은 어떻게 관리해야 할까? 각각의 조직은 어떤 특정한 목적을 가지고 목적을 달성하기 위한 세부 목표를 설정한다. 이러한 목표는 여러 가지 업무활동으로 분류되고 그 업무를 책임지고 완수할 수 있는 능력을 가진 각 개인에게 할당한다. 이 활동의 결과는 산출물로 나타나며, 궁극적으로 조직의 목적과 결부된다. 중요한 것은 이러한 산출물을 얻기 위한 과정과 활동들이 조직이 지향하는 목적에 부합되어야만 한다는 것이다. 여기서 관리자의 역할은 이러한 조직의 활동을 완수하기 위해 직원들이 그들의 지식과 창의성과 능력을 발휘할 수 있도록 기회를 제공해주는 것이다. 이것이 조직 내에서 관리자인 팀장이 할 일이다.

간단한 예를 들어보자. 존은 마이크의 관리자이고, 마이크는 새로운 프로젝트 중 일부를 담당하고 있다. 마이크는 업무수행에 필요한 모든 능력을 갖추었고 자신이 달성할 과업도 분명하게 숙지하고 있으며 업무 추진을 위한 세부 일정도 잡혀있다. 이런 경우 팀장인 존은 마이크에게 어떻게 과업을 달성할지, 구체적으로 말해줄 필요는 없다. 다만 마이크가 자신의 업무 방향과 주어진 업무 환경을 이해할 수 있도록 업무과제를 점검하면 된다. 만약 마이크가 어떻게 업무를 추진해야 하는지를 모른다면 그는 그 업무에 관련된 교육이나 경험, 혹은 기술이 부족한 것으로 봐야한다.

그렇다고 부하직원인 마이크가 그 업무에 필요한 모든 조건을 통째로 다 갖추게 할 필요는 없다. 개인이든 그룹이든 어떤 임무를 완수하기 위한 교육이나 지식, 기술을 완벽하게 모두 갖추고 있지 않다는 것을 명심해라. 단지 업무목표와 그 목표달성에 필요한 기본적인 사항들에 대해서 그들이 함께 인식하고 동의하는 것이 중요하다. 두 사람은 같은 악보를 가지고 함께 연주해야 한다. 이를 위해 관리자인 존은 마이크의 업무 진행 상황을 형식적이든 실질적이든 주기적으로 체크해야 한다. 그 주기를 얼마로 할 것인가는 팀원인 마이크와 팀장인 존 사이의 신뢰와 믿음의 정도에 달렸다.

팀장인 존이 마이크의 업무활동을 어떤 방법으로 어떻게 판단하는가는 마이크가 과거 특정 업무를 어떻게 수행했는지, 그리고 그 업무를 다른 업무와 어떻게 병행하는지, 마이크가 평소에 회사 규칙을 얼마나 잘 이행하는가? 등에 따라 달라진다. 만약 마이크가 도전 과제를 완수할만한 적격한 직원이고 배울 의지와 도전, 열정이 있다고 판단되고 달성할 과업에 대한 목표를 충분히 이해하고 있다면 관리자인 존은 그에게 업무 확장을 통해 그가 경력을 쌓을 수 있는 기회를 더 많이 부여해야 한다. 더불어 팀장인 존도 마이크와 같은 보폭으로 일해야 한다. 이와 같이 팀장인 존은 팀원인 마이크의 업무 진행 상황을 주기적으로 체크하고, 이해하고 독려해야 한다.

관리자는 이처럼 사람에 대한 관리보다는 업무활동에 관한 관리에 중점을 두면서 특정 목표를 달성하기 위해 어떤 것을 취하고 버려야 하는지에 대해 순발력 있게 리더십을 발휘해야 한다. 바람직한 팀장은 팀원들의 개성을 존중해주고, 그들의 업무 적성을 확장할 수 있도록 배려하며 그들이 자신의 재능을 십분 발휘할 수 있도록 진로와 방향을 제시해주어야 한다.

팀장으로 성공하려면 조직문화를 연구하라

굳이 연구 결과를 인용하지 않더라도 '사람이 그 조직의 가장 큰 자산'이라고 한다. 사람들이 만들어 가는 문화가 '그 조직의 성과를 결정짓는다'는 데는 반론이 필요 없을 것이다. 성공하는 조직들을 잘 살펴보면 다양한 개성을 지닌 사람들이 서로 조화를 잘 이루고 있다는 특징이 있다. 그런 조직은 대개 부분적인 단점이나 특이한 개성을 가진 다양한 사람들이, 조직의 목표를 위해 통합하는 창조적인 조직문화와 통일된 원칙을 가지고 있다. 그렇다면 조직문화란 무엇인가? 나는 전에 썼던 나의 저서[3]에서 조직문화를 다음과 같이 기술한 바 있다.

> 조직문화란 한 조직이 공동으로 공유하는 가치, 믿음, 전설, 관습, 조직의 과거 역사, 운영에 대한 지식과 전통, 조직의 과거 성공에서 오는 자부심, 정책과 실행 능력, 행동 규범, 조직의 운영 철학이다.

조직의 문화는 위의 정의 이외에도 다른 많은 요소들까지 포함하는 개념이다. 그중에서 조직의 문화 요소는 '행위적인 것'과 '감성적인 것'으로 크게 나누어 볼 수 있다. 공동 가치, 믿음, 지식과 전통, 정책과 실행 능력, 행동 규범, 경영철학 등은 조직문화의 행위적인 것에 속한다. 반면 전설, 의식, 과거 역사, 그리고 과거의 성공에서 오는 자부심 등은 감성적인 면에 속한다. 실천으로 얻어지는 행위적인 요소들은 명확하게 측정될 수 있는 것으로, 기본적으로 중요하며 감성적인 요소 또한 조직의 결속력과 투혼을 살리는 데 매우 중요한 요소이다.

조직문화는 지나치게 엄격한 통제 문화에서부터 자유로운 관용 문화에 이르기까지 다양하다. 지나치게 통제된 환경에서는 각 개인의 창의성과 혁신정신이 제한되는 반면, 지나치게 자유로운 관용 문화 속에서는 조직을 유지하기 힘들어진다. 팀장은 조직을 운영해가는 전문가로서 직원들에게 어느 정도의 구속이 필요하다는 점과 사람들에게 절대적인 자유를 부여하면 조직의 기능이 효과적으로 작동할 수 없다는 것을 알아야 한다. 관리자는 통제와 자율적인 틀 속에서 조직의 조화와 균형을 잘 이루어 조직 내의 팀원들에게도 이를 적용해야 한다.

조직문화에 관한 대부분의 논의는 언제나 거시적 관점에서 출발한다. 그 핵심은 당신이 팀장으로서 맡은 부서를 발전시키는 것이다. 조직 사회에서는 항상 조직문화를 강조하고 장려한다. 하지만 진정한 조직문화의 구축은 구성원의 행동, 필요성, 기대, 그리고 구성원들의 역량과 태도에 달려 있다. 경영진이 창조성과 혁신 정신을 활성화시키려고 한다면, 관리자로서 당신이 맡고 있는 부서에 대해서도 얼마나 많이, 그리고 얼마나 자주, 창조성과 혁신을 강조하고 있는지 고려해 봐야 할 것이다. 만약 당신이 경리팀을 맡고 있다면 팀 안에 몇 명의 혁신적인 독불장군이 있어야 할지를 항상 고민해야 한다. 리서치나 개발, 또는 마케팅과 같은 팀을 관리한다면 창의성과 혁신성이 아마도 가장 우선적인 고려 사항이 될 것이다. 이처럼 각각의 조직은 다른 형태의 창의성과 혁신 정신을 필요로 한다. 기본적으로는 조직 전체에서 요구하는 어떤 특정한 조직문화를 가지고 있다 하더라도, 팀장은 자신이 맡고 있는 단위 조직의 비전과 각 구성원에 연관되는 소단위의 조직문화를 개발해야한다.

서로 다른 니즈를 조정하라

사람들은 주변 사람들의 특징에 대해 얘기하는 것을 좋아하지만 업무에서만큼은 서로가 가지고 있는 독창성에 대해서 이해하거나 고려해주지 않는다. 나는 어떤 조직에서 그 분야 최고의 전문가를 스카우트하고도 조직 내에서 그를 충분히 활용하지 못하는 경우를 자주 보았다. 왜 그런 것일까? 그에 대한 답으로 한 가지 예를 들어 살펴보자. 대부분의 조직은 신입 직원을 채용할 때 상위 10퍼센트에 해당하는 사람만 채용하는 것은 물론 이와 함께 반드시 졸업 성적을 요구한다. 그것이 조직을 위해 진정으로 바람직한 것일까? 객관적인 증거 자료 없이 단순히 상위 10퍼센트에 속하는 우등생만이 무조건 최고 적임자라고 생각하는 것은 조직관리 및 인재 채용 정책에서 문제가 될 수 있다. 학위와 학교 성적이라는 자격증에는 사람에 대한 기술, 특히 대화법이나 리더십 등 인간관계 기술에 대한 최소한의 평가가 포함되어 있지 않기 때문이다.

팀장은 부서 내 각 구성원의 업무 적합성과 그들이 가장 효율적으로 참여할 수 있는 업무 수준이 어느 정도인지를 파악해야 한다. 다양한 유형의 사람들이 있는 만큼 사람들을 보는 기준도 다양하다. 관리자는 특정 지식, 기술, 태도, 개성, 업무, 경험 등으로 다양한 개인들을 일련의 잣대, 즉 하나의 스펙트럼으로 분류하고 조망할 수 있어야 한다.

다음은 구성원에게 업무 배치를 할 때, 반영할 수 있는 일련의 기준들이다.

- 일상생활에 익숙한 사람 → 변화를 좋아하는 사람
- 현실에 만족하며 사는 사람 → '깰 수 없다면 수정하라'고 주장하는 사람
- 나무를 보는 사람 → 숲을 보는 사람, 둘 다 보는 사람
- 자신의 행동반경 안에 사는 사람 → 늘 폭넓은 경험을 추구하는 사람
- 끈기 있게 일하는 사람 → 짧은 기간에 폭발적으로 일하기를 즐기는 사람
- 일정 범위 안에서 생각하는 사람 → 범위 밖에서 생각하는 사람
- 왜 되는지를 물어보는 사람 → 왜 안 되는지를 물어보는 사람
- 학문 지향적인 사람 → 실천적인 사람, 양자를 겸비한 사람
- 생각하는 사람 → 행동하는 사람, 생각과 행동을 동시에 하는 사람

만약 연구직에 근무하는 사람에게 판에 박힌 반복 업무를 하게 한다면 채용에 실패하거나 그는 조직을 떠날 확률이 높다. 팀장이 이런 식으로 팀원들을 배치한다면 업무성과를 망치고자 스스로 무덤을 파는 꼴이 된다. 사람의 성격과 관련된 예를 하나 더 들어보자. 만약 현 상태를 계속 일정하게 유지시켜야 할 자리에 변화를 추구하

는 사람을 배치한다면 시간이 걸릴 뿐만 아니라 성과에 악영향을 끼치는 상황이 발생할 것이다. 또한 그것은 직원들로 하여금 동기부여의 부족에서 오는 불만족을 유발하게 될 것이다. 이처럼 적절하지 못한 배치는 팀원의 동기부여에 역행할 뿐 아니라 성과에도 악영향을 끼쳐 결국에는 조직을 망칠 수 있다. 관리자는 올바른 배치를 위해 늘 이런 일련의 기준들을 현실에 맞게 적절히 적용해야 한다.

팀장으로의 이동은 언제가 적정한가?

학창시절, 고등교육과 특정 직업훈련을 받았다고 해서 모두 전문가가 되는 것은 아니다. 이것은 단지 어느 정도의 기초 지식과 전문가로서 살아가기 위한 기본 조건을 충족하는 과정에 불과하다. 설령 학교에서 기초 지식뿐만 아니라 전문 지식이나 더 나아가 복잡한 이론을 보다 깊이 있게 공부했다 할지라도 이는 검증되지 않은 지식에 불과하다. 비즈니스 현장에서는 이런 지식만으로는 해결되지 않는 것이 대부분이다. 현실에서 자주 부딪히는 문제들의 대부분은 조직 안팎에서 만나는 많은 사람들과의 상호작용이 더 실질적으로 요구되는 문제들이다. 현장에서의 풍부한 실무 경험을 쌓는 것은 전문가에게 있어서 매우 중요하다. 전문가가 되기 위해서는 몇 가지의 기본 단계를 거쳐야 한다. 전문가에서 관리자가 되기 위해서는 또 다른 더 높은 단계를 준비해야 한다.

제1단계 : 이론을 실무에 적용하는 견습생 단계

당신이 어떤 한 분야의 최고의 지식을 습득했다면 이제 견습생으로서 첫 발을 딛어도 된다. 그 분야의 전문 지식을 가지고 있는 사람에게 '견습생'이 웬 말이냐고 의문을 제기할지 모르지만 모든 업무는 이렇게 해야 한다. 영업 · 금융 · 보건 · 예술, 심지어는 패스트푸드점에 이르기까지 어느 분야를 막론하고 이런 식으로 시작되어야 한다. 진정한 전문가가 되려면 이처럼 일반적으로 알고 있는 지식을 실무에 적용하여 배우는 과정을 거쳐 향후 전문가로서의 경력을 한 단계 한 단계 쌓아가야 한다. 그 과정에서 조직 내 한 구성원으로서 자신의 개인적인 노력이 얼마나 중요한가를 배우게 될 것이다. 때로는 견습생 초기에는 현재 맡고 있는 자신의 직무에 대한 의문과 '이 일이 나의 적성에 맞는가?'에 대한 끊임없는 회의를 품게 될 수도 있다. 그러나 제1단계는 성공적인 업무를 수행하는 데 꼭 필요한 노하우를 습득할 기회를 제공해준다. 이때가 바로 그동안 자신이 배웠던 것을 활용할 수 있는 절호의 기회인 것이다.

'얼마나 오랫동안 제1단계에 머물러 있느냐'는 것과 견습생으로서의 숙련 기간은 사람에 따라 다르다. 만약 책으로 배우는 것에 익숙한 사람이라면 수습 기간은 남들보다 수년이 더 걸릴 수도 있다. 반대로 어떤 식으로든 이 분야의 경력이 있다면 수습 단계를 건너 뛸 수도 있다. 또한 어린 시절부터 그 분야에 대한 관심과 열망이 강했다면 견습 기간은 그만큼 줄어들 것이다.

제2단계 : 전문가가 되기 위한 숙련 단계

제2단계는 독립적으로 조직의 성과에 공헌하는 주요 팀의 핵심 인력이 되는 때이다. 진취적이고, 조직의 미래를 이끄는 길라잡이가 되거나, 혹은 더 상위 직급으로 승진을 기다리는 전문 인력이 되는 시기이다. 제1단계의 기본 지식 위에 제2단계에서 축적한 지식과 경험이 자신을 그 분야의 핵심 전문가로 키워 줄 것이다. 이 단계에서 당신은 조직의 목표달성을 위해서 많은 부분 책임과 의무를 다해야 한다. 제2단계의 핵심은 전문 분야에 대한 개인의 지속적인 성장과 늘어나는 책임을 경험하는 데에 있다. 아마도 제2단계에서 당신은 회사의 중요한 프로젝트와 관련해 일정 부분을 책임지는 전문가임을 느끼게 될 것이다. 이때부터는 '이제는 무엇을 해야 하는가?'라는 주제로 더 이상 고민해서는 안 된다. 여기서 한 발 더 나아가 오히려 조직의 목표와 목적을 달성하기 위해 무엇이 필요한지를 스스로 연구하고 제안해야 한다.

제3단계 : 완성된 전문가 단계

제3단계는 코치나 선배로서, 그리고 1단계로 진입하는 사람들을 위한 교사 역할을 시작하는 단계이다. 이 단계에서는 조직 차원에서 창의성을 보여주고, 조직 단위의 업무처리 절차를 개선하기 위한 노력과 성과를 보여줘야 한다. 또한 관련된 다른 단위 조직에도 영향을 줄 수 있도록 자신의 활동 역량을 확장해야 한다. 이제 팀장은 더 이상 다른 사람들에게 의존해서는 안 된다. 스스로 조직이 나아가야 할 방향을 설정하고 그것을 달성하기 위해 꼭 필요한 핵심 역량을 개발해야 한다. 조직이 틀을 갖추는 데 주도적 역할을 해야 하며, 자신의 조직뿐만 아니라 다른 조직의 활동에도 참여하는 등 조직의 총체적 목적에 초점을 두고 활동해야 한다. 이 단계에서는 팀장이 참여하는 업무 범위가 점점 더 넓어진다. 자신의 분야에서 배우는 것 이외에도 연관된 업무 분야는 계속 확장될 것이다. 제3단계에 도달한 사람들은 모두 비슷한 선에 도달해 있다. 제1단계, 제2단계에서 얼마나 오래 머물렀으며 어떤 경력을 쌓아왔는지는 별로 중요하지 않다. 지금 당신은 관리직으로 이동할 준비를 하고 있는 것이다.

관리직으로의 이동 시기는 각자 상황에 따라 다르다

일반적으로 사람들은 언제 관리직으로 이동하는 것이 좋을까? 결론부터 말하자면 그것은 상황에 따라 다르다. 여기에는 많은 요소가 고려되어야 한다. 나는 다양한 분야에서 제1단계에 있는 사람들이 제3단계에서 요구되는 업무를 수행하는 것을 목격해 왔다. 회계 담당자가 기장 대리인의 직무와 함께 재무 기획 기능을 수행하거나, 제품 마케팅 담당자가 제품 생산 시스템을 완벽하게 알고 있다거나, 엔지니어나 공학자가 기술의 정밀성보다는 제품의 최종 소비에 초점을 두고 개발하는 등이 그것이다.

작은 기능이나 자기 분야에 대한 관점보다는 조직의 관점에서 직무에 접근하는 사람들, 개인의 적성을 바탕으로 선행 경험이 있는 사람들은 정신적으로 보다 앞선 출발이 가능하다. 즉 제3단계를 충분히 경험한 사람이라면 언제든지 관리직으로 옮겨도 좋다는 뜻이다. 그들은 가야 할 진도보다 이미 더 많이 나가 있으며, 허용된 위험 범위 내에서의 실수를 두려워하지 않는다. 실수는 배우는 과정의 일부일 뿐이다. 제3단계를 경험한 그들은 좀 더 많은 지식을 배우기보다는 장애물과 위기 상황에 대처하는 능력을 익히거나, 향후 발생 가능한 잠재적인 장애물을 제거하고자 한다. 그들은 다른 사람들로부터의 비난을 두려워하지도 않는다. 특정한 일이 성공하지 못할 수 있다는 위험을 두려워하지도 않는다. 이런 사람들은 특정 분야 혹은 특정 조직에서 조직의 미래를 책임질 수 있는 사람들이다. 자신이 이런 부류의 사람이라고 생각한다면 서슴없이 관리직으로 이동해도 좋다.

'언제 관리직으로 이동할 것인가'와 관련해 우리는 스스로 '자신이 과연 몇 단계를 지나고 있는가'에 대해 냉정하게 판단해 볼 필요가 있다. 이미 관리자급 팀장으로 임명된 당신이, 위에서 언급한 제3단계에 못 미친다고 해서 실망할 필요는 없다. 실제로 많은 경우 관리자급으로의 이동은 제2단계에서 일어나고 있으며 또한 완벽하게 제3단계를 완수한 사람은 그리 많지 않다. 당신이 처음으로 관리자로서 직면한 이슈들을 진지하게 고민하고 있는 이 순간, 당신은 자신도 모르게 전문가적 소양을 배우고 있는 것이다. 관리자가 갖는 문제들을 깊이 고민하면서 다른 관리자들이 어떻게 직무를 수행하는지 생각해 볼 많은 기회를 접하게 된다. 적어도 당신은 최소한 관리자로서 하지 말아야 할 것들을 보아왔고, 지금은 관리자가 해야 할 것들에 대해 생각하고 배우고 있으므로 좀 더 노력한다면 충분히 극복할 수 있는 것들이다. 그러므로 정확히 언제 관리직으로 이동해야 하느냐에 대한 해답은 자신의 노력에 달려있다.

어디에서 어디로 이동하느냐에 따라 준비 사항도 달라진다

관리직으로 이동한다고 해서 누구에게나 모두 똑같은 기회나 똑같은 문제가 생기는 것은 아니다. 따라서 관리직으로의 이동은 어디로부터 이동하는지, 어디로 이동하는지에 따라 필요한 준비 사항이 달라진다. 앞서 언급했듯이 일반적으로 관리직으로의 이동은 전문가 직무 제2단계에서 나타난다. 관리직으로 이동하는 경우는 크게 회사 내의 이동, 다른 회사로의 이동으로 구분할 수 있다. 이 두 가지를 좀 더 세분화하면 다음과 같이 각각 8가지로 나눠볼 수 있다. 여기서는 관리활동에 입문하기 위해 갖추어야 할 새로운 요

〈그림 1-1〉 조직도 및 관리직으로의 이동

구사항과 이에 대한 준비 포인트를 알아보자.

<그림 1-1>은 조직의 구조를 보여주는 것으로, 기본적인 조직구조는 전체 조직, 개별 부서, 그리고 다양한 기능과 분야를 포함하고 있는 하부 조직과 프로젝트로 세분화된다.

- 같은 회사 동일 본부 내 같은 업무 프로젝트 팀장(1)
- 같은 회사 동일 본부 내 같은 부서 팀장(부서장)(2)
- 같은 회사 동일 본부 내 다른 업무 프로젝트 팀장(3)
- 같은 회사 동일 본부 내 다른 부서 팀장(부서장)(4)
- 같은 회사 다른 본부 내 다른 업무 프로젝트 팀장(5)
- 같은 회사 다른 본부 내 다른 업무 팀장(부서장)(6)
- 다른 회사 특정 본부 내 특정 프로젝트 팀장(표에는 없음)
- 다른 회사 특정 본부 내 특정 부서장(표에는 없음)

각각의 이동은 관리에 대한 서로 다른 관점에서 지식과 인간관계에 대한 이해가 필요하다. 이제 팀장은 더 이상 동료들과 상호작용만 잘 하면 되는 것이 아니다. 전문가들의 활동을 관리할 책임이 있으며, 여기에는 자신의 동료였던 사람들까지도 포함된다. 당신이 지금 조직 내 어떤 자리로 이동했는가에 따라 필요한 요구사항들이 달라진다. 이제 이러한 각각의 상황에 따라 필요한 요구사항에는 어떤 것들이 있을지 생각해 보자.

1. 같은 회사 동일 본부 내 같은 업무 프로젝트 팀장으로 이동하는 경우

이 경우는 즉각, 즉 가장 빠른 시간 내에 이동이 가능하며 이 분야에 대한 새로운 기능이나 지식은 거의 필요 없다. 이동한 후 가장 중요한 포인트는 프로젝트 동료였던 팀원들과의 '개인적인 관계를 어떻게 정립할 것인가?' 이다. 이제부터는 통제, 원칙 그리고 리더십과 관련된 책임과 의무들이 중요하다. 또한, 전체 프로젝트를 성공적으로 수행하는 것도 중요하다. 지금부터는 관리활동과 관련된 주요 질문들에 대해 직접 응답하고 결론을 내려야 한다.

2. 같은 회사 동일 본부 내 같은 부서 팀장으로 이동하는 경우

이런 경우는 좀 더 복잡하다. 신임 팀장은 2명에서 10명 정도의 사람들을 통솔하게 되며 또한 다른 기능, 다른 분야의 관리자와 같이 일하는 여러 개의 프로젝트를 관리할 수도 있다. 물론 팀장에게는 새로운 요구사항들이 추가된다. 고용, 해고, 평가, 업무 지도, 재배치, 교육 등과 관련된 인간관계의 문제, 최종 결재권자로서의 의사결정, 부서의 재무 계획, 하부 조직에 대한 비전 제시, 그리고 자신이 직접 발생시키지도 않은 부서 내 이런 저런 잡다한 문제들을 해결하는 일까지 더 많은 사항들이 요구된다. 업무능력은 물론이고 대인 관계의 조정 능력까지 발휘해야만 하는 다양한 문제들이 발생하기도 한다. 팀장으로서 동료들과의 사적인 인간관계에서부터 동향, 동문, 선후배 문제들까지 원만하게 조정하고 해결해야 하는 것이다. 이제 당신은 더 이상 그들 중의 하나가 아니라 그들의 성과에 대해 책임을 지는 관리자이다.

3. 같은 회사 동일 본부 내 다른 업무 프로젝트 팀장으로 이동하는 경우

앞의 첫 번째 경우에서 적용한 내용들이 여기에서도 똑같이 적용된다. 그러나 다른 부서로의 이동에는 추가적인 새로운 도전이 요구된다. 새로운 조직에 대한 지식을 습득해야하고 구성원의 업무 적합성과 각자의 개성도 파악해야 한다. 새로운 팀원들은 자신이 왜 이 팀에 배정 되었는지 매우 궁금해 할 것이다. 팀장으로서 당신은 그들의 이러한 질문들에 대해서도 충분히 이해시켜야 한다. 주어진 기회와 도전에 대한 성공은 새롭게 주어지는 프로젝트를 어떻게 수행하느냐에 달려있다.

4. 같은 회사 동일 본부 내 다른 부서 팀장으로 이동하는 경우

이 경우는 두 번째 경우에서 발생한 문제들보다 더 많은 문제가 따른다. 관리자로서 업무능력을 발휘하면 할수록 과거 능숙하게 해온 실무와 전문 지식을 사용할 기회가 점점 더 줄어들 것이다. 대신 부서 운영 범위, 상위 그룹과 관련된 문제들, 그리고 당신의 조직에 배정된 사람들의 업무 적합성을 빠르게 파악해야 할 것이다. 당신은 이제껏 전혀 예측하지 못한 미지의 새로운 영역(조직)으로 진입하고 있는 것이다. 조직의 구성원들은 당신이 그 조직의 책임을 맡게 된 이유에 대해 가장 궁금해 하며 호기심을 갖게 될 것이다.

5. 같은 회사 다른 본부 내 다른 업무 프로젝트 팀장으로 이동하는 경우

첫 번째와 세 번째 내용들이 여기에서도 다시 적용된다. 네 번째 경우에서 언급했듯이 이제 관리자로서 당신은 새로운 영역으로 들어가야 한다. 이 시점에서 자신에게 먼저 질문을 던져보라. "왜 팀장을 기존 조직에서 승진시키지 않고 다른 조직에서 뽑았을까. 그리고 하필이면 그 자리에 내가 낙점되었을까?" 이러한 의문들은 팀원들을 통해서도 직간접적으로 듣게 될 것이다. 다른 조직에 있는 당신이 이 조직의 관리자로 임명된 이유에 대해 그들에게 분명히 설명할 필요가 있다. 자신이 어떻게 행동하느냐에 따라 그들 또한 당신을 어느 수준에서 받아들일 것인지 결정할 것이다. 그렇지 않으면 당신은 그 자리에 적격한 리더라는 것을 두고두고 증명해보여야 할지도 모른다.

6. 같은 회사 다른 본부 내 다른 업무 팀장으로 이동하는 경우

성공적인 자리 이동이 되기 위해서는 새로운 관리자가 왜 필요했는지, 하필이면 자신이 왜 그 자리에 관리자로 임명되었는지를 정확히 파악해야 한다. 여기에서는 첫 번째와 다섯 번째에서 논의했던 상황들, 그 이상의 노력이 요구된다. 당신은 새로운 그룹의 사람들과 어울려 일할 수 있는 능력과 조직 운영에 대해 더욱 배워야 할 필요가 있다. 조직 내에서 인간관계 문제를 간과하거나 무시해서는 안 된다. 단위 조직 내의 당면한 이슈들에 대한 당신의 대처 능력을 즉시 검증하고 싶어 하는 기존 세력들이 있을 것이다. 당신은 어떤 문제에 대해 본질과 다른 왜곡된 정보를 받을 수도 있을 것이다. 일부는 팀장의 비위를 맞추려고 할 것이고 나머지는 중도적인 자세를 취할 것이다. 반면 호의적인 사람은 적을 것이다. 이런 환경에서 성공 여부는 현재 주어진 상황을 정확히 파악하는 능력에 달려 있다.

7. 다른 회사 특정 본부 내 특정 프로젝트 팀장으로 이동하는 경우

<그림 1-1>에서는 잘 나타나 있지 않지만, 그림과 동일한 새로운 조직의 형태와 1에서 6까지에서 논의한 모든 사항을 포함하여 그 이상의 능력들이 요구된다. 당신은 이제 새로운 영역에 들어가야 한다. 프로젝트에 임명되어 참여하는 사람들은 당신에게 새로운 존재이고, 그들에게도 당신은 새로운 존재이다. 새로운 기능과 업무영역에 대한 관리를 위해서 관련된 지식을 빨리 습득하는 것이 중요하다. 지금부터 프로젝트의 모든 성과는 팀장이 책임져야 한다는 것을 항상 명심해야 한다.

8. 다른 회사 특정 본부 내 특정 부서 팀장으로 이동하는 경우

<그림 1-1>에서는 잘 나타나 있지 않지만 여기에서도 그림과 동일한 조직 형태와 첫 번째에서 여섯 번째까지 논의했던 모든 사항을 포함하여 그 이상의 능력들이 요구된다. 지금 당신은 새로운 학습곡선의 맨 밑바닥에 위치해 있다. 당신은 새로운 사람과 새로운 환경, 새로운 정책과 절차, 새로운 조직의 철학을 설정해야 한다. 당신을 임명한 사람과 면담했던 내용에도 불구하고 실제적으로 당신은 조직에 대해 아는 바가 없다. 심지어 자신이 보고해야 할 직속상관이 누구인지도 모른다. 오직 아는 것은 임명되기 전에 임명권자와 면담한 내용뿐이다. 어떻게 새로운 직속 보스와 대화할 것인지, 새로운 상사는 어떤 스타일인지, 또 그의 기대치는 어느 정도이며, 새로운 팀장으로서 자신에게 얼마나 많은 자율권이 주어질 것인지 등의 문제들과 곧바로 맞닥뜨리게 될 것이다. 이런 것들에 대해서는 이 책 전반에 걸친 내용을 통해 미리미리 준비할 필요가 있다.

관리자가 책임져야 할 '조직' 이란 무엇인가?

모든 조직은 업무활동을 통하여 결과물을 산출하게 된다. 그 결과물은 일정한 형태의 제품이나 서비스로 나타나게 마련이다. 때로는 제품과 서비스가 혼합된 형태로 구현되기도 한다. 그 이유는 대부분의 제품들은 하나 이상의 서비스를 제공하고, 대부분의 서비스는 하나 이상의 제품을 포함하고 있기 때문이다. 예를 들어 보험을 파는 재무설계사는 결과물로 제품과 서비스를 동시에 제공한다. 패스트푸드점의 판매 활동에서부터 예술 활동에 이르기까지, 정부의 사회간접자본 시설이나 건강증진 사업도 모두 제품을 이용해 서비스를 제공하는 형태이다. 모든 조직들은 일정한 조직 내에서 운영된다. <그림 1-2>는 일반적인 조직의 형태이다. 이는 조직의 활동을 크게 생산, 분배, 서비스라는 3가지 기능으로 분류하여, 이해하기 쉽게 모델을 단순화했다. 여기에 열거된 모든 기능들이 조직 내에 반드시 적용되는 것은 아니다. 조직 내 꼭 필요한 기능이 아니라면 없어도 상관없는 것이다. 이러한 모든 기능들은 조직에 따라서 그 중요성이 다르게 적용될 수도 있기 때문이다.

〈그림 1-2〉 **조직의 기능**

생 산	분 배	서비스
연구	마케팅	재무적 기능
개발	판매	인사관리 기능
생산 활동	물류	법률과 특허 관리
	고객 서비스	공공 PR 기능
		구매 및 조달 기능
		일반관리와 조달 기능

생산

생산이란 연구–개발–생산의 일련의 과정을 말하며, 모든 조직에서 일정한 역할을 수행한다. 연구 형태는 조금씩 다를 수 있다. 개발은 각 조직의 원칙과 업무 규범에 근거하여 진행될 것이다. 연구와 개발에 대한 노력의 결과로 생산물이 산출되어 제품, 서비스, 제품과 서비스의 혼합물, 또는 그 활동으로부터 얻어지는 무형의 이익으로 나타날 수 있다.

분배

마케팅, 판매, 물류, 고객 서비스 등을 포함하는 분배는 모든 조직의 일상적인 활동들이다. 분배는 각 산업별 특성에 따라 차이가 있지만 모든 조직에 적용된다. 중앙 정부로부터 규모가 작은 지방자치단체까지 비록 우리의 기대가 충분히 충족되지는 못할지라도 모든 정부는 이러한 기능을 제공한다. 또한 학교에서는 그들의 고객, 즉 학생들과 사회에 대해서 마케팅, 판매, 서비스와 A/S까지를 제공한다. 예술과 관련된 조직들 또한 그들의 고객들과 사회에 마케팅, 판매 서비스를 제공한다. 모든 조직은 예외 없이 이러한 4가지의 분배 기능을 일정 수준 제공하고 있다.

서비스

서비스 기능은 조직이 원하는 결과를 달성할 수 있도록 필요한 모든 보조 업무를 제공하는 것을 말한다. 어떤 조직도 서비스 기능 없이 운영될 수는 없다. 한 예로 재무 부서와 인사 부서에서는 이 기능이 절대적이고 필수적이다. 특허와 법률 서비스는 등록되는 상표, 저작권, 그리고 지적 재산을 보호하는 서비스를 담당한다. 이러한 활동은 조직의 규모에 따라 조직적인 기능일 수도 있고, 몇몇 지정된 사람들에 의해 다루어질 수도 있다. 그리고 모든 조직은 개인이나 그룹에게 일정 수준의 일반 관리 기능을 부여할 필요가 있다.

이러한 일반관리 업무로 분류되는 것들은 보통 우리가 너무나 자주 접해서 당연하게 여기는 모든 활동들이 포함된다. 항상 보완이 유지되는 내부 규정이나 지침, 조직 내외의 커뮤니케이션 서비스, 일반적인 고객 서비스, 정보나 데이터 가공, 경제와 다른 지식의 활용, 화재와 비상 대피, 음식 서비스, 도서 서비스, 우편 서비스, 건강 검진 및 위생, 운송 및 여행 서비스, 그리고 우리가 팀장으로서 일반적으로 해야 하는 많은 잡일들을 말한다.

팀장이 수행해야 할 '관리'란 무엇인가?

관리란 가능한 자원과 조직의 구조를 활용해 공통된 목적Purpose 인적자원Person, 그리고 업무처리 프로세스Process를 결합시키는 활동이다. 다시 말하면, 일정한 업무처리 절차를 통해 사업 목적에 부합되도록 조직의 활동을 운영하고 통제하는 것이다. 관리의 기본 구조는 <그림 1-3>에서 볼 수 있듯이 아주 간단하게 3P로 표현할 수 있다.

모든 조직 활동은 이와 같은 관리의 기본 패턴을 따른다. 즉 '사전에 명확하게 정의된 프로세스를 사람들로 하여금 따르게 하고, 이를 통해 설정된 목표를 달성하도록 실행하는 과정'으로 정의할 수 있다. 이러한 3P 패턴은 조직의 주요 구조 설계부터 세부 실행에 이르기까지 조직 활동의 모든 분야에 걸쳐 적용할 수 있다. 조직이 사업 목적을 정의하지 않았다면 무엇을 위해 활동할 것인가? 목적은 있으되 활동을 실행할 적합한 사람이 없다면 어떻게 목적을 달성할 수 있겠는가? 적합한 사람이 있더라도 목적 달성을 위한 프로세스가 없다면 조직의 목적은 이루어질 수 없을 것이다.

이 모델은 영리, 비영리 조직을 포함하는 모든 조직 활동에 적용된다. 또 모든 업무 분야에 적용될 수 있으며 조직의 크기나 사업 범위, 조직원 구성에 상관없이 모든 활동에 적용할 수 있다. 3P는 아주 간단한 관리 모델이지만 실무에서 실행하기는 쉽지 않다. 3P를 통해 조직의 목적을 정의하고, 사람을 선택하고, 프로세스를 개발하는 과정에서 우리는 항상 최상의 방법을 찾으려고 노력한다. 그럼에도 불구하고 부분적인 정보, 부정확한 정보, 정보의 신뢰성 문제 등으로 어려움을 겪는 경우가 많다. 또한 아무런 선입견도 없이 순수하게 분석하는 것은 실제로 어렵다. 따라서 3P 모델의 성공

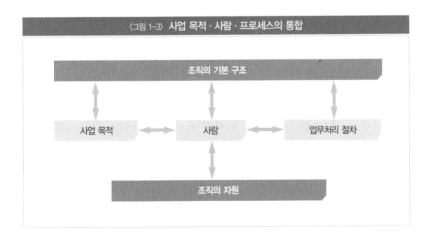

〈그림 1-3〉 **사업 목적 · 사람 · 프로세스의 통합**

조직의 기본 구조

사업 목적   사람   업무처리 절차

조직의 자원

은 목적, 사람 그리고 프로세스를 정의하고 설정하기 위해 사용된 정보의 양과 질에 달려 있다. 목적과 사람, 그리고 프로세스 간의 상호관계가 역동적이란 점과 새로운 정보 때문에 이 3가지 요소 간에 변화가 생긴다는 점을 관리자가 인식하고 있느냐에 따라 성공 여부가 결정된다.

다양한 관점에서 폭 넓은 시각을 키워라

관리자로서 팀장의 관리 스타일, 중점 사항, 그리고 동기부여는 조직에 추진력을 유발하는 힘을 준다. 조직의 목적은 단순히 돈을 버는 것만이 아니다. 이익을 창출하는 것도 물론 중요하지만 조직의 지속적인 발전을 도모하며, 다양한 주주의 욕구에 부응하는 것도 중요하다. 많은 경영학 관련 서적과 논문에서는 관리자들에게 다음의 6가지 이슈들에 관심의 초점을 맞출 것을 권고하고 있다. 조직의 우수성, 업무 결과, 영업 이익, 목표달성, 영속성, 그리고 사회적 공헌이 그것이다. 우리는 여기에 추가적으로 전략적 기획이라든가, 리엔지니어링, 아웃소싱, 성과관리, 권한 부여와 같은 문제들을 추가할 수도 있으며, 그 외에도 만병통치약처럼 거론되는 많은 경영학 용어들도 추가할 수 있다. 과연 이런 이슈들이 새로 선임된 팀장에게 적용될 수 있을까? 물론 더 많은 것을 고려할 수 있으면 좋겠지만 새로 선임된 팀장에게는 무엇보다 이러한 기본적 이슈들에 대한 이해가 더 중요하다.

이러한 요소들은 균형을 맞춰야 한다. 비록 자신이 조직 전체의 이익에 기여하도록 강요받고 있다 할지라도 관리자는 다양한 요소들을 균형 있게 고려해야 한다. 어떤 한 문제에만 집착하면 장기적으로 조직을 발전시킬 수 없을 뿐더러 팀장의 경력관리에도 악영향을 줄 수도 있다. 조직의 업무환경에 따라 일의 우선순위가 수시로 바뀔 수는 있지만 전체적으로는 항상 균형을 맞춰야 한다. 또한 관리자는 사고의 범위를 단지 자신에게 주어진 소규모 조직에만 국한시켜서는 안 된다. 당신은 단위 조직 내에서 시스템을 개선하고 분담된 가치를 창출해야 한다. 그러나 이는 조직 전체의 목표와 일치될 수 있도록 해야 한다. 이제 팀장이 항상 중점을 두어야 할 6가지의 사항들에 대해 살펴보자.

1. **조직의 탁월성(선택과 집중)** : 자신이 맡은 팀이 다른 팀과 차별화되는 탁월성을 말한다. 상대적으로는 경쟁력을, 절대적 기준으로는 부가가치를 창출할 수 있는 탁월성을 의미한다. 탁월성에 대한 기준은 항상 변화한다. 어제 탁월했던 것이 오늘은 진부한 것일 수도 있다. 팀장은 자신이 담당하는 조직이 어떻게 탁월성을 추구할 것인지에 대해 늘 고민해야 한다. 또 하나는 선택과 집중이다. 한 조직이 모든 부문에서 다 탁월할 수는 없다. 어떤 부분이 탁월할 때 조직에 가장 많은 이익을 주는지, 어떤 부분을 집중적으로 강화할 것인지 결정해야 한다.

2. **업무 결과** : 결과물을 이끌어내기 위한 과정까지 포함한다. 여기서 말하는 과정에는 결과물 산출을 위한 수단과 실현 가능한 계획 및 전망을 포함한다. 업무 결과는 그것을 측정할 수 있는 시스템을 필요로 하며, 그 시스템에서는 결과물 산출을 위한 방법과 과정도 함께 평가되어야 한다. 왜냐하면 업무결

과란 조직의 능력과 미래 기회(기회비용)을 소비하면서 얻은 단기 결과물이기 때문이다. 그러므로 조직은 효과적인 결과 도출을 위하여 부단한 업무 개선 노력을 해야 하며, 팀장에게는 효율적이고 합리적인 사고가 요구된다. 조직의 결과 도출을 위한 개인별 업무 과제와 절차에 대해서도 사전에 정확하게 정의하고 또 팀원들 간에도 확실하게 인지되어야 한다.

3. 영업 이익 : 비영리 단체를 제외한다면 조직을 유지하는 기본 조건은 비용보다 수익을 더 많이 창출해야 하는 것이 일반적이다. 그러나 단지 이익만이 동기가 된다면 그 조직은 수익 극대화를 위해 다른 중요한 것을 포기하는 선택을 하게 될 수도 있다. 극단적인 말일 수도 있겠지만 새로운 사업을 하거나, 내부 업무 지침을 변경하거나 또는 현재 수행 중인 어떤 업무를 폐쇄하면 된다. 따라서 수익을 극대화하는 것도 중요하지만 이것이 전체적인 조직의 목적에 부합되는지를 항상 판단해야 한다.

4. 목표달성 : 조직의 업무활동 결과로 나타난 성과는 조직의 목적에 공헌해야 한다. 성과측정은 사전에 정의된 업무목표가 전제되어야 하며, 성과 프로젝트는 명확하고 구체적인 업무 내용, 시간 계획, 소요 비용이라는 세 가지 사항과 접목되어야 한다. 이러한 기능을 수행하는 것이야말로 조직의 의무를 다하는 것이다.

5. 영속성 : 관리자로서 조직의 미래와 영속성을 염두에 두는 것은 당연하다. 조직의 미래를 설계하다보면 많은 과제에 부딪힐 수 있다. 영원히 계속되는 조직을 유지한다는 것은 서로 대

립되는 많은 기대들을 어떻게 충족시키느냐의 문제이기 때문이다. 이러한 과제와 가치의 대립은 조직 안팎의 여러 가지 요인에 의해서 발생한다. 그러므로 조직의 영속성 문제는 언제나 관리자의 중점 관리 사항 중의 하나이다.

6. 사회 공헌 : 기업의 사회적 책임은 직업을 창출하거나, 조직 구성원 개인의 경제적 기반을 뒷받침하여 좋은 시민이 되도록 할 수도 있고, 사회봉사 단체에 대한 후원 등을 통해 직접 실천할 수도 있다. 반면 최근 몇 년 사이에 기업이 지역사회와 이익단체의 다양한 요구들 때문에 정상 활동이 불가능할 정도로 많은 재원을 쏟아 붓는 경우도 자주 볼 수 있다.

다시 한 번 강조하지만, 성공한 관리자들은 이들 6가지 요소의 균형을 잘 맞춘다. 관리를 통해 긍정적 초과이익을 낼 수 없다면 그 조직은 곧 사라질 것이다. 지속적인 개선 계획이 없다면 그 조직은 경쟁자에게 지고 말 것이다. 미래에 대한 계획을 세우지 않는다면 조직 자체와 더불어 직원, 고객 그리고 공급자를 위험에 빠뜨릴 수 있다. 사회 속에서 기업이 사회적 존재가 되지 못한다면 어떤 문제에 봉착했을 때 사회적 지지를 받을 수 없을 것이다. 따라서 팀장은 이들 6가지 요소를 항상 균형 있게 고려해야 한다.

나만의 팀 관리법을 개발하라

"나는 어떤 팀을 만들고 싶은가? 현재 나의 팀은 미래지향적이며 어떤 일에 발 빠르게 대응하고 있으며 항상 경쟁자를 따라잡기 위한 계획을 세우고 있는가?" 적극적으로 활동하지 않고 환경 변화에 대응조차도 하지 않는 조직은 생존하는 것조차 쉽지 않다. 모든 조직은 항상 내외적으로 경쟁 체제에 있다는 것을 명심해야 한다.

조직의 규모나 기능을 불문하고 미래지향적인 조직은 경쟁자와의 비교 우위를 개발하기 위해 모든 역량을 집중한다. 각각의 조직 구성원들은 자기 분야의 선도적 위치에서 활동하고 있을 뿐만 아니라 언제 어떻게 행동해야 하는지를 잘 알고 있다. 미래지향적인 조직은 그들의 비교 우위를 개발하기 위해 모든 가능한 재원을 활용해 개인의 업무능력을 높은 수준으로 끌어올려 그것이 조직의 능력으로 전환될 수 있도록 조직화한다. 그런 조직은 조직원으로 하여금 미래로 나아갈수록 힘을 발휘하게 하고 조직의 목적 달성에 기여할 수 있는 전문가 그룹을 구축하게 한다. 미래지향적 조직으로 만들 것을 강조하는 이유가 바로 그것이다. 다음은 미래지향적인 팀 빌딩을 위한 가이드라인이다.

■ **목표 수립** : 팀장은 팀원과 함께 목표를 세우지만 이러한 목표 수립은 결국 팀장 자신이 주도해야 한다. 이때 팀장은 조직이 달성해야 할 목표를 명확히 정의해야 한다. 또한 팀장은 스스로가 팀원들의 바람직한 역할모델이 되어야 하는 것은 물론이다. 결국 팀원들은 팀장의 지시에 따라 행동하기 때문이다.

- **프로젝트** : 요건 수립 프로젝트의 세부 내용, 시간 계획, 예산 등 목표달성을 위한 세 가지 프로젝트 요건을 수립한다. 이러한 세부 조건을 어떻게 수립하느냐는 팀장인 당신에게 달려 있다.

- **새로운 프로젝트 개발** : 상위 조직에서 할당해 준 목표만 수행하는 것은 팀장 자신이나 팀원들의 성과로 충분하지 않다. 대부분의 상사들은 기대하는 것, 그 이상으로 뭔가를 해주길 바란다. 따라서 새로운 프로젝트의 개발을 통해 팀원들의 기대에 부응해야 한다. 이것 또한 조직을 유지하고 조직에 활력을 불어넣는 원동력이 된다.

- **끊임없는 전문가적 역량 개발** : 과거의 성과에 대해 만족하기는 쉽다. 하지만 어제의 성과가 오늘에도 유효한 것은 아니다. 팀원들이 학생 때 배운 것만 가지고 팀의 전문성을 계속 유지시킬 수는 없다. 따라서 팀원의 전문가적 역량을 끊임없이 개발해야 한다.

- **사전에 인지된 리스크의 감수** : 팀장은 항상 의사결정 과정에서 어느 정도의 리스크를 감내할 것인지, 팀원들에게 어느 정도의 리스크를 수용하도록 할 것인지에 대해 결정해야 한다. 어떤 업무들은 새로운 업무활동을 제안하거나, 전통적 사고에 새로운 접근 방법을 제안하거나, 상사에게 문제 제기를 하는 등 어느 업무나 항상 일정 수준의 리스크를 수반한다. 그러나 '위험이 없으면 보상도 없다'는 격언을 기억하라.

- **조직의 혁신** : 조직의 혁신은 팀장에게 있어 가장 중요한 책임 중의 하나이다. 조직은 혁신 없이는 살아남을 수 없다. 경쟁은

현실이다. 조직의 혁신은, 원칙을 강조하는 조직문화 속에서 행동의 자유를 보장해주는 문화를 개발할 때 가능하다.

- **숙련된 사고 체계** : 관리는 문제를 해결하고 새로운 기회를 찾는 과정을 다루는 작업이다. 사고의 과정이나 이슈를 명확히 하기, 장단점 고려하기, 대안 정리하기, 그리고 의사결정 신속하게 하기 등에는 잘 훈련된 원칙과 절차, 즉 구조화가 필요하다. 이러한 것들에 대한 결정적 아이디어는 엘리베이터를 탔을 때 불현듯 생각날 수도 있고 길을 가다가 우연히 떠오를 수도 있다. 하지만 처리 절차는 훈련을 통해 숙련된 원칙과 절차에 따라야 한다.

- **시기적절한 의사결정** : 사람들로 하여금 어떤 의사결정을 마냥 기다리게 하는 것은 의욕을 감퇴시키고 좌절하게 만든다. 과거 팀원 시절, 당신이 상사에게 결재를 올렸을 때마다 보충 설명이나 추가 정보를 요구 받았던 시간들을 생각해 보라. 그 분야의 전문가로서 최선의 정보를 제공했음에도 불구하고 더 많은 정보를 계속 요구할 때마다 실망했던 기억이 있을 것이다. 팀장은 함께 일하는 사람들에게 이같이 의사결정을 기다리게 함으로써 사기를 꺾는 일은 하지 말자.

- **조직 내 부조화 관리** : 마지막으로 기억해야 할 것은 뉴키즈 온 더 블록(1990년대 최고의 인기를 누렸던 전설적인 아이돌 그룹. 1989년에 1집 앨범 발표 이후 1994년 내한 공연을 할 만큼 떠들썩했는데 1994년, 어느 날 갑자기 그룹이 해체되어 음악 팬들에게 잊혀졌다.)처럼 튀는 행동의 함정에 빠지지 말라는 것이다. 건설적인 비판은 환영하라, 다만 파괴적인 세력은 제거하거나 중화시켜야 한다. 이제 새

로운 관리자가 된 당신은 팀원들 사이에서 적당주의자로 인식되어서는 안 된다. 그렇다고 단번에 너무 의욕이 앞서도 곤란하다.

지금까지 우리는 새롭게 관리자에 선임되는 과정과 팀장으로 부임하기 전까지 준비해야 할 기본적인 사항들을 정리해 보았다. 만약 금요일 오후에 임명장을 받았다면, 당신은 주말 내내 어떻게 팀을 이끌어(관리)가야 할 것인가에 대한 대략적인 아웃라인을 생각하고 또 생각했을 것이다 이제 월요일 아침에 당신이 테이블로 가지고 갈 것은 미래를 위한 계획이다. 이제 당신은 한 부서의 관리자로서 모든 부서원들의 업무 결과에 대해 책임져야 한다. 더불어 리더십을 십분 발휘해야 하고 조직원들에게 미래의 비전을 제시해야 한다.

- 민쯔버그는 관리자들의 역할은 바로 조직이 사회적 기관으로서 그들에게 주어진 재능과 자원을 어떻게 활용할 것인가를 결정하는 사람이라는 것을 강조하고 있다.

- 관리자가 되려면 관리자의 길을 걷기 전에 먼저 관리자가 해야 할 일에 대해 깊이 숙고해야 한다.

- 관리자의 직위에 지원하는 사람들은 그 직위에 필요한 것들과 기대되는 것들에 대한 완전한 이해가 필요하다.

- 관리자는 자신만의 관리 원칙을 개발해야 한다. 의사결정은 어떤 원칙들과 식별되는 사고의 체계에 기초해야 한다. 당신이 감당해야 할 모든 문제들을 처음부터 학습곡선의 맨 밑바닥에서부터 시작할 수는 없기 때문이다.

- 관리와 관리 행위에는 차이가 있다. 관리 행위에는 실행이 포함된다.

- 사람이란 관리될 수 없는 것으로, 우리는 다만 그들의 행위를 관리할 뿐이다. 어떤 조직이 특정한 조직문화를 강조하는 동안, 단위 조직 내에서 당신이 개발한 조직문화는 전체 조직의 부가가치를 결정할 것이다.

- 사람들은 각각 개성이 있다. 관리자는 개인과 조직의 이익을 위해서 그런 독특한 캐릭터들을 이용해야만 한다. 사람들의 독창성을 수용한다는 것은 그들을 획일화되고 복제된 조직원이 아니라 개인의 개성을 인정하고 함께 일하는 것이다.

- 한 분야의 전문가가 되기 위해서는 여러 직무 단계를 경험해야 한다. 전문가 단계에서 관리자로 전환하는 것은 그들의 개인적인 성향과 다른 사람들의 업무 성취를 이끌어 낼 수 있는 그들의 리더십에 달려 있다.

- 현재 소속된 조직이나 담당 업무와 얼마나 연관성이 있는지는 관리자로 이동할 수 있는가를 결정하는 중요한 요소가 될 것이다.

■ 조직구조를 단순화 하는 것은 모든 조직에 적용될 수 있다. 여기에는 오직 생산, 분배, 서비스라는 세 가지 기본 구성 요소만 고려되어야 한다

■ 관리의 기본은 목적(Purpose) 인적 자원(Person), 그리고 업무처리 프로세스(Process)의 3P를 적절하게 통합하는 것이다.

■ 관리란 단순히 어떤 하나의 이슈에 대한 실험이 아니다. 성공을 위한 만병통치약도 없다. 올바른 관리를 위해서 시스템적 접근을 해야 한다.

■ 조직 구성원의 진취적 업무 태도와 어떤 분야에서 선도적 위치에 있는 미래지향적 조직을 만드는 것이야말로 조직에는 최고의 성과를, 개인에게는 최상의 만족을 가져다준다.

멋진 팀장을 꿈꾸는 직장인들에게

과거 대부분의 국내 조직에서는 연공서열형의 승진 방식을 채택하고 있었다. 이 경우 직장생활 경력과 적당한 나이만 있으면 팀장급 관리자로 승진할 수 있었다. 나는 신입 직원으로 또 실무형 관리자인 대리급 직원으로 일하면서 2~3년을 주기로 순환 근무가 관행이었던 금융기관에 근무하면서 매년 새로운 관리자를 만나고 떠나 보냈다.

하지만 90년대 후반 IMF 위기를 계기로 국내 기업에 해외 자본이 물밀 듯이 들어오면서 승진 조건으로 나이나 경력보다는 전문성과 개인의 능력을 먼저 고려하는 문화가 조성되었다. 해외 명문대 출신자들과 석사 이상의 고학력자들이 점차 증가하면서 이제는 관리자에게 전문성이나 업무 전념은 더 이상 문제가 될 수 없게 되었다. 이제는 반대로 과거 관리자들에게는 강점이었던 일반 행정 능력이나 조직관리 또는 인간관계 관리 등이 더 큰 문제로 대두되고 있다.

최근 우리 사회의 조직문화는 업무의 전문성이 강조되면서 '관리하기'에 대한 능력과 경험이 뒷줄로 밀려나고 있다. 한 분야에서 전문적인 업무능력이 인정되면 부장 또는 팀장이란 직책은 부수적으로 따라오게 되어 있다. 자신의 분야에 대한 전문성은 강화되는 반면 일반 행정관리, 조직관리, 인간관리에 대한 팀장의 능력은 점점 약화되고 있다. 나는 처음 발령받은 동료 팀장들이 조직관리나 인사관리에서 어려움을 겪는 경우를 많이 보아 왔다. 최근의 젊은 팀장들은 자신의 전문 분야에 대한 능력과 열정만으로 관리자의 길을 시작한다. 그러다 보니 가장 먼저 부딪치는 것이 팀 구성원 간의 인간관계 문제이다. 인간관계의 문제는 조직 내부의 업무 분담 문제로 이어지고, 이는 다시 팀 업무 전반의 문제로 연결된다. 이것은 결국 팀 전체의 성과에 악영향을 미쳐, 팀장의 능력 평가에 부정적으로 작용한다.

그러므로 현대의 직장인은 업무 전문성에 못지 않게 관리에 대한 전문 능력을 배양해 나갈 필요가 있다. 특히 조직관리나 인간관계 이론과 같은 주제들은 책 한 권을 읽는다고 해서 해결될 문제가 아니다. 직장생활 전반에 걸친 일상의 경험에서 관리자의 시각으로 생각하고 판단해 보는 연습이 중요하다.

NOTES

1. Henry Mintzberg,"The Manager's Job: Folklore and Fact," Havard Business Review, March-April 1990, Reprint 90210
2. Peter F.Drucker, The Essential Drucker(New York : Harper Collins, 2001)
3. Gerard H.Gaynor, Innovation by Design(New York: AMACOM, 2002)

조직에 필요한
유능한 팀장을
키위내는

팀장 제조 매뉴얼 Manual for Changing Manager

✱ 팀장은 직책이 아니라
이제 브랜드다!

The Seven Management Hats

제2장 | 성공하는 팀장이 써야 할 7가지 관리 모자

행정가 모자 : 일반 행정 업무

지휘자 모자 : 교사 · 코치 · 프로모터 · 혁신형 리더

리더십 모자 : 조직 장악력, 리더십

인간 모자 : 인간 행동에 대한 이해

추진력 모자 : 일하는 손, 강력한 실행

근심 모자 : 팀 내의 부정적인 사건들에 대한 대응

사업가의 모자 : 모든 활동들이 귀결되는 곳

The Seven Management Hats

성공적인 팀장이 되기 위해서는 관리자의 기본적인 역할을 잘 이해해야 한다. 관리자의 기본적인 역할은 <표 2-1>과 같이 성공하는 팀장이 써야 할 '7가지 관리 모자'에 비유할 수 있다.

〈표 2-1〉 팀장이 써야 할 7가지 관리 모자	
행정가 모자	일반 행정 업무
지휘자 모자	교사 · 코치 · 프로모터 · 혁신 리더
리더십 모자	조직 장악력, 리더십
인간 모자	인간 행동에 대한 이해
추진력 모자	일하는 손, 강력한 실행
근심 모자	부정적인 사건들에 대한 대응
사업가 모자	모든 활동들이 귀결되는 곳

팀장이 써야 할 '7가지 관리 모자' 중에서 행정가 모자, 지휘자 모자, 리더십 모자 등 3개의 관리 모자는 관리자의 간접 업무를 나타낸 것이다. 행정가의 능력, 지휘자의 능력, 리더의 능력이 이에

해당된다. 인간 모자, 추진력 모자, 근심 모자와 사업가 모자로 구성되어 있는 나머지 4개의 모자는 관리자가 담당해야 할 직접적인 업무를 의미한다. 4개의 모자 중 특히 '행정가 모자'는 팀장으로 근무하는 첫날부터 가장 먼저 부딪히게 되는 문제이다. 팀장은 팀원들이 해야 할 업무를 정확히 지시해야 한다. 어떤 문제는 직접 주도적으로 추진해야 한다. 다양한 사람들로부터 나오는 각양각색의 행동들과 상호관계를 유지해야 하고, 몇몇 어려운 과제와도 맞닥뜨리게 될 것이다. 때로는 심각한 갈등을 해결해야 하고, 사업가 모자를 쓰고 조직 전체의 활동을 이끌고 조정해야 한다. 당신이 팀장으로 근무하는 동안 이런 다양한 상황과 끊임없이 부딪치게 될 것이다. 팀장으로서 제대로 업무를 추진하려면 하루에도 몇 번씩 이러한 7가지 관리 모자들을 상황에 맞게 바꾸어 써야 한다. 팀장이 써야 할 7가지 관리 모자에 대해 알아보고 각각의 모자에 수반되는 기대와 상황에 따라 관리자가 어떻게 조화와 균형을 이루어 가야 하는지에 대해 살펴보자.

행정가 모자 : 일반 행정 업무

일상적이고 잡다한 것을 다루는 행정 업무는 관리자의 모자 중 그다지 중요한 모자는 아니다. 그러나 업무처리 과정의 전산화와 혁신적인 아이디어 개발이라는 관점으로 접근한다면 효율성과 효과성을 모두 달성할 수 있다. 관리자는 행정 업무로 많은 시간과 정력을 소비하는 것은 피해야 한다. 행정 업무는 조직의 영속성을 위해 관리자보다는 실무자가 수행하는 것이 보다 효율적인 경우가 많으므로 실무자에게 더 많은 기회를 주는 것이 좋다.

행정 업무처리 과정을 시스템화하고 전산화하라

행정 업무처리가 창조적인 것이냐 아니냐는 일상적인 업무에 대한 태도에 달려있다. 팀장이 현재의 상태, 즉 현상 유지만 할 것인지 아니면 개선안을 연구하여 효율성을 도모할 것인지에 따라 그 가치는 달라진다. 수작업으로 추진하던 문서 작업을 컴퓨터로 전산화하는 업무목표를 세웠다고 가정하자. 문서화 작업은 경영자 입장에서는 하찮게 생각할 수도 있는 업무지만 업무수행자 입장에서는 잡일이 많고 불평이 가장 많은 작업이다. 그렇다고 피할 수도 없는 작업이다. 효율적인 조직 운영을 위해서는 꼭 필요한 문서화 작업을 전산화하여 효과적인 업무 시스템을 구축할 필요가 있다. 이를 위해서는 회사의 정책과 업무처리 절차, 그리고 업무에 필요한 요건들이 업무 시스템 안에서 적절하게 조화되어야 한다. 이러한 행정 기능은 다른 기능들과도 직간접적으로 연결되어 있다. 이처럼 업무절차를 체계적으로 정리하고 전산화하는 개선 과정을 통해 업무의 효율성을 높이는 것은 꼭 필요한 작업이다.

업무 효율성 관점에서 기존 업무 관행을 점검하라

일상적인 행정 업무들을 시스템화하고 전산화하려면 먼저 효율성의 관점에서 기존의 업무 관행을 다시 한 번 점검하고 여기에 관리자의 혁신적인 아이디어를 접목해야 한다. 효율성의 관점에서 기존의 다양한 보고서들이 정말 필요한 것인지, 또 본래의 목적에 맞게 작성되고 있는지, 비용에 대한 지출결의 절차는 효율적으로 처리되고 있는지 등을 꼼꼼하게 검토해야 한다. 다른 업무에 좀 더 효율적으로 활용될 수 있는 자원이 낭비되고 있거나 부가가치가 적은 행정 업무가 있다면 즉시 제거해야 한다.

지휘자 모자 : 교사 · 코치 · 프로모터 · 혁신형 리더

지휘자 모자는 관리자가 조직의 목표달성을 위해 업무를 주도적으로 계획하고 추진할 수 있도록 업무추진 방향을 제시하기 위해 써야 하는 모자이다. 이를 위해 팀장은 조직이 보유한 지식, 기술, 태도, 개인적인 성격과 경험을 효과적으로 통합해야 한다. 업무추진 방향을 제시한다는 것은 조직이 보유한 내부 구조 안에서 이용 가능한 자원들을 관리하는 것을 말한다. 여기서 말하는 조직의 내부 구조에는 목적, 목표, 전략, 조직구조, 실행 원칙, 정책과 지침, 경영자의 특성, 업무 집중을 위한 지원, 위험 감수, 대화, 그리고 사회적인 책임 등이 포함된다. 이용 가능한 자원에는 사람, 지적 재산

〈표 2-2〉 지휘자 모자의 관리 목록

중점 사항		
• 의사 소통	• 교육	• 인도
• 통합	• 훈련	• 분석/종합
• 점검	• 지도	• 조정
• 동기부여	• 독려	• 격려

권, 정보, 조직의 속성, 기술, 시간, 고객, 공급자, 공장 설비와 재무 등의 요소들을 들 수 있다.

팀장이 조직문화 안에서 이용 가능한 자원들을 통합하는 기법은 <표 2-2>와 같이 다양한 관리활동으로 표현할 수 있다. 여기 제시된 목록만을 보면 관리자가 된다는 것은 하나의 완벽한 인간이 되는 것보다도 더 어렵고 너무 많은 것을 기대하고 있는 것처럼 보인다. 그러나 나열된 목록을 자세히 살펴보면 우리의 개인적인 삶에서 이미 많은 부분 실천하고 있는 것들이다. 다만 각기 다른 환경에서 다른 목적으로 보여주고 있을 뿐이다. 팀장은 이러한 활동들을 통해 현재의 목표달성은 물론 미래에 필요한 사항들에 대해서도 하나씩 충족해가는 단계를 개발할 수 있을 것이다. 그러한 과정 속에서 개인적으로 성장하고 있음을 느낄 것이다. 이러한 이슈들은 그룹 활동에 중점을 두지만 필요할 때는 유연성을 발휘해 볼 수도 있다.

- **커뮤니케이션**communicating : 관리자가 써야 할 지휘자 모자 중 하나는 조직 내 다양한 계층과 원활하게 의사소통을 하는 것이다. 의사소통에는 상향식, 하향식, 수평식과, 조직 내, 조직 밖의 의사소통 등이 있다. 의사소통을 위한 전달 수단으로는 언어, 문자, 그림, 읽기, 그리고 듣기 등이 중요하게 활용된다. 의사소통은 발신자의 메시지를 수신자가 명확히 알아들을 수 있도록 하는 것이 중요하다. 의사소통 문제에 대한 깊이 있는 논의는 제7장에서 보다 상세히 다룰 것이다.

- **통합**integrating : 그룹 내 다양한 관심(즉 개인의 포부와 조직의 공유된 포부) 사항과 이해관계를 통합하는 것은 매우 중요한 일이다. 통합 작업은 어떤 프로젝트나 프로그램의 시작 단계에서 반드시 필요하다. 다양한 사람들의 각기 다른 전문가적 의견과 활동들을 하나의 목표를 위하여 통합해야 한다. 구성원 개개인의 업무 정보나 지식을 함께 공유할 수 있도록 공동의 정보 공유 공간을 만들어 해당 프로젝트에 필요한 지식을 공동으로 관리하는 것도 하나의 방법이다. 이런 방식으로 업무수행에 필요한 요구사항과 업무성과로 얻은 정보를 축적하면 미래에 유사한 프로젝트를 수행할 때 불필요한 자원의 낭비를 피할 수 있다.

- **점검**monitoring : 업무에 대한 진척도는 사무실 책상에 앉아서 점검해서는 안 된다. 단순히 '보고-말하기' 방식의 점검 방법보다는 '보고-말하고-관찰하고-느끼기' 접근법을 시도해보라. 신제품에 적용될 디자인이나 문서 기안을 위해서 창조적인 아이디어가 필요하다면 대상 제품을 직접 볼 수 있는 시간을 가져보자. 지휘자 모자를 쓰고 점검할 때는 부정적인 시각에서 의심하고 또 의심하며 냉철하게 문제제기하는 것이 중요하다.

- **동기부여**motivating : 개인과 팀을 위한 동기부여는 조직의 필수 요소이다. 탁월한 업무성과에 대해 팀장으로서 칭찬을 해주는 경우가 한 예이다. 하지만 동기부여에 상사나 전문가적 권위를 이용하는 것은 조심할 필요가 있다. 전문가의 권위를 이용한 동기부여는 긍정적인 영향이 대개 48시간 정도밖에 유지

되지 않는다고 한다. 반면 직원 스스로 개발한 자기 동기부여는 지속 시간에 한계가 없다. 그러므로 적절한 자기 동기부여 방법을 찾아주는 것이 중요하다. 팀장은 팀원들이 스스로 동기부여 하는 방법을 개발할 수 있는 근무환경을 조성해 주어야 한다. 대부분의 사람들은 어떤 업무가 자신에게 배정되면 주어진 범위 내에서 업무를 수행한다. 그러나 스스로 동기부여를 하게 되면 스스로 할 일을 찾고 계획과 목표를 세우며 그 일에 열정을 갖고 지속적으로 추진하게 된다.

- **교육**teaching : 실무 교육은 관리자 역할 중 매우 중요한 부분이다. 교육은 미시적인 관리 영역 차원보다는 거시적이고 장기적 차원으로 볼 필요가 있다. 팀장인 당신은 이미 경험이라는 지적 재산을 가지고 있다. 만약 교육이 없는 조직이라면 모든 사람들이 전임자의 업무 노하우를 전수받지 못하고 처음부터 다시 출발해야만 할 것이다. 팀장은 팀원들에게 전문가적 경험을 전수해야 하며, 전수받은 사람들은 기존의 교육을 바탕으로 새로운 실수와 경험을 통하여 자신의 업무 노하우를 발전시켜야 한다. 또한 동료들과 상호 공유하여 조직의 역량과 능력을 쌓아가야 한다.

- **훈련**training : 훈련과 연습은 조직의 미래를 결정한다. 어떤 업무에서나 경험은 최고의 교사이다. 적절한 훈련은 시간과 노력, 비용과 좌절을 줄여준다. 단순한 1차원적인 문제들은 평범한 방법으로도 해결이 가능하지만 현장에서 부딪히는 대부분의 문제들은 좀 더 복잡하고 각 분야의 전문 지식을 필요로 한다. 조직과 개인의 발전을 위해 끊임없이 훈련해야 한다.

- **코칭**coaching : 관리자는 업무처리 원칙과 개인의 성과 향상을 위해 코치해야 한다. 경쟁 사회에서는 원칙적이고 기본적인 숙련도만으로는 부족하기 때문에 보다 고급의 숙련도로 계속 개발할 필요가 있다. 나는 이것을 '통합적 기술'이라고 한다. 팀장은 이 통합적 기술을 향상시킬 수 있도록 항상 코치해야 한다. 기본적인 숙련도를 고급의 숙련도로 변화시키는 방법 중의 하나는 다른 사람과 어울려서 함께 일하는 것이다.

- **독려**pushing : 팀장은 조직의 목표를 달성하도록 독려해야 한다. 업무성과가 미달되거나 지속적인 관심이 필요한 사람들에게는 적절한 독려가 필요하다. 그러나 보다 근본적인 것은 스스로 해결할 수 있도록 해야 한다. 지나친 독려는 자칫 부정적으로 비춰져 결과적으로 조직의 성과에 역효과를 줄 뿐 아니라 불필요한 관심에 초점을 맞추게 되기 때문이다.

- **인도**pulling : 적절한 인도, 즉 격려하고 이끌어 주는 것은 독려와는 완전히 다르다. '격려'와 '이끌어주기'란 어떤 프로젝트가 난관에 부딪혔을 때 직접적으로 정보를 제공하거나 다른 원천을 제공함으로써 그 난관을 해결해주는 것을 말한다. 이를 통해 직원들은 팀장에 대한 믿음과 신뢰를 구축할 수 있을 것이다. 옳은 길로 이끄는 팀장은 존경을 받고 동시에 프로젝트를 성공적으로 완수하는 데 결정적인 도움을 줄 수 있다.

- **분석/종합**analyzing/synthesizing : 종합적이지 않은 분석은 오직 절반의 답만을 제공하거나 때로는 업무 실행을 지원하기보다는 의사결정을 지연시키는 원인이 되기도 한다. 종합이란 모든 분석으로부터 정보를 가져와서 그것들을 통합하고 분석하여

수용 가능한 의사결정에 도달하도록 만드는 것을 말한다. 때로는 너무 많은 분석 결과가 오히려 실행을 방해하는 경우도 있다.

■ 조정negotiating : 조정을 담당하는 관리자는 과정을 변화시킬 줄 아는 능력이 있어야 한다. 모든 것은 조정 가능하다. 그렇다면 어떤 기준으로 어느 선에서 조정할 것인가? 이를 위해서는 상호 간에 원하는 결과를 얻을 수 있는 윈-윈 전략이 그 답이다. 이를 위해서는 상호 발전이 가능한 조정이 필요하다. 그러나 기본 원칙이 무시되어서는 안 된다. 지나칠 정도로 현실과 타협하거나 양보하는 경우에는 미래에 어떤 새로운 문제를 유발시킬 수도 있다. 이런 경우에는 차라리 원점에서 다시 시작하거나 새로운 해결책을 찾는 것이 더 좋다.

■ 격려promoting : 격려는 누구에게나 꼭 필요한 리더십 모자 중 하나이다. 조직 내에서 새로운 제안이 상정되고 채택되는 과정에서 아이디어 제안자와 의사결정자 사이에는 항상 갈등이 따라다니게 마련이다. 팀원이 어떤 아이디어를 냈을 때, 의사결정자가 무조건 회의적인 반응을 보인다면 그 조직은 새로운 아이디어 개발을 더 이상 기대할 수 없다. 팀장이 팀원의 제안에 어떤 반응을 보이느냐는 매우 중요하다. 긍정적이고 적절한 격려를 통해 새로운 아이디어에 대한 질문과 응답이 계속되고 남을 설득하는 논리와 능력이 활성화되도록 유도해야 한다. 관리자가 팀원을 설득할 수 없을 때, 관리자로서 당신은 또 하나의 숙제를 떠안게 된다.

리더십 모자 : 조직 장악력, 리더십

리더십은 관리하기Managing에서 매우 중요한 요소이다. 어떤 사람들은 리더십을 관리하기와 '리드하기Leading'로 나누어 설명하기도 한다. 리더십은 조직의 활력, 그 자체인 동시에 관리 과정의 한 부분이기도 하다. 조직이 목표를 달성해가는 과정에서 리더십은 독자적으로 분리해서 작용할 수 없다. 이것이 대부분의 관리자 입문 과정에서 리더십을 매우 중요하게 여기고 강조하는 이유다. 리더십을 정의하려고 노력하는 것보다는 리더십을 그냥 '리드하는 것'이라고 생각하자. 리더십에 대한 보다 자세한 이야기는 제7장을 참조하면 된다. 리더십은 어떤 일에서 최적의 방법을 찾는 과정을 포함한다. 리더십의 개념 속에는 조직이 어느 방향으로 나아가야 하는지, 무엇이 되기를 원하는지에 대한 정의를 포함한다. 리더십은 미래를 예측하고 전통적인 통념과 관습을 뛰어넘는 것을 포함한다. 리더십은 너무나 당연한 것이라서 현대 경영철학의 목록에도 없다. 이번에는 신입 팀장뿐만 아니라 모든 관리자에게 적용될 리더십의 기본 속성들에 대해 알아보자.

- **업무 책임과 목표달성 책임을 져라** : 조직은 어떤 식으로든 업무를 수행하게 된다. 그 성과 결과에 따라 누군가는 책임을 져야 한다. 그러나 부정적인 업무 결과가 나오더라도 절대 희생양은 만들지 말아야 한다. 팀장인 당신은 그 조직의 관리자이자 최종 책임자이므로 그에 따른 업무 책임이 있는 것이다. 성과를 달성하지 못한 부분에 대해서도 팀원들을 탓해서는 안 된다.

구성원 중 누군가의 성과가 미달되었다 할지라도 그 또한 관리자인 팀장의 책임인 것이다.

- **정보원을 죽이지 마라** : 조직의 구성원 중에는 나쁜 정보에 귀가 얇은 사람이 있게 마련이다. 조직 내 구성원이 업무를 진행하는 과정에서 좋지 않은 정보를 보고할 경우가 있다. 이런 경우 당신은 어떻게 하겠는가? 이때 정보 제공자에게 절대 화를 내서는 안 된다. 관리자로서 당신은 즉시 그 문제를 최대한 빨리 해결해야 한다. 비록 그 정보가 팀장으로서 수용하기 힘든 것일지라도 그것을 인정하고 조치하면 그로 인한 부정적인 영향을 최소한으로 줄일 수 있다. 만약 보고하는 사람에게 화를 낸다면 그것은 향후 정보원을 죽이는 일이 될 것이다. 그럴 시간이 있으면 벌어진 상황을 빠르게 조치하는 데에 주력하라.

- **핵심 정보에 근거해 판단해라** : 리더는 어떤 의사결정을 할 때 필요한 모든 정보가 수집될 때까지 기다려서는 안 된다. 의사결정을 위해서는 최소한의 핵심 정보만 있으면 된다. 그 나머지는 거의 대부분 판단만이 필요할 뿐이다. 정교한 모델과 시뮬레이션, 그리고 컴퓨터 프로그램은 많은 정보를 제공하여 의사결정을 내리는 데에 도움이 될 수도 있지만, 반면 어떤 경우에는 그 정보로 인하여 반대의 결과를 낳을 수도 있다.

- **복잡한 것은 단순화하라** : 복잡한 것은 이해하기 쉽게 만들어야 한다. 핵심적인 내용은 서로의 커뮤니케이션을 통해서 이해가 되도록 하라. 단순화는 복잡한 실제 상황을 보다 쉽게 정리할 수 있게 해준다. 단순화 작업을 위해서는 고도로 훈련된 사고 체계가 필요하다. 어떤 주제에 대해서 단순화된 핵심 내용으

로 표현할 수 없다면 그것은 충분히 이해하고 있지 못하다는 증거이다.

- **의사결정 내용을 명확히 알고 실행하라** : 어떤 결정사항이라도 그 내용을 명확히 해야 한다. 겉으로 드러나지 않고 이면에 숨겨진 의미가 있어서는 곤란하다. 수용하기 힘든 결정이라도 그 의미는 충분히 이해되어야 한다. 결정 사항을 수용한다는 것은 그에 대한 실행 방법은 물론 그 결과로 인한 영향까지도 이해하는 것을 의미한다.

- **전문가가 되기 위해 부단히 노력하라** : 전문가란 자신의 분야에서 전문적인 위치를 확보하고 있는 사람들이다. 전문가의 영역은 각 분야의 최첨단을 포함하기 때문에 늘 빠르게 변화하고 있다. 한 분야에서 과거에 전문가였다고 해서 미래에도 전문가로 대접받는다는 보장은 없다. 한 분야의 전문가라고 해서 만병통치약처럼 다른 분야에서도 전문가로 대접받을 수 있는 것은 아니다. 그러므로 관리자가 개인, 또는 전문가로서 성장하기 위해서는 부단히 노력해야 한다.

- **미래지향적인 철학을 발전시켜라** : 관리자들은 미래지향적인 시각을 가지고 있어야 한다. 위기상황이 발생한 후에 미래지향적이고 진취적인 사람이 되겠다고 하는 것은 이미 늦은 일이다. 만약 조직 내 누군가가 위기 상황에 대해 미리 감지했거나 누군가 자신의 주변 세상에 눈을 돌렸다면 그런 긴급한 상황은 피할 수도 있는 문제다. 관리자에게 있어 미래에 발생 가능한 문제를 미리 예측할 수 있는 안목은 매우 중요하다. 누군가가 무엇을 해야 할 것인가를 말해 줄 때까지 기다리지 말라.

- **시대에 뒤떨어진 것은 과감히 폐기하라** : 기업의 현재는 과거의 산물이다. 그러다보니 현재 불필요한 것일지라도 기업에서 한때 중요한 수익을 제공했던 상품이나 프로세스, 활동 등을 한번에 없앤다는 것은 쉬운 일이 아니다. 낡은 사고를 제거하는 것은 더욱 어려운 일이다. 이런 이유로 많은 조직에서 더 이상 생산성이 없는 비즈니스를 그대로 유지하는 경우가 많다. 그것이 만약 현재의 최고 경영진이 이룩한 과거의 괄목할 만한 업적이라면 더더욱 폐기하기가 어렵다. 하지만 낡은 것은 과감히 폐기처분해야 한다. 낡은 비즈니스나 시대에 뒤떨어진 사고방식을 버리는 데는 진정한 용기가 필요하다. 적절한 폐기는 미래에 닥쳐올 수도 있는 위기 상황을 예방해준다.

- **적극적인 태도로 업무에 임하라** : 팀에서 진행한 프로젝트가 실패하여 누군가가 책임을 져야 할 일이 생긴다면 팀장인 당신은 어떻게 하겠는가? 책임을 전가할 희생양을 찾을 것인가? 아니면 다른 해결책을 찾을 것인가? 이럴 때는 소극적으로 회피하지 말고 적극적인 태도로 해결책을 모색하라. 남에게 책임을 전가하거나 비난을 하다 보면 불화만 낳고 인간관계까지 파괴할 수 있다. 소극적인 태도는 문제해결 방법이 아니다. 업무에 대한 책임은 실적에 대한 책임으로 이어질 것이다. 그러므로, 적극적인 태도로 문제해결을 위한 해법을 찾아야 한다. 모든 초점을 문제해결에만 귀결시켜라.

인간 모자 : 인간 행동에 대한 이해

인간 모자는 인간의 기본적 행동을 이해하는 것을 말한다. 프로젝트를 계획하거나 어떤 의사결정을 할 때 팀장은 인간 모자를 쓰고 활용할 수 있는 인적 자원을 개발하고 적재적소에 적절하게 배치해야 한다. 이때 팀원 각 개인의 개성을 깊이 고려해야 한다. 적재적소에 적절한 인력을 배치하는 것은 현재 실적뿐만 아니라 미래의 업무성과에도 지속적으로 영향을 준다.

- **적합한 팀원을 고르는 데 시간을 투자하라** : 적재적소에 인적 자원을 찾고 배치하는 것은 기계적으로 처리할 수 있는 문제는 아니다. 그러나 비즈니스에서 성공하려면 전문가적인 업무능력과 비록 난이도는 낮더라도 숙련된 기술이 얼마나 잘 조화를 이루는가에 달려있다. 성공을 위한 업무 요건은 조직의 목적과 업무목표에 맞게 잘 정의된 업무수행의 핵심 역량이 없이는 불가능하다. 그러므로 평소에 각 업무에 적합한 팀원들을 눈여겨보고 미리 관찰하고 찾아보라.
- **인재 채용 시 그가 담당할 역할을 사전에 명확히 하라** : 현재 팀 내에서 이루어지고 있는 업무의 기본 요건, 기대 성과, 업무 분담 등은 이미 기존의 배치된 사람들로도 운영되고 있다. 그럼에도 불구하고 새로운 신규 직원을 채용해야 한다면 그 사람이 담당해야 할 역할과 업무 성격을 미리 명확하게 정의하고 그에 적합한 사람을 채용해야 한다.

- **팀원과 동료를 객관적으로 평가하라** : 대부분의 관리자는 팀원 평가를 어렵게 생각한다. 그러나 팀원의 평가를 객관적으로 해내는 것은 매우 중요한 문제다. 가능하면 평가 결과는 각 등급별로 적정한 분포, 즉 표준 정규 분포 곡선이 되도록 해야 한다. 일반적으로 평가의 종류는 전체 실적 평가, 팀 평가, 개인 성과 평가 등이 있다. 그 중에서도 개인과 관련된 평가는 더욱 신중하게 해야 한다. 관리자의 평가는 그 팀원의 경력 관리에 도움이 될 수도 있고 역효과를 낼 수도 있기 때문이다.

- **팀원교육은 개인의 개성과 니즈에 맞춰라** : 모든 상황에 다 적용되는 일반화된 교육 프로그램은 특정 분야에 대한 실질적이고 구체적인 교육이 될 수 없다. 또한 사람들은 저마다 각 개인의 개성에 맞게 다루어야 한다. 그러나 무엇보다도 기본적인 인격 존중과 예의를 잊어서는 안 된다. 팀원은 어린 아이가 아니다. 그러므로 교육에 있어서도 고귀한 인격으로 대해야 한다. 또한 교육은 전문적인 업무능력을 일정 수준 이상으로 끌어올릴 수 있어야 한다. 성과 목표의 달성은 교육하고자 하는 목적 중에서 빼놓을 수 없는 항목이다.

- **사람에 대한 투자는 실질적이어야 한다** : 사람에 대한 투자는 단순히 특정 교육 프로그램에 참가시키거나 특정한 보상을 하는 것으로 만족해서는 안 된다. 교육도 분명 사람에 대한 투자의 한 방법이다. 하지만 교육의 결과는 반드시 실무에 적용될 수 있어야 한다. 어쩌면 팀장인 당신이 직접 지도하고, 교육시키고, 업무 방향을 제시하는 것이 외부의 정형화된 교육 프로그램보다 훨씬 더 유용할 수도 있다. 형식적인 투자보다는 실질

적인 투자가 중요하다.

■ 새로운 것을 시도하는 과정에서 발생하는 실수는 인정하라 : 비즈니스 과정에서 누구나 실수를 할 수 있다. 그러나 값비싼 실수를 기회로 삼아 새로운 것을 배울 수 있는 환경을 조성해 주어야 한다. 창조와 혁신은 늘 우리가 잘 모르는 곳에서 시작되고 이루어지기 때문에 잘못된 시작과 실수가 있을 수도 있다. 그러나 이런 실수를 통해 우리는 창조와 혁신의 과정을 익히게 된다. 역사적으로 발생한 많은 실수들이 규칙에서 벗어난 예외적 현상으로만 취급되었더라면 일상생활에 활용되는 자원을 효과적, 효율적, 경제적으로 사용하려는 인간의 수많은 노력들이 인류 사회의 발전에 기여할 수 없었을 것이다.

■ 남의 말을 잘 경청하는 습관을 기르자 : 사람들은 메시지가 불분명하거나 뚜렷한 생각이 없이 하는 말에 오랫동안 집중하지 못한다. 특히 남의 말을 듣는 것보다 자신이 말하는 것이 더 중요하다고 느낄 때에는 남의 말을 계속 경청하기가 더욱 어렵다. 하지만 남의 말을 경청하는 습관을 길러야 한다. 보통 듣기는 '듣는 것'과 '그에 대한 대답하기'의 2가지 방식으로 이루어진다. 열심히 듣고 상대방의 말에 대해 관심을 보이고 있음을 상대가 파악할 수 있도록 적절히 반응하는 것이 중요하다. 좀 더 깊이 있는 대화를 원한다면 상대방에게 대화의 내용들을 글로 정리할 수 있는지, 또는 주장에 대한 논리적 근거는 무엇인지 등 더 깊은 관심을 보여줄 필요가 있다.

■ 팀원들을 통솔하는 적절한 인간관계 기법을 개발하라 : 과도한 칭찬이나 비판은 갈등을 야기한다. 하지만 사려 깊은 칭찬은 조직에

활력을 더하는 힘이 된다. 반대로 상투적인 칭찬은 절대 피해야 한다. 직원들에게 늘 하던 말투로 "잘했어"라고 말하는 것은 오히려 사기를 저하시킬 수 있다. 어떤 행동에 대해 적시에 하는 건설적인 비판은 긍정적인 교육이 될 수 있다. 단, 이러한 비판도 그 사람의 인격과 관련된 것은 극히 조심해야 하며, 비판이 꼭 필요하다면 팀원들이 없는 곳에서 개인적으로 해야 한다.

- **새로운 아이디어와 제안을 적극 권장하라** : 새로운 아이디어와 업무 제안은 조직의 미래를 밝게 해준다. 새로운 아이디어를 적극 권장하고 수용하라. 다만 아이디어는 글로 써서 문서화해 제출하도록 강조하라. 많은 아이디어가 진정 가치 있는 아이디어가 되려면 그것을 탐구하고 깊이 고찰해야 한다. 단순히 아이디어들의 집합으로만 남아있는 검증되지 않은 아이디어로는 부가가치를 창출할 수 없다. 반면 글로 문서화된 아이디어들은 실행될 가능성이 더 높다. 글로 쓰다보면 한 번 더 생각하게 되고 그러한 생각을 통해서 선결되어야 할 문제가 무엇인지 스스로 점검하게 되며 핵심을 보다 분명하게 정리할 수 있게 해주기 때문이다.

- **주위의 수많은 요청에 적절한 대응 방법을 찾아라 – 때로는 'No'라고 과감히 말하라** : 관리자인 팀장에게는 상사, 동료, 또는 팀원들로부터 중요한 것에서 중요하지 않은 것까지 다양한 질문과 요청이 들어온다. 이때 관리자는 응답해야 할 요청과 그렇지 않은 요구를 분명히 구분할 수 있어야 한다. 어떤 요구가 중요한 것인지, 어떤 것들이 대응을 안 해도 되는 것인지 판단하지 못한다면, 당신은 감당할 수 없는 수많은 요청들을 떠안게 될

것이다. 시간은 항상 부족하다. 경우에 따라서는 과감하게 'NO' 라고 대답하는 것이 가장 좋은 대답일 때가 있다.

■ **조직의 행사에 참석하는 것은 사람들이 업무 외적으로 어떻게 대화하는가를 좀 더 깊이 이해할 수 있는 기회다** : 회사 내에서 이루어지는 다양한 행사, 고객과의 대화 시간, 각종 세미나, 회식, 직원의 결혼식 등에 참석하는 것은 관리자로서 선택의 문제가 아니라 의무이다. 이런 기회를 활용해 업무에 도움이 되는 새로운 정보를 얻고 직원들을 이해할 수 있는 기회로 활용하라.

■ **조직문화를 이해하고 그것을 발전시켜라** : 조직문화는 관리자로서 팀장의 관리 스타일에 절대적인 영향을 미친다. 새로운 팀장으로서 팀의 조직문화를 이해하는 것은 그 문화를 개선하기 위한 첫걸음이다. 조직문화에 접근하는 방법에는 현재의 조직문화를 그대로 수용하는 방법, 현재의 문화에서 작은 변화를 주어 좀 더 높은 수준의 조직문화를 추구하는 방법, 완전히 새로운 조직문화를 도입하는 방법 등이 있다. 현재의 조직문화를 그대로 수용하고자 한다면 그것의 장단점을 함께 공유할 수 있을 것이다. 반면 두 번째 방법처럼 조그마한 변화를 통해서 좀 더 높은 수준의 문화를 추구하려 한다면 작은 문제들과 부딪치고 싸우면 될 것이다. 완전히 새로운 문화를 개발하기로 결정한다면 새로운 전략과 이를 추진할 시간, 그리고 구성원들 개개인이 변화하는 데 걸리는 시간이 필요하다. 팀장은 어떤 식이로든 팀 문화를 이해해야 한다. 팀 문화를 개선하기 위한 어떤 새로운 방향을 선택하고 발전시켜야 한다. 새로운 조직문화를 개발하고 발전시키는 것은 팀의 현재 역할과 분

위기에 따라 전혀 다를 수 있다. 혁신가는 기존의 낡은 관습과 통념에 젖어 죽은 사고를 지닌 조직에서는 그 능력이 발휘되지 않는다. 이와 반대로 샌님plodder들은 혁신적인 조직에서 오랫동안 버틸 수 없다.

추진력 모자 : 일하는 손, 강력한 실행

추진력 모자는 관리자가 실행하는 실제 업무수행을 말한다. 관리자를 꿈꾸는 사람이라면 팀장의 업무 위임의 중요성에 대해서 자주 들었을 것이다. 그러나 팀장이 업무 권한을 부하직원에게 위임하기 위해서는 그 업무들에 대하여 충분히 알고 있어야 하며 위임을 한 후에도 위임한 업무와 관련한 많은 일들이 남았다는 것과 어떤 업무는 절대로 위임할 수 없다는 것도 알아야 한다. 팀장 발령을 받은 당신은 한 분야의 전문가 수준에서 이제는 관리자가 담당해야 할 새로운 고유 업무를 경험하게 될 것이다. 다음은 관리자의 업무활동을 나열한 것이다.

- 팀이나 부서 업무에 대한 이해와 개선 검토
- 사람에 대한 업무능력 분석
- 구성원 개인의 능력과 업무의 연계
- 예산 수립과 사업 계획 및 전망
- 고객 중심적인 업무 추진
- 관리자로서의 업무 관리

업무의 우선순위를 정하라

팀장은 팀 내에서 진행되는 업무에 대해 전반적으로 이해하고 필요한 부분은 세밀하게 검토해야 한다. 어떤 프로젝트를 검토한다는 것은 업무 범위, 달성 가능성, 그리고 계획되고 예측된 원가, 시간 계획, 회의 자료에 대한 검토와 현재 상태 점검, 그 외에도 프로젝트와 관련된 모든 업무를 기본적으로 이해하는 것을 말한다. 새로 부임한 팀장에게는 팀 내의 모든 프로젝트 내용과 각 프로젝트별 중요성을 파악하고 이해하는 것이 업무 관리의 핵심이다.

프로젝트를 검토하는 방법에는 프로젝트 제안서와 보고서들을 읽는 방법과 프로젝트 내용과 중요 원칙들에 대하여 구두로 물어보는 방법이 있다. 보다 효과적인 방법은 이러한 2가지 방식을 혼합해 사용하는 것이다. 이용 가능한 정보들을 통해 마구잡이식으로 프로젝트를 검토하는 것은 비효율적인 방법이다. 그러나 보다 원칙적이고 세밀한 검토는 프로젝트를 책임지고 있는 사람들에 의해 추진되어야 한다. 관리자인 당신이 모든 프로젝트를 알아야 하겠지만, 중요한 것은 처리의 우선순위를 결정하는 것이다. 어떤 사안은 좀 더 급하게 처리해야 하고 또 어떤 것은 중요하게 처리되어야 한다. 때로는 당신이 보고하는 상사에게 일종의 판단자료를 제공해야 하는 경우도 있을 것이다. 어떤 프로젝트를 먼저 검토할 것인가를 결정하기 위한 방법은 전적으로 프로젝트의 범위와 조직의 상황에 따라 다르다. 어떤 것은 이미 경고 신호가 나타나서 누군가가 벌써 검토 중에 있는 것도 있을 것이기 때문이다. 각 프로젝트는 자금 규모, 투입된 사람의 수, 긴급성 그리고 결과의 영향력 정도 등 다양한 방법으로 우선순위를 매길 수 있어야 한다. 조직의 성과에 영향을 주는 프로젝트는 최우선순위로 다루어야 한다. 여러 파일 속에서 헤매지 않으려면 절차와 원칙을 설정하고 우선순위에 따라 처리하는 것이 좋은 방법이다.

팀원의 업무능력을 분석하라

팀의 업무를 검토하는 과정에서 각 프로젝트의 리더와 참여하는 팀원들에 대해서 보다 상세히 파악할 수 있을 것이다. 이러한 구성원의 업무능력 분석은 직원의 능력과 한계를 파악하는 데 그 목적이 있으며, 이것은 조직의 성공을 위해 반드시 필요한 과정이다. 구성원들의 업무능력을 파악하는 방법에는 과거 자료의 검토와 직접 대화가 있다.

구성원들의 능력을 파악하는 방법 중 직접 대화 방법은 팀원의 기본 자질을 분석할 수 있는 좋은 기회가 된다. 최근 경영학은 관리자의 판단을 최소화하는 방향으로 가고 있다. 하지만 그것이 너무 지나치면 경영 실패의 원인이 되기도 한다. 팀장은 관리자로서 늘 의사결정을 해야 한다. 바람 부는 방향을 알기 위해 담장 위에서 마냥 기다릴 수는 없다. 팀이 목표를 달성할 수 있도록 보다 적극적으로 참여해 관리자의 역할을 수행해야 한다. 업무를 추진하는 과정에서 사람들과 상호작용하고 접촉함으로써 적극적으로 팀원의 성격과 업무능력을 파악할 수 있을 것이다

다음은 사람들에 대한 과거 자료를 바탕으로 팀원의 능력을 파악하는 방법이다. 과거 자료란 주로 업무평가 결과를 말한다. 업무평가는 구성원의 자질과 업무능력, 그리고 업무성과로 구성된다. 여기서 재미있는 것은 개인의 과거 평가 결과를 검토하다 보면 과

거 비평자보다 오히려 평가자에 대한 정보를 더 많이 파악할 수 있다는 점이다. 현재 팀장인 당신도 평가자이며 동시에 피평가자이다. 연속되는 평가 과정으로 보면 하나의 연장선상에 있을 뿐이다.

과거 평가 자료들을 검토할 때는 의구심을 가지고 보아야 한다. 개인에 대한 평가는 대부분 실제보다 높게 주기 때문이다. 따라서 개인에 대한 과거 평가 자료들은 오직 참고 자료로만 활용해야 한다. 과거 자료에서 개인에 대한 깊이 있는 평가를 하려면 각각의 개인에 대한 코멘트를 보다 주의 깊게 검토해야 한다. 거기에 무엇이 포함되었는지, 또는 무엇이 포함되지 않았는지 꼼꼼하게 살펴보라. 이런 방법으로 과거 평가 자료를 검토하면 팀원들을 평가하고, 면담할 때 유용하게 활용할 수 있는 개인별 참고 자료를 만들 수 있다.

팀원들에 대한 분석, 즉 그들이 무엇을 할 수 있고 각자의 한계가 무엇이며 어떤 점에 강점이 있는지에 대한 파악은 어디에서부터 시작해야 할까? 내 경험으로 보면 보고서나 과거 자료를 이용하는 것보다는 팀원들과 직접 대화하는 방법이 더 유용하다. 팀원들이 학교를 졸업한지 5년이나 그 이상이 되었다면 학문적인 부분에 대해서는 너무 강조하지 않는 것이 좋다. 그들의 과거 성과를 판단하려면 그들이 팀이나 그룹에서 달성한 업적이 아니라 근무기간 동안에 개인적으로 기여한 업적에 주목해야 한다. 이러한 건설적인 대화는 팀원들이 조직 내에서 자기 자신과 자신의 역할에 대해 어떻게 생각하는지를 이해하는 데 도움을 준다. 다음은 팀원들과 대화할 때 기본적으로 이해해야 할 질문들이다

- 경력개발과 다양한 경험을 위해서 개인에게 어떠한 기회가 주어졌는가?
- 이 사람에게 어떻게 동기부여를 했는가?
- 이 사람은 장기적인 일에 적합한가 아니면 단기적인 일에 더 적합한가?
- 이 사람은 솔선수범하는 사람인가?
- 이 사람은 업무 달성을 위해 좀 더 나은 방법을 찾기위해 노력했는가?
- 이 사람은 어떤 어려움을 극복하고 성과를 달성했는가?
- 이 사람은 동료 및 관계된 매니저와 어떻게 상호작용하고 있는가?
- 이 사람은 향후 경력이 개발된다면 관리자의 자질을 가지고 있는가?

팀장은 위의 질문들을 통하여 팀원들의 지식, 기술, 태도, 개인적인 특성, 경험과 관심 등을 충분히 이해한 후에, 어떻게 그들의 자리를 배치하고 또한 그들에게 어떤 성과를 기대할 수 있을지 결정해야 할 것이다.

개인의 능력과 팀 업무를 연계시켜라

팀의 업무와 개인의 능력을 연결하는 통합력은 주어진 업무의 성격에 따라 매우 복잡하고 다양하다. 업무와 개인의 능력을 연계하는 것은 새로운 관리자에게 항상 부담스러운 과제이기도 하다. 그러나 이제부터는 마치 요술을 부리듯 이것들을 적절히 조절해야 한다. 프로젝트의 업무 요건을 정의하고 업무를 완수하기 위해 요구되는 개인의 업무능력을 정확히 점검할 필요가 있다. 업무를 배분하다 보면 팀 내에 적절한 인적 조합이 갖추어져 있지 못하다고 느끼는 경우가 많다.

예를 들면 당신에게는 지금 '갑'과 같은 사람이 2명 이상 필요하고, '을'과 같은 사람이 최소한 1명 필요하다. 반면 현재 우리 팀에 있는 'A'와 'B'는 이 업무에 정말로 필요하지 않다. 그런 경우에 과연 어떻게 하는 것이 정답일까? 그런 경우 현재 인력에 맞게 프로젝트를 바꾸는 것도 하나의 대안이 될 수 있다. 또 프로젝트에서 요구하는 어떤 특정한 사항을 현재 구성원의 능력에 맞게 제거하는 것도 고려해 볼 수 있다. 하지만 이것을 승인 받기 위해서 또 다른 시간과 노력이 필요할 수도 있다. 또 다른 대안은 내부의 다른 조직이나 외부에서 자원을 구해보는 것이다. 마지막으로 업무 방법과 개인별 업무 분담에 대하여 재분석하고 추가 조정해 보는 것도 하나의 대안이 될 수 있다.

이런 경우 간단한 해결책은 없다. 그리고 모든 선택은 이용 가능한 자원과 필요로 하는 능력간의 차이가 얼마나 큰가에 따라 다르다. 위에서 말한 '갑'과 '을'이 담당할 업무를 세분화해 볼 수 있는가? 그렇게 해서 다른 사람들이 그 자리를 채워줄 수 있겠는가? '갑'과 '을'이 절대 대신할 수 없다고 주장할 것이다. 관리자로서 당신은 문제를 분석해보고, 이것이 다른 사람들이 참여함으로써 새로운 경험을 쌓을 수 있고 업무 추진도 가능한 대안이라고 판단이 되면 그 방향으로 결정해야 한다. 반면 현재 우리 팀에 있는 'A'와 'B'를 위해서 당신은 무엇을 해줄 수 있겠는가? 그들이 비록 어떤 특정한 분야에 능력이 있을지라도 현재 수행해야 할 프로젝트를 위해서는 그들이 필요 없다. 그들이 어떤 분야에 탁월한 성과나 경험이 있는 사람들이라면 다른 부서로 이동시키는 데 별 어려움이 없을 것이다. 하지만 조직이 더 이상 그들의 능력을 이용할 필요가 없다고 판단될 때 유일한 대안은 적절한 방법으로 그들을 해고하는 것이다. 하지만 우리가 자주 잊어버리는 다른 대안도 있다. 비록 이번 과제에서는 필요 없는 사람들이지만 조직은 그동안 'A'와 'B'에게 많은 투자를 해왔다. 그들이 어떤 분야에서 나름대로 많은 지식이 축적된 사람들이라면 추가적인 교육이나 훈련을 통해 다른 분야에서 일할 수도 있다. 팀장은 관리자로서 팀원들의 미래 활용에 대해서 생각해야 한다. 향후 필요할 때 그들도 적절한 자원이 될 수 있다는 것을 염두에 두어야 한다. 그런 입장에서 보면, 이제 'A'와 'B'에게도 새로운 기회가 제공될 수 있다.

팀의 예산 수립과 사업 계획 및 전망을 책임져라

예산 수립과 사업 예측에는 중요한 차이가 있다. 예산은 기본적으로 무엇이 얼마나 지출되어야 하는지에 대한 방침을 정하는 것으로, 보통 단기간에 이용되며 대부분 1년 이상으로 확장하지 않는다. 그러나 사업 예측은 잠재적인 미래의 지출을 추정해야 하므로 프로젝트가 장기간 진행되는 것이 대부분이다. 최초 6개월 또는 1년간의 예산을 기초로 잔여기간에 대해 전망해보고 사업계획을 수립해야 한다.

조직의 예산은 원재료, 직간접 노무비, 자본 설비, 그리고 통신, 교통, 외부에서 열리는 회의와 교육 등 세부 항목들에 팀이 얼마나 지출을 할 수 있는가를 보여준다. 예산은 숨겨진 많은 원가와 사업과 관련된 모든 원가를 포함한다. 회사는 팀장에게 제공한 모든 서비스에 대해 비용을 부과할 것이다. 어느 것도 공짜는 없다. 팀장은 이 모든 비용을 직간접적으로 지불해야 한다. 팀장이 이끄는 팀은 전체 조직의 일반관리 비용, 즉 조직 전체의 임대료, 보험료, 일반 설비비 등에 대해서 일정 부분 비용을 분담할 것이다. 보통 신임 팀장에게 이런 공통 비용 분담은 충격적인 숫자로 다가온다. 관리자로서 팀장은 조직 운영에 조금도 공짜가 없다는 것을 냉정하게 인식해야 한다. 전체 조직에서 지원하는 부분에 대해서도 공정한 몫을 분담해야 한다.

예측은 미래에 대해서 하는 것이다. 새로운 제품 출시 이후의 상황에 대한 예측, 그리고 원가절감 계획, 품질향상 계획, 인력수급 계획에 대해서 예측하라는 요구는 경험 없는 새내기 팀장에게는 매우 어려운 과제이다. 그러나 미래 업무를 어떻게 예측할 것인가? 해답은 경험으로부터 배워야 한다. 표준이나 정형화된 기준은 없다. 팀 동료들의 아이디어와 상사의 경험을 살려서 함께 작업하는 것이 유일한 방법이다. 물론 최종 의사결정자는 팀장 자신이지만 의사결정을 위한 준비 과정에서 팀원의 도움은 매우 중요하다.

이러한 준비 과정은 팀원들이 서로 파트너십을 발휘할 수 있는 또 하나의 기회가 된다. 열린 토론을 통해 다양한 그들의 생각을 하나의 결론으로 이끌어가는 과정은 서로를 이해하고 공유하는 새로운 기회의 장이 될 것이다. 비록 팀장이 최종책임자라 할지라도 팀장의 경험엔 한계가 있기 마련이며, 모든 세부 사항에 대한 전문지식을 갖고 있는 것은 아니다. 그럼에도 불구하고 관리자로서 팀장은 여러 개의 프로젝트를 동시에 수행해야 하며, 그 중에서 각각의 프로젝트에 대한 분석을 통해 우선순위를 결정해야 한다. 여기서 우선순위를 결정하는 기준은 조직에 공헌하는 부가가치의 크기에 달려있다. 때로는 경제적 부가가치를 계산하기 이전에 반드시 수행해야만 하는 프로젝트도 있을 수 있다.

프로젝트 예측 자료는 철저하게 준비하라

원가절감 목적이나, 품질향상의 목적, 또는 인력 수급 계획을 막론하고 새로운 프로젝트에 대한 예측 과정은 어떤 프로젝트나 동일하다. 어떤 프로젝트와 관련된 인력 수급에 대한 예측을 가정해보자. 한 프로젝트가 1년에서 2년이 걸리고 많은 사람이 소요된다고 해보자. 새로운 관리자로서 팀장은 어떤 문제가 있을까? 팀장은 최고경영자에게 어떤 의사결정을 할 수 있도록 대안을 제시해야 하는 반면 어떤 일부터 먼저 수행해야 할지를 모른다는 것이 고민일 것이다. 팀장으로 새로 부임했기 때문에 전문가적 처리 기법이나 경험을 통해서만 익힐 수 있는 어떤 처리 기법에 대해 모르는 것은 당연한 것일 수도 있다. 그렇다고 할지라도 팀장은 어떤 결론을 이끌어내고 그것을 최고경영자에게 보고하여 승인을 받고 집행해야 한다. 이제 어떻게 하겠는가? 우선 팀원들과 함께 대상이 되는 프로젝트를 작은 단위로 세분화하여 각각의 시간과 소요 원가를 측정하고 평가해야 한다. 그리고 그것들을 다시 큰 분류 속에 합산하여 전체에 대한 계획을 그려내야 한다. 보고받는 최고경영자가 그 예측 자료에 대해 인정하지 않거나 각각의 수치에 대해 다른 의견을 제시할 수도 있다. 이를 통해 예측 과정에서 그들의 도움을 받을 수도 있고, 예측 기법과 경험에 대한 노하우를 전수받는 기회가 될 수 있다.

조직의 목표 설정에 대한 예측은 아주 기본적인 질문들에 대해 묻고 답하는 과정에서부터 시작한다. 이 프로젝트에 자원을 투자하며 얻고자 하는 결과는 무엇인가? 원가 절감인가? 아니면 시장 침투인가? 재무 정보에 대한 빠른 순환인가? 아니면 고객 만족인가? 품질향상인가? 아니면 다른 결과인가? 이러한 질문에 대한 결과는 반드시 어떠한 형식으로든 측정되어야 한다. 그것은 때에 따라 양적으로 측정할 수도 있고 질적으로 측정할 수도 있다. 이러한 결과에는 당신이 예측했던 모든 원가와 그로 인한 효과가 모두 포함되어야 한다. 다른 사람들, 즉 당신의 상사나 프로젝트 관련자들은 당신이 제안하는 모든 내용을 정밀하게 분석하고 평가할 것이다. 그러므로 당신은 자신의 예측 자료를 정당화하기 위한 근거를 철저히 준비해야 한다. 이것은 관리자로서 팀장의 능력을 평가받는 중요한 부분이다.

'고객 중심의 업무'를 실천하라

우리의 고객은 누구인가? 전통적인 개념으로 볼 때 고객이라는 용어는 우리의 제품이나 서비스를 구매하는 사람으로 인식되었다. 그러나 언제부터인가 경영학에서는 '내부 고객'이라는 아이디어를 도입했다. 제품개발팀은 마케팅팀과 영업팀의 고객이고, 엔지니어링 부문은 제조 부문의 고객이다. 이처럼 조직의 모든 기능들은 나름대로 내부 고객을 가지고 있다. '내부 고객'이라는 용어를 뒤집어 보면 불행하게도 내부에서도 정보를 공유하지 못한다는 철학이 숨어있다. 우리가 모든 정보와 지식을 외부 고객과 공유하지 못하는 것과 동일한 철학적 사고에 근거하는 것이다. 최초 경영학에서 말하는 '내부 고객'은 좋은 의미로 제안되었지만 한 조직 내에서의 문제로 국한하여 본다면 오히려 후자에 가까운 것이 현실이다. 실제로 우리는 많은 조직에서 부서 간 또는 프로젝트 간에 정보가 공유되지 않거나 내부 동료들 간에도 그들의 지식이나 관심 사항이 열린 마음으로 공유되지 않는 경우를 본다. 고객으로부터 어떤 정보가 제공되었을 때 이러한 정보가 내부 채널을 통해 공유되지 않거나 때로는 너무 늦게 인식되어 그 고유의 기능을 상실하게 되는 경우가 그것이다. 성공적인 조직을 살펴보면 조직 내 구성원들 간에 지식과 관심 사항, 그리고 갈등을 공개적으로 잘 공유한다는 특징이 있다. 그래서 나는 '내부 고객'이란 용어보다는 '내부 동료'라는 용어를 더 좋아한다.

고객 서비스의 중요성에 대한 강조에도 불구하고 현실은 이론과 다른 경우가 많다. 개인적으로 누군가를 접촉하는 것은 쉬운 일이 아니다. 자동응답전화기에 대고 말하는 것이라든지, 음성 녹음의 지시에 따라 다른 숫자를 누르고, 몇 번의 기계적 사전 검토를 거치고 기다려야만 고객 서비스팀의 말단 직원을 만날 수 있는 경우, 고객 서비스에서 만족을 느끼기보다는 인내심의 한계를 느끼게 된다. 심지어 최근에 유행하고 있는 수많은 웹사이트들은 전화번호가 아예 없다. 서비스를 요청하는 이 메일에 즉시 답변해주지도 않는다. 이러한 업무환경에서는 고객 서비스에 대한 최소한의 원칙도 찾아볼 수 없는 것이 현실이다.

그러나 관리자로서 팀장은 고객 서비스에 직접 관여해야 한다. 조직 내 대부분의 사람들은 고객 서비스와 관련되어 있지만 항상 그것을 인식하거나 그것을 개선하려는 의지는 부족하다. 입장을 바꿔 우리가 소비자의 입장에서 제품을 구입했을 때, 제품이 도착하지 않거나, 혹은 구입 후 작동이 안 된다면 그 제품을 만든 회사에 대해 실망하게 될 것이다. 제품이 복잡하거나 기능이 부가될수록 서비스는 더욱 강조되어야 한다. 더 많은 사람을 배치해야 하고, 현장으로 나가서 고객들과 만나 필요한 것이 무엇인지 살펴보아야 한다. 관리자로서 고객 중심의 서비스를 관리하기 위해서는 다음과 같은 기본 자세가 필요하다.

- 판매 전은 물론 후에도 고객과의 우호적인 관계를 잘 유지하라.
- 문제가 발생했을 때 고객에게 즉시 정보를 제공하라.
- 고객의 이익을 극대화하기 위하여 고객과 함께 일하라.
- 제품 개선을 위한 고객 욕구를 파악하려면 고객의 반응을 관찰하라.
- 제품 납품 후에 고객의 태도와 만족도를 피드백 하라.

의사결정을 할 때는 80대 20 법칙을 적용하라

지금까지 설명한 관리자의 업무활동, 즉 추진력 모자를 구성하는 5가지 활동들과 관련하여, 경험이 풍부한 일부 중견관리자들마저도 관리자가 수행해야 할 이러한 기본적인 활동들을 이행하는 것에 소홀하고 있다는 것을 알았다. 놀랍게도 그들은 관리자로서 그들의 활동 범위를 잘못 인식하고 있었다. 그들은 대부분 관리자의 역할, 즉 관리자로서 해야 할 것들에 대해 교육받은 적이 없었다. 그렇다 보니 관리자에게 요구되는 기본 사항들에 대한 이해도 부족했다. 대부분의 조직에서는 평범한 사람들의 관리활동 결과가 마치 당연한 성과표준인 것처럼 인식되어 결과적으로 관리활동에 대한 표준이 잘못 인식되는 환경이 정착되었던 것이다.

팀장이 어떤 의사결정을 할 때는 모든 정보가 충분하게 구비되기 전에 판단을 해야 한다. 모든 사실들이 준비될 때까지 기다리는 관리자는 결코 적기에 의사결정을 할 수 없다. 누구나 80/20의 법칙을 알고 있을 것이다. 어떤 정보의 80퍼센트는 일반적으로 전체 투여 시간의 20퍼센트 이내의 시간 안에 얻을 수 있다는 이론이다. 또한 어떤 가치의 80퍼센트는 전체의 20퍼센트의 노력으로도 달성될 수 있고, 목표의 80퍼센트를 달성하는 것은 자원의 20퍼센트를 사용함으로써 달성할 수 있다는 것이다. 의사결정 과정은 결코 이분법적인 것이 아니다. 그것은 예/아니오, 사실/거짓, 검은색/흰색으로 결정되는 것이 아니라, 늘 어떤 제약 조건 범위 내의 예/아니오, 부분적인 사실/거짓이며, 검은색/흰색이 아닌 회색인 경우가 대부분이다.

조직의 영속적인 성장 발전에 공헌해야 하는 것은 관리자가 담당해야 할 가장 중요한 과제 중의 하나이다. 역사적으로 볼 때 조직을 효과적이면서 지속적으로 발전하게 하는 것은 매우 어려운 일이다. 성공한 사례도 드물다. 이렇듯 성공하지 못하는 원인은 제4장에서 설명할 내용들, 즉 효율적인 조직 구축을 위한 8가지 활동들을 충분히 이해하지 못했기 때문이다. 상부의 지시에 충성하고, 새로운 이론이나 최신의 산업 기준을 무조건 따르는 것은 실패로 귀결된다. 최근 발표된 일련의 연구 결과는 인간의 행동은 모든 환경 변화를 기반으로 행해지며, 환경 변화 과정을 따라간다는 것을 보여주고 있다. 조직을 다시 설계하고, 그 조직 차트 내에 각각을 재배치하고, 그리고 조직에 활기를 불어넣기 위해 슬로건을 내건다고 해서 조직의 성과가 크게 개선되는 것은 아니다. 모든 것은 인간이 중심이 되어야 하며, 상호 복합적으로 이루어져야 한다.

근심 모자 : 팀 내의 부정적인 사건들에 대한 대응

관리자는 때로는 심각한 '근심 모자'를 써야 된다. 어떤 업무는 바람직하게 진행되지 않고 관리자의 얼굴에 근심어린 표정을 짓게 만든다. 그럴 때마다 관리자는 아주 중요한 의사결정에 직면하게 된다. 이런 경우가 자주 일어나지는 않지만 이러한 부정적인 상황을 어떻게 해결하는가는 관리자의 자질을 시험하는 기회가 된다. 다음의 예들이 바로 '근심 모자'에 관한 것들이다. 하지만 다행스런 것은 근심 모자를 쓰는 경우가 그다지 많지는 않다는 것이다.

■ **직원 개인의 고민, 고충에 대한 관리** : 관리자가 되면 직원들의 다양한 고민과 업무 고충을 듣게 된다. 어떤 문제들은 인사팀이나 법무팀과 논의하면 쉽게 해결될 것들이다. 하지만 이런 문제의 대부분은 잘못 대응할 경우, 그동안 쌓아온 경력이 송두리째 파괴될 수도 있는 사안들이므로 신중하게 대처해야 한다. 관리자로서 당신의 역할은 올바른 해결책을 찾는 것이다. 인사팀이나 법률팀에서 의사결정을 하도록 옆에서 방관만 해

서는 안 된다. 스스로 적극적으로 참여하라. 관리자로서 팀장은 팀원들의 문제에 대해 간접적인 책임이 있다. 옆으로 비켜서지 마라. 또한 회사의 정책에 의해 결정된 해결 방안들이 잘 추진될 수 있도록 해야 한다.

■ **팀원 또는 팀원 주변인의 죽음에 대한 적절한 대처** : 다른 도시에 배치되어 있는 우리의 팀원 중 한 명이 사망했다면 팀장은 어떻게 대처해야 할까? 팀장은 그 사람의 배우자나 부모에게 이러한 슬픈 소식을 전달해야만 한다. 그들의 가족에게 어떻게 접근해야 할까? 팀장으로서 이런 부분에 대해서 사전에 생각하고 준비하지 않으면 어떤 특정한 상황에 직면했을 때 당황하거나 의도하지 않은 의외의 행동으로 자신의 경력 관리에 오점을 남길 수도 있다. 단지 인사부 직원에게만 전적으로 맡기지 마라. 같이 일한 사람, 실무 책임자로서 팀장은 최소한의 책임이 있다. 팀장으로서 자신의 책임을 다른 사람에게 전가해서는 안 된다. 적극적으로 나서라.

■ **직원의 징계에 대한 결정** : 직원을 징계한다는 것은 누구나 하기 싫어하는 일이다. 하지만 일단 해야 한다고 판단되면 대담하게 징계하라. 대부분의 조직은 직원들의 징계에 관해 일관성 있는 정책과 처리절차를 가지고 있다. 그러한 정책들을 이해하고 집행하는 것은 관리자의 몫이다. 경우에 따라서는 관리자의 재량이 필요할 때도 있다. 심각한 위반 이외의 것들에 대한 징계는 시간 낭비이며, 도덕성을 파괴할 뿐이다.

■ **미흡한 성과에 대한 관리** : 성과가 미흡한 팀원들은 성과를 개선하기 위한 검토와 지도가 필요하다. 그들은 스스로 성과를 개

선시킬 대안이 없는 사람들이다. 그들도 채용될 때에는 뛰어나고 현명한 사람들이었다는 점을 생각하자. 무조건 비난하지 마라. 그들에게 무슨 일이 있는지 먼저 물어 보라. 문제가 명확하다면 팀장은 그 사람이 그 문제에 대해 회피하지 않고 적극적으로 대처하거나 정면 돌파하여 해결할 수 있도록 용기를 주어야 한다.

- **다루고 싶지 않은 근심 모자, 해고** : 팀을 운영하다 보면 때로는 직원들을 해고해야만 한다. 팀원들에게 충분히 업무 향상의 기회를 주었는 데도 다른 대안이 없다면 과감히 해고해야 한다. 여기서 중요한 판단 기준은 그 직원이 일을 효과적으로 처리할 수 있는 능력이 있는가이다. 그렇지 못하다면 비록 고통스럽지만 대담하게 해고하라. 하지만 조직의 정책과 절차들은 보통 '운영의 묘'라고 불리는 '팀 운영의 재량'에 걸림돌이 된다. 팀장은 '운영의 묘'로 이해해줄 수 있는 내부 한계를 명확하게 설정해야 한다. 팀 내에 재량 범위를 설정하는 데는 관리자로서 엄청난 용기가 필요하다. 재량에는 책임이 따르기 때문이다.

- **때로는 건설적인 이단자가 되라** : 팀 내에서 팀장은 관리자로서 이단자적인 특성, 즉 호기심, 고집, 열정, 그리고 집요함을 표현할 필요가 있다. 가끔은 조직을 위해 중요하지만 다른 사람들이 말하기 꺼리는 그런 질문을 해야 할 때도 있다. 인류 역사 발전의 이면에는 기존의 틀에 대해 반항하는 많은 사람들의 사고방식이 밑거름이 되어왔다. 그들의 이단적인 사고가 사회와 문화를 변화시키는 원동력이 되었다. 우리는 역사적으로

전통적인 사고에 대한 배신자, 즉 개혁가들을 수없이 열거할 수 있다. 코페르니쿠스처럼 시작할 수도 있고, 갈릴레오처럼 갈 수도 있다. 다만, 건설적인 이단자가 되어야 한다. 건설적인 이단자가 되려면 흐름을 역행할 수 있는 용기가 있어야 한다.

- **자원 확보에 주력하라** : 세계에서 가장 혁신적인 조직 중의 하나인 3M에서도 자원을 중요하게 여기는 전통은 계속 유지되어 왔다. 관리자가 조직에 필요한 자원을 확보하려면 어떤 원칙을 세워야 하며, 조직 내외부의 규정을 위반하지 않도록 해야 한다. 팀장은 조직이 목표를 달성하는 데 필요한 자원을 확보해야 한다. 팀장의 역할은 직원들이 조직에 필요한 자원을 찾고 확보하는 것을 돕는 것이다. 더불어 기존에 조직이 확보하고 있는 자원을 보호하고 외부로부터 방어해야 한다. 그렇다고 불법이나 비도덕적인 행위를 하라는 말은 아니다. 자원 확보를 위해 팀장은 법과 도덕의 테두리 안에서 항상 정당하게 활동해야 한다.

- **실수를 인정하라** : 팀을 운영하다 보면 누구나 실수를 범한다. 실수를 인정하는 것은 누구에게도 즐거운 일이 아니다. 그러나 실수를 했을 때 용기 있게 그것을 인정해야 한다. 실수가 있다면 그것은 팀장에게 어떤 방식으로든 영향이 갈 수밖에 없다. 때로는 팀장인 자신이 저지른 실수를 일시적으로 사람들에게 일부 떠넘길 수도 있을지 모르겠다. 하지만 그럴수록 자신의 잘못을 인정하는 용기가 필요하다. 한 사람의 실수가 다른 사람에게는 기회가 될 수 있다는 것을 명심하라. 오늘의 실수는 내일의 혁신이 될 수 있다. 실수는 개선을 위한 실마

리다. 실수를 감추려 하지 말고 그것으로부터 배워라. 실수는 발전을 위해 꼭 필요한 것이다. 감추려하지 마라.

사업가의 모자 : 모든 활동들이 귀결되는 곳

팀장은 특정한 분야의 전문가이긴 하지만 전체 조직 전반에 대한 이해는 부족하다. 자신이 소속된 팀의 목적과 목표에 대해서 어느 정도는 알고 있지만 전체 조직에 대한 지식은 부족하다고 봐야 한다. 특별한 경우가 아니라면 팀장이 담당하고 있는 팀 외에는 관심이 덜 가게 되는 것이 사실이다. 경영자도 팀장이 꼭 필요한 곳에만 참석시킬 것이고, 자신의 업무와 직접적인 영향이 없다면 상위 관리자의 의사결정에 관심을 갖지 않는 경우가 대부분이다. 그러나 팀장으로서 제대로 역할을 수행하려면 회사의 전반적인 구조와 전반적인 업무의 흐름을 파악해야 한다.

새로운 업무영역의 문을 열어라

모든 조직은 일정한 조직구조와 업무형태를 가지고 있다. 이제 팀장에 새로 임명된 관리자로서 당신은 조직구조와 업무에 대해서 과거보다 좀더 자세히 알아야 한다. 조직 안에서 팀장은 홀로 독립될수 없으며, 팀에서 발생하는 일과 행동들, 그리고 각 의사결정은 다른 팀에도 영향을 미치게 된다. 팀장은 다른 팀의 업무영역과 교류하고 상호작용하며 새로운 것을 만들어내야 한다. 팀장과 팀의 미래는 그 새로운 영역에 무엇이 있는지, 얼마나 찾아내는지에 달렸다.

관리자로서 팀장은 특정 업무에 도움을 주고 그들은 다시 팀장에게 영향을 준다. 팀장은 다른 영역에 관여하는 범위와 그 영향에 대해 관리해야 한다. 그러한 특정한 영역의 문을 여는 것은 다양한 형태의 저항을 일으킨다. 모든 사람이 팀장인 당신에게 협조적일 수는 없다. 어쩌면 당신은 그들에게 접근하는 것이 무척 힘이 들 수도 있다. 하지만, 기존의 관리자들도 과거 이런 과정을 통해 새로운 업무영역을 확보했고, 어려운 접근 과정을 겪고 난 후에야 현재의 안정된 지위를 유지할 수 있었을 것이다.

　　관리자 그룹의 일원이 되는 것은 팀 관리 업무 이외에 추가적인 책임이 따른다. 앞의 '여섯 번째 모자'에서는 팀장의 조직에 대한 책임에 중점을 두었다. 팀장으로서 당신은 자신의 전문성과 능력을 바탕으로 조직 안팎의 다른 팀들과 커뮤니케이션을 해야 할 것이다. 그런 자리에서의 토론은 그동안 자신이 가지지 못했던 시각을 갖게 해 줄 것이다. 때로는 '인적자원위원회'와 같은 우리 조직의 업무와 관련이 없는 활동에도 참여하도록 요청을 받을 것이다. 관리자로서 참여하는 많은 업무들, 즉 새로운 업무영역 개척, 새로운 전략 개발, 프로젝트 승인 과정의 변경, 전체 조직과 관련된 이슈를 다루는 어떤 위원회나 업무 등이 이런 범주에 포함될 것이다. 이러한 활동들이 자신의 고유 업무영역과 맞지 않는다고 불평하지 마라. 그런 활동들이 팀 업무와 관련된 일들을 다른 방향으로 돌려버릴 수 있기 때문이다. 팀장이 이러한 활동에 어떻게 참여하느냐에 따라 다른 부문의 상사로부터 신임을 얻을 수도 있고, 인식을 확고히 할 수 있는 기회가 되기도 한다. 당신의 적극적 참여가 자신의 미래를 확고히 하는 계기가 될 수도 있다.

경영진에게 팀장인 자신을 자주 부각시켜라

당신은 이미 관리자 그룹의 일원이다. 우리의 팀을 발전시키기 위해서는 경영진에게 팀장인 자신을 자주 부각시킬 필요가 있다. 관리자인 당신은 더 이상 벽장 속에 숨어 지내서는 안 된다. 어차피 당신의 성공과 실패는 외부로 다 드러날 것이다. 경영진은 당신이 팀 내에서 어떻게 평가되는지에 관계없이 팀의 업무성과와 그 성과에 대한 당신의 관리활동에 대해서만 평가할 것이다. 경영진에게 인정받기 위해서는 그들이 누구이고, 어디서 왔으며, 어떻게 업무하기를 바라는지 알아야 한다. 어떤 경영진은 전체에 대한 보고를 원할 것이고 어떤 사람은 핵심만 요약해서 보고하길 원할 것이다. 먼저 그들을 파악하고 그들과 효율적으로 커뮤니케이션해야 한다. 당신은 지금 무대 한가운데에 서 있다. 경영진들은 그런 당신에 대해 개인적 차원이나 관리 능력 차원에서 신뢰성을 검증하고 그런 자료들을 누적시켜 가고 있는 중이다. 현재의 모든 행동은 당신이 장래에 경영진이 될 수 있는가를 결정하는 증거가 된다. 따라서 모든 일에 적극적으로 참여해야 하며, 상사와 대화하는 기법도 익혀야 한다. 어떤 문제에 대한 잠깐의 토론이 훗날 당신을 상위관리자로 이끌어 줄 수도 있기 때문이다.

경영진과 좋은 관계를 구축하라

경영진과 신뢰를 구축하라고 하는 것이 성경 말씀처럼 그들이 늘 강조하는 일반적 진리를 모두 받아들이라는 의미는 아니다. 그들과 대화할 때 반응하는 것과 상호작용하는 것은 분명 차이가 있다. 그들과 대화할 때에는 상호작용을 해야 한다. 일반적으로 사려 깊은 비평은 수용된다. 사려있는 비판도 필요하다. 반면 상사는 당신의 동료들이 무엇을 목표로 하는지, 당신이 무엇에 관심이 있는지 알기 위해 다양한 방법을 동원한다. 이때 그들이 동원하는 방법을 비난하는 것은 시간 낭비일 뿐이다. 오히려 그러한 방법들이 주는 문제점에 대하여 정확하게 지적하고 대화하는 것이 좀 더 사려 깊은 행동이다. 다만 당신의 그런 접근법이 의도된 행동이거나 이기적인 행동으로 보여서는 안 된다. 만약 대안을 제시할 수만 있다면 그것은 부정적인 영향에 대처하는 가장 좋은 방법이다. 이러한 당신의 접근법이 때로는 노력에 비해 효과가 적을 때도 있다. 언제, 어디서, 어떻게 접근하는 것이 좋은지 생각해야 한다. 기대효과가 가장 큰 곳에서 전투하라. 어디가 가장 큰 전투장인지 촉각을 세워라. 그들이 당신을 의도하지 않은 곳으로 몰아가더라도 잘 모르겠으면 진실을 고수하라, 그러면 최소한 방어는 할 수 있다.

파괴적인 정치 게임에 관여하지 마라

일반적으로 사람들은 의사결정 과정에서 정치적인 측면이 개입되는 것을 비난하고 불평한다. 하지만, '정치적politics'이란 단어는 그 결과가 부정적인 방향으로 가지만 않는다면 나쁜 말이 아니다. 조직의 업무환경이 인격 모독이나 개인의 욕심, 정보의 왜곡이나 거짓말 등을 허용하지 않는 등 최소한의 조건을 유지하고 있다면 '정치적'이란 말은 긍정적으로 활용될 수도 있다. 일반적으로 사람들은 '정치적'이란 것이 편파적인 부분을 포함한다고 생각한다. 사람은 다른 사람과 인간관계를 형성하게 되며, 어떤 사람은 이러한 인간관계를 정치적인 행동이라고 보는 경우도 있다. 젊은 관리자로서 당신은 파괴적이고 추잡한 정치 게임에 관여해서는 안 된다. 새로운 프로젝트를 승인하거나 반대로 거절했을 때, 또는 특정한 자리에 누군가를 추천했거나 추천된 사람을 반대_{Veto}했을 때, 반드시 정책을 실행한 것이라고 해명할 수 있어야 한다. 그렇지 않으면 정치적인 것으로 오해될 수 있기 때문이다. 당신이 특정한 직위에 두 명의 후보들 중 한 명을 선택해야 한다고 가정해 보자. 두 사람은 모두 상당한 실력자들이며, 차이는 오직 그들 중 한 사람과 예전에 잠시 일했다는 것이라면 누구를 선택하겠는가? 당신은 아마도 이미 잘 알고 있는 사람을 선택할 것이다. 성격과 적성을 잘 알고 있는 사람으로 결정하는 것은 당신에게는 검증된 선택이기 때문이다. 그럼에도 불구하고, 당신의 선택이 정정당당한 정책으로 인정받기 위해서는 적어도 그 추천된 사람이 다른 사람들로부터도 지지를 받아야만 한다.

제2장_ 성공하는 팀장이 써야 할 7가지 관리 모자

요 약 | *S u m m a r y*

관리자는 언제든지 이 7가지 관리 모자를 준비해두었다가 필요할 때마다 상황에 맞게 써야 한다. 각각의 모자는 사안에 따라 접근을 달리해야 한다. 이러한 7가지 관리 모자를 균형 있게 잘 사용하기 위해서 새내기 관리자뿐만 아니라 경험이 풍부한 노련한 관리자들도 늘 고민하고 있다.

■ 행정가 모자 : 일반관리 업무 중 가장 기본적인 행정 업무가 관리자의 중요 관심 사항이 되어서는 안 된다. 무조건 하부 부서나 하위 직급에게 과감히 위임하라. 행정 업무는 기본적으로 중요한 모자이긴 하지만 관리자가 그것 자체에 큰 가치를 두어서는 안 된다. 다만 효과적이고 효율적으로 관리되지 않을 때는 성과를 떨어뜨리는 요인이 될 수 있으므로 긴장을 늦춰서는 안 된다.

■ 지휘자 모자 : 관리자는 교사, 코치, 선동가, 혁신가의 입장에서 지휘를 해야 한다. 팀장은 팀원들의 다양한 재능을 업무에 적극적으로 활용하고 미래에 대한 경쟁력을 극대화해 팀을 미래지향적이고 진취적인 조직으로 만들어야 한다.

■ 리더십 모자 : 관리자는 리더로서 어느 정도 미래를 내다 볼 수 있어야 한다. 이는 협력가로서의 리더십이 아닌 선구자로서의 리더십을 말한다. 그런 의미에서 나는 이것을 '리드하기'라고 표현한다. 선구자적 역할을 하고, 비전을 가지고 연합을 해야 한다. 팀장은 전문가 집단인 팀 구성원들에게 조직의 목표와 개인의 경력 목표(개인의 포부)를 달성하기 위한 기회를 제공할 수 있을 때 진정한 리더가 되는 것이다.

■ 인간 모자 : 인적 자원은 가장 중요한 자산이므로 가장 중요하게 다루어져야 한다. 인간의 기본적인 행동을 이해하지 못하는 관리자는 스스로 문제를 발생시키게 될 것이다. 사람은 각자 고유의 개성이 있다. 따라서 각각 다르게 접근되고 다루어져야 한다. 예를들어 어떤 사람에게는 동기부여가 되는 것이 다른 사람에게는 그렇지 않을 수도 있다. "모든 사람을 존경심으로 대하라"는 격언을 꼭 기억해야 한다.

■ 추진력 모자 : 추진력의 모자는 업무를 이해하고 발전시키는 것을 포함한다. 여기에는 팀원에 대해 파악하고, 그들의 능력과 한계를 아는 것, 재무적 자원에 대해 예측하고 계획하는 것, 내부 고객(나는 '동료' 또는 '파트너'라는 용어를 선호한다)의 요구와 외부 고객의 욕구에 초점 맞추기, 관리자로서의 고유 업무를 수행하는 것 등이 이에 해당된다.

■ 근심 모자 : 관리자는 늘 사람과 관련된 피할 수 없는 일들을 다루기에 항상 자신의 도덕성과 경영철학에 대해 고민해야 하는 상황에 직면하게 된다. 이런 상황에 맞닥뜨렸을 때, 의사결정을 미루는 것은 좌절을 낳고 소중한 시간을 허비하게 할 뿐이다.

■ 사업가 모자 : 당신은 이제 관리자의 일원이다. 따라서 조직의 책임을 분담해야 한다. 당신의 주요 관심사항은 당신이 맡은 조직이겠지만, 관리자로서의 의사결정이 다른 팀에도 영향을 미친다는 것을 인식하고 그에 따른 책임을 져야 한다. 그러므로 언제나 일에 임할 때는 강한 책임감을 가지고 팀의 시각이 아니라 전체 조직의 입장에서 해야 한다.

관리자가 갖추어야 할 덕목

최근의 승진 사례를 보면 아래로부터 한 계단씩 올라가서 부서장이나 팀장이 되는 것이 아니라 선진국에서 공부하고 와서, 또는 어떤 전문직 자격증을 획득함으로써 단숨에 관리자의 지위에 오르는 경우가 많다. 이들은 자신의 전문 분야에 대한 지식에 있어서는 누구에게도 뒤지지 않겠지만 조직 관리나 일반 행정업무는 매우 서툴다. 그러다 보니 기존의 직원들로부터 배척을 받거나 믿고 따르는 상호 인간적인 존경심이 부족하여 신임 팀장으로서 실패하는 경우가 있다.

이 장에서 논의하고 있는 일곱 가지의 주제들은 관리자급 팀장이 꼭 갖추어야 할 내용들이다. 바로 그 중에서도 리더십 모자와 인간 모자는 최근에 새로 임명되는 팀장들에게는 더욱 중요하다. 왜냐하면 최근의 팀 조직이 업무성과를 중심으로 일을 추진하다 보니 팀장들이 조직 내부의 불평과 인간관계를 등한시하는 경우가 많고, 이것은 얼마 못 가서 팀의 근무환경에 영향을 주고 성과에도 악영향을 미치기 때문이다.

행정가의 모자는 많은 부분이 업무 경험에서 나온다. 회사의 규정으로 정해지지 않은 많은 섬세한 일들은 경험을 통해서만 배울 수 있다. 이런 면에서 신임 팀장은 기존의 업무 관행을 인정해야 한다. 새로운 마음으로 의욕이 앞서 지나치게 개혁과 혁신을 주장하다 보면 기존 직원들과의 갈등만 커질 뿐이다. 리더의 모자도 이 범주에서 벗어나지 않는다. 누구든지 새로 팀을 맡게 되면 개혁과 혁신을 강조한다. 그러다 보면 기본적인 인간관계가 간과되기 쉽다. 하지만 혁신과 개혁도 결국 기존의 것을 완전히 이해하는 데서 나온다. 신임 팀장들에게 권하고 싶은 말은 결코 개혁을 서두르지 말라는 것이다. 물론 신임 팀장이 탁월한 인간관계 기술이 있어 단시간에 팀원을 모두 자기편으로 만들 수 있다면 개혁도 얼마든지 가능하다. 하지만 그렇지 않다면 당신의 팀원들 중 과반수 이상이 당신 편이 되었을 때 개혁하라. 그때까지는 그들을 인정하고 조용히 관찰하고 파악하라. 장기적으로 볼 때 그것이 단기적 혁신보다 더 중요하다.

한 가지 더 강조하고 싶은 사항은 인간 모자이다. 현대의 직장인들은 빠르게 돌아가는 업무에 치여서 누구나 인간적인 면을 그리워하고 있다. 자신의 장래와 가정, 그리고 주변 사람들과의 관계에 대한 문제로 고민하고 있을 때 진정으로 말 벗이 되어주고 이해해줄 사람이 부족하다. 직장인은 하루의 반 이상을 회사에서 보낸다. 이런 면에서 그들의 고충과 인간적인 애로사항을 들어주는 것만으로도 당신은 70% 이상 조직을 장악할 수 있을 것이다. 이러한 긍정적인 상호작용은 구성원 간의 단합으로 이어져 결국 팀의 업무 성과에도 바로 나타날 것이다.

조직에 필요한
유능한 팀장을
키워내는

팀장 제조 매뉴얼 Manual for Changing Manager

✳ 팀장은 질책이 아니라
이제 브랜드다!

제3장 | 인재관리 – 인재 채용에서 직원경력관리까지

Making the Critical People Decisions

제2장에서는 관리 행위의 기본 업무와 책임에 대해 언급했다. 이번 장에서는 사람에 대한 문제를 알아보자. 신규 채용부터 퇴직에 이르기까지 사람을 다루는 인재관리와 관련해 발생하는 모든 활동은 관리자의 능력을 테스트하는 시험대가 된다. 이제 갓 새로운 팀장으로 부임한 당신은 직원들의 퇴직 문제는 특별히 걱정하지 않을 수도 있다. 하지만 향후 당신의 행위가 그들로 하여금 퇴직으로 이어지게 할 수도 있다는 것을 명심해야 한다. 대부분의 관리자는 처음에 전임 팀장으로부터 직원들을 인계받은 후 직원들의 업무 분담에 어떤 변화를 주어 새로운 분위기를 유도하고 팀을 새롭게 정비하고자 한다. 이런 변화에는 신규 채용이나 타 부서로부터 사람을 영입하는 것까지 포함한다.

관리자의 성공은 직원들을 얼마나 잘 조직하고, 교육하고, 배치하고, 지시하며, 평가하는가에 달려있다. 제3장에서는 관리자가 조직 내 인재관리에 주의 깊게 고려해야 할 것들, 즉 다음의 9가지 주제를 자세하게 살펴볼 것이다. 다음은 팀장이 조직 내 인재관리에서 주의 깊게 고려해야 할 것들이다.

1. 직원 선발
2. 직원의 경력개발
3. 교육과 훈련
4. 개인의 경력개발을 고려한 업무 분담
5. 코칭
6. 성과측정
7. 성과에 대한 보상
8. 직원 고충처리와 퇴직관리
9. 인사 부서와의 인재관리 업무 협조

팀에 새로운 에너지를 불어 넣어줄 직원 선발

직원을 선발하기 전에 새로 채용할 사람들이 기존 직원들과 조화를 이뤄 일할 수 있는지를 먼저 고려해야 한다. 기존 팀을 인계 받은 경우에는 제2장에서 설명한 것처럼 우선 기존 팀원 각 개인의 업무능력을 평가하고, 팀 역량 강화를 위해 각각의 업무능력을 어떻게 통합하고 조화시킬 것인지 결정해야 한다. 그 다음 팀 전체적으로 부족한 역량을 채워줄 새로운 사람들을 채용해야 한다.

신규 직원 채용 : 기존 직원들과 조화를 잘 이룰 수 있는가?

신규 직원을 채용하는 기준은 각 부서마다 다르다. 그러나 가장 먼저 우선해야 할 점은 기존 직원들과 조화를 잘 이뤄야 한다는 것이다. 연구 부서의 인재 선발 기준은 관리팀이나 영업팀의 인재 채용 기준과는 다를 것이다. 또한, 개인에 있어서도 일상적이고 반복적인 활동에 익숙한 사람들은 개혁이나 혁신에 보다 가치를 두는 사람들과는 업무 방식이 다르다.

나는 주위에서 "우리는 신입사원을 항상 학교 성적 상위 10% 이내에서 뽑았다."고 자랑삼아 말하는 인사팀장들을 많이 보아왔다. 물론 상위 10%의 우수한 성적의 인재만을 선발하는 나름의 이유는 있을 것이다. 그러나 조직에서 적재적소에 필요한 인재를 채용하는 데 있어 학교 성적만을 기준으로 삼는 것은 한계가 있다. 건강이 문제가 되거나 의욕이 부족한 사람, 다른 사람들과 어울려 일하는 능력이 부족하면서 높은 성적을 얻은 사람들은 채용 기준에서 제외되어야 한다. 현대 경영에서는 아무리 전문가라도 혼자 일하거나, 아무리 높은 이상을 가지고 있더라도 독불장군 식의 자기주장만 하는 사람들은 조직의 성과에 도움이 안 된다.

경력 직원 채용 : 지원자의 경력이 직무 요건과 연결되는가?

직원 채용에 있어 대학 졸업자와 석박사 학위 소지자 이상의 직원과 경력직원의 채용은 달리해야 한다. 대기업에서 시행하는 일반적인 대졸 신입사원 채용 프로그램과는 다른 보다 더 개별적인 접근이 필요하다. 그러다 보니 이러한 전문가의 채용은 주로 인사팀에서 담당한다. 각 팀에서는 꼭 필요한 인재를 채용하기 위해서

학력 수준, 경력 수준, 그리고 다른 조직에서 활동한 업무실적 등을 포함하는 직무자격 요건, 예컨대, 이 사람에게 원하는 것이 무엇인가? 어떤 일을 담당하게 할 것인가? 또한, 어떠한 지식, 기술, 태도, 개인적인 성격과 경험을 필요로 하는가? 등을 상세히 제시해야 한다. 이를 통해 지원자 스스로가 직무 요건에서 필요로 하는 특정 부분을 보다 상세히 기술하도록 요구해야 한다.

그들이 담당할 업무가 어떤 특정 분야의 전문성을 요구하는 자리라면 단순히 유기 화학자, 컴퓨터 공학자, 인간행동 전문가, 통계학 박사, 또는 해당 분야에서 몇 년간의 경험자가 필요하다고 말하는 것으로는 부족하다. 특히 박사학위 소지자를 채용할 때는 지원자의 논문이 조직에서 담당할 직무와 직접 연결되는지를 살펴보는 것도 필요하다. 경력자를 채용하는 경우에는 지원자의 경험이 조직의 직무 요건과 연결될 수 있는지를 봐야 한다. 만약 팀 내에 필요한 인재에 대한 직무기술서가 잘 정의되어 있다면 직무 요건을 과도하게 강조하지 않아도 된다. 직무기술서에는 업무수행 절차는 물론 담당할 직무에 대한 정의와 필요한 자격과 경력까지 포함되어 있기 때문이다. 이 경우, 직무기술서는 현실적이어야 한다. 기준만 높게 잡은 이상적인 직무기술서를 보유하고 있다면 현실적으로 대부분의 박사학위 소지자나 경력 직원들은 그 기준에 부합하지 못하는 경우가 많기 때문이다.

성공적인 경력자 채용 방법

경력직원을 채용할 때 후보자의 업무수행 능력, 태도, 성격을 파악하기에 좋은 방법은 어떤 것이 있을까? 대학 졸업생이나 하위직급을 채용하는 경우, 전문 분야의 능력과 경험을 평가할 때 반드시 학력을 병행해 평가해야 한다. 이것은 경력직 채용에서도 동일하게 적용될 수 있다. 경력직 채용에서 이미 결정된 학력을 검증하는 이유는 그들의 학력이나 자격증이 해당 업무와 직접적으로 연결되고 있는지를 확인할 수 있기 때문이다. 다만 여기서 한 가지 주의할 점은 경력직원 채용에서 후보자의 학력에 너무 연연하지 말라는 점이다. 많은 관리자들이 지원자의 학력에 너무 집중한 나머지 업무수행 능력이나 경험을 간과하는 실수를 범하는 경우가 많다. 이러한 업무 관심과 경험들은 심지어 재학 중에 했던 파트타이머 업무가 전부일지라도 후보자의 태도 및 성격에 대한 많은 정보를 제공한다. 그것을 통해 우리는 개인의 독창성이나 다른 사람들과 함께 일할 수 있는 능력까지도 파악할 수 있다. 그런 능력은 변화를 받아들이고 더 나아가 변화에 영향을 줄 수 있는 힘이다. 또한 모든 수준의 사람들과 대화할 수 있는 능력이며, 필요한 경우 다른 사람을 리드할 수 있는 능력을 의미한다.

나는 경력직원 채용에 있어서 박사학위 소지자나 전에 이미 이 분야의 업무 경험을 가지고 있는 경력자를 성공적으로 채용하기 위해서 다음의 2가지 방법을 즐겨 사용해왔다.

1. 지원자에게 업무의 주제를 제시하고 관련된 사람들 앞에서 프리젠테이션을 하게 하라 : 경우에 따라서는 후보자에게 관심 있는 분야의

프리젠테이션을 즉흥적으로 요청하는 것도 하나의 방법이다.

2. 후보자들에게 문제를 설정하고 그것을 어떻게 해결할 것인지에 대해 질문 하라 : 이 방법을 통해서 평가자는 지원자들이 전 직장에서 개인적으로 공헌했던 것이 무엇인지를 파악할 수 있다. 전 직장에서 팀 단위로 훌륭한 성과를 달성했다 하더라도 후보자가 이전 회사에서 공헌도를 구별해 내는 것이 필요하다. 팀장인 당신은 어떤 팀의 핵심 인재가 아닌 주변인을 채용해서는 안 된다.

면접에서 다양한 질문을 하라

적합한 인재를 채용하는 데 있어서 가장 중요한 과정은 면접이다. 채용에 있어 직무기술서는 대상자를 분별하는 기초적인 기준이 된다. 하지만 인터뷰 과정은 문자화된 단어 이상의 무엇인가를 판단할 수 있게 해준다. 면접이 사회 현상에 대한 잡담 수준인지, 아니면 직무 요건에 관한 기본적이고 세부적인 점검인지는 면접관의 면접 기법에 의해 결정된다. 당신은 지금까지의 면접에서 분명히 다양한 인터뷰를 받아봤을 것이다. 그러한 면접을 통해 무엇을 배웠는가? 면접을 받으면서 면접 절차를 경험했을 것이고, 면접하는 사람들에 대해 많은 생각을 하게 되었을 것이다. 그동안의 이런 경험들은 이제 직원 채용에서 후보자를 분석하고 사람을 판단하는 데에 필요한 질문을 여러 가지 방식으로 유도하는 데 도움이 될 것이다. 특히 과거에 다양한 인터뷰 경험이 있었다면 기본적인 인터뷰는 익숙할 것이다. 업무 실적과 과거 경력에 대한 질문, 다른 도시에 배치하는 문제, 야근에 대한 생각, 다수의 프로젝트를 동시에 수행하는 문제, 변화를 받아들이는 태도 등 다양한 질문이 가능할 것이다. 인터뷰 과정은 양방향으로 정보를 전달하게 된다. 면접관인 당신은 면접을 통해 지원자들의 강점과 약점을 파악할 것이고, 반대로 지원자들은 조직에서 요구하는 업무 요건 및 업무목표에 대한 이해와 실현 가능성을 파악할 수 있는 계기가 될 것이다.

면접 계획은 이렇게 하라

그렇다면 앞에서 말한 후자, 지원자들에게 조직에서 요구하는 업무 요건과 업무목표를 전달하고 그 실현 가능성을 이해시키기 위해 당신은 지원자들에게 당신의 팀을 어떻게 설명할 것인가? 조직과 업무에 대한 기초 자료만 제공받은 지원자에게 당신의 팀에 대해 어떤 정보를 추가로 제공할 것이며, 전체 조직 내에서의 역할과 업무 관련성을 어떻게 설명할 것인가? 보다 적극적이고 강한 인상을 심어주기 위해 당신 팀에 있는 어떤 직원에게 현실적이고 실무적인 내용들을 설명하게 할 계획은 없는가? 지원자들에게 팀의 업무와 관련된 현장을 돌아보게 할 것인가? 부서에서 수행되는 업무 형태를 충분히 설명해 줄 것인가, 아니면 적정한 보안을 유지하면서 일반적이고 기본적인 업무만을 설명할 것인가? 지원자들이 채용된다면 처음으로 배정받을 업무가 무엇인지를 지원자들에게 알려줄 것인가? 이런 주제들에 대해 미리 그 방법을 정의하고 지원자를 인터뷰한다면 인터뷰 과정에서 의도하는 양방향 정보전달 목적에 보다 유익할 것이다.

팀원의 경력을 적극적으로 개발하라

관리자로서 팀장은 팀원의 경력개발에 적극적으로 참여해야 한다. 팀원들로 하여금 개인의 업무능력을 개발할 수 있게 해야 하며, 업무 책임을 조금씩 확대, 부여함으로써 조직 발전에 공헌할 수 있는 기회를 주어야 한다. 개인의 경력은 경험을 통해 구축된다. 따라서 경험이 없다는 것은 경력이 부족하다는 것을 의미한다. 사람에 따라 10년의 경력을 쌓는데 정말 10년이 걸리는 사람도 있고 단지 1년이 필요한 사람이 있다. 사람마다 경력 과정 모델에는 상당한 차이가 있다. 동일한 직위를 계속 유지하거나 동일한 방식으로 같은 일을 수년 동안 반복하는 것은 성공적인 경력개발에 도움이 되지 않는다. 이런 경우에는 개인의 경력을 확장시키고 개발할 수 있는 기회를 좀처럼 창출할 수 없기 때문이다. 하지만 현실에서는 불행하게도 너무나 많은 사람들이 이러한 상황에 처해 있다. 그들의 관리자들이 직원의 경력개발과 혁신을 추구하기보다는 팀의 목표와 관련된 현 상황에 대처하는 것을 우선시하기 때문이다.

성공적인 경력개발은 새로운 업무를 받아들이는 것으로부터 시작된다. 그 업무가 중요하고 덜 중요한 것은 문제가 되지 않는다. 한 사람에게는 별로 중요하지 않은 기회가 다른 사람에게는 중요한 기회가 될 수도 있다. 반면 모든 팀원들에게 중요한 업무 기회가 동일하게 주어지지는 않는다. 개인이 새로운 업무를 받아들이는 태도는 개인의 욕구나 능력과 어느 정도 상관관계가 있다. 이것은 교육 수준과는 상관없으며, 업무 태도와 개인의 성격에 따라

결정된다. 모든 직원들은 조직 내에서 자신의 성과를 향상시킬 수 있는 새로운 업무 기회를 적극 수용해야 한다. 팀장에게는 소속 팀원의 경력을 관리할 책임이 있다. 직원들이 어떤 특정한 상황 때문에 경력관리를 소홀히 한다면 그것은 관리자의 책임이다. 어떤 부정적인 상황들에 관해 팀원들과 직접 대화하고 그러한 상황을 극복하는 기간을 주어야 한다. 한 팀원에게 어떤 임무를 부여한 후에 일정 기간이 지나도 목표를 달성하지 못했다면, 팀장은 그의 활동 내용을 점검하고 어디서 실수를 했는지를 분석해야 한다. 분석의 초점은 팀원의 업무 태도, 책임 소재, 성과의 원인, 의사소통, 그리고 팀장으로서 당신이 해야 할 일 등에 두어야 한다.

교육과 훈련은 지속적으로 하라

직업교육은 평생교육이며 학교를 졸업한 이후부터 본격적으로 시작된다. 학창 시절에 받은 교육만으로는 특정 분야에서 평생 동안 활용하기에 턱없이 부족하다. 따라서 관리자인 팀장의 임무는 교육과 훈련을 적극 지원하는 것이다. 관리자가 직원들의 교육을 지원할 수 있는 방법은 다양하다. 대학교, 기술전문학교, 동종 업계 교육기관, 특정 지식 전문기관, 또 집에서도 쉽게 접근할 수 있는 웹 베이스 교육 등이 그것이다. 이러한 교육 방법과 관련하여 과거 관리자로서 내가 주로 활용했던 방법은 그룹 회의였다. 나는 직원들에게 그들의 관심 주제를 선정하여 일정한 형태의 교육에 계속 참여하도록 유도했다. 특히 내가 종사했던 분야에서는 업무가 나날이 복잡해져만 갔기 때문에 평생교육이 다른 업종보다 두 배는 중요했다.

인사 부서를 잘 활용하라

일반적으로 직원의 교육과 훈련은 인사 부서에서 전담한다. 하지만 현업의 관리자들도 소속 직원에게 적절한 교육 기회를 제공할 책임이 있다. 만약 인사 부서에서 팀의 니즈에 딱 맞는 교육 프로그램을 개발했다면 그것을 활용하면 된다. 대부분의 인사 부서는 어떤 특정 부서의 요구사항에 맞춰 프로그램을 개발하는 것이 아니므로 현업에서는 인사 부서에서 추천하는 교육 과정으로는 만족스럽지 못한 경우가 많다. 그러나 인사 부서도 현업의 요청에 맞는 적정한 프로그램을 찾으려고 노력하고 있다. 팀장은 직원의 교육과 훈련을 위해 인사 부서를 적정하게 활용할 줄 알아야 한다. 인사 부서에 팀의 니즈에 맞는 적정한 교육 프로그램을 개발하도록 요청하고 당신은 그 프로그램에 참여할 것인지만 최종적으로 의사결정 하면 되는 것이다.

과거 나의 경험으로 볼 때, 인사 부서로부터 도움을 받았던 교육은 주로 창조성, 팀 빌딩, 목표 관리, 리더십, 인간관계 기법 등과 같은 인간행동과 관련된 일반적이고 기본적인 기법을 다루는 교육이었다. 이런 과정들은 현실 문제를 다루지 않는 대신 역동적인 사고방식을 배양하는 데 중점을 두다 보니 인간관계 기법만을 지나치게 강조하는 경향이 있다. 이런 종류의 교육을 지나치게 강조하다 보면 관리자의 역할이 마치 장미 정원에서 향기나 맡으면서 사람들과 교제하는 것처럼 보일 지경에 이르렀다. 물론 모든 사람이 창조적일 수는 없다. 모든 사람이 리더일 필요는 더더욱 없다. 일반적으로 팀원 중 일부만이 조직의 핵심 역량이 되어 팀을 이끌어 가게 될 것이다. 그러므로 관리자는 팀원에게 교육 기회를 제공할 때 이러한 교육과 훈련에 참여하는 사람의 비율이 정규 분포곡선의 형태로 나타날 수 있도록 적정 수준을 조정해야 한다.

업무 지식은 공유하고 기존 지식은 버려라

교육은 미래지향적이어야 한다. 진보적이고 활동적인 팀 빌딩을 위해서는 무엇보다도 교육과 훈련이 우선되어야 한다. 어떤 교육은 새로운 아이디어를 창출할 기회를 주기도 하고 어떤 훈련은 새로운 과제 수행의 경험을 통하여 배울 수도 있다. 교육과 관련해서 새로운 것을 배우는 것도 중요하지만 과거에 배웠던 것들을 버리는 것도 필요하다. 이것은 주로 업무 방법과 절차, 그리고 사고방식과 연관된다. 기존 업무 방법과 절차는 변할 수도 있고 없어질 수도 있다.

누구에게나 정도에 차이는 있지만 항상 변화에 저항하려는 속성이 있다. 특히 전문가들을 대상으로 변화를 추진하는 것은 매우 어렵다. 나는 이 책 전반에 걸쳐, 개별적인 관심이나 부분적 기능보다는 전체 시스템에 영향을 주는 업무수행 능력 향상에 중점을 둘 것을 강조하고 있다. 개인적으로 구축한 독립된 지식 저장고Knowledge silo들을 해체하고 현 조직의 목적에 맞게 재결합하기 위해서는 우선 기존 지식을 버리는 것이 필요하다. 예를 들어, 최신 디지털 기술을 적용하기 위해서는 과거의 전통적인 수작업 업무 절차를 버려야 한다. 전자통신을 통한 커뮤니케이션을 하려면 기존의 업무 지식과 처리 절차를 버리고 더불어 새로운 교육을 받아야 한다. 패러다임의 변화에 따라 과거의 방식은 버리고 새로운 방식으로 보완해야 한다. 팀원들에게 개인의 활동이 전체 시스템에 미치는 영향을 먼저 고려하도록 요구하는 것이 바로 패러다임의 변화다. 한 사람이 어떤 부분에서 추진하고자 하는 것이 조직 내 다른 기능에 영향을 준다는 것을 먼저 생각해야 한다.

대개 교육과 훈련에 대한 투자는 조직의 단기 성과에 영향을 주지 못한다. 게다가 많은 교육 과정들은 현재 업무와 직접적으로 연결되지 않을 수도 있다. 이런 경우 관리자들은 교육과 현업의 연계에 대해 의문을 갖게 된다. 하지만 조직을 잘 경영하려면 해당 업무 분야에서 최고의 전문성을 지닌 조직으로 유지해야 하며, 최신의 트랜드에 뒤쳐져서는 안 된다. 팀장으로서 당신은 부서의 교육을 위한 전담 시간을 계획하고 있을 것이다. 그 시간은 최소한 1년에 40시간 이상은 되어야 한다. 만약 새로운 업무에 대한 교육이라면 40시간으로도 부족하다. 이런 시간 계획에 대한 적정성은 보통 교육 성과에 대한 평가 결과로 검증해 볼 수 있다.

개인의 경력개발을 고려한 업무 분담을 하라

채용과 교육 훈련 못지 않게 중요한 것이 있다면 그것은 인재의 적절한 배치이다. 이를 위해 다음의 질문들을 실천하고 있는지 잘 생각해보라.

- 팀원 배치는 팀원들의 경력개발에 도움 되도록 짜여 있는가?
- 팀원들은 그들의 업무능력 또는 그 이상으로 일하는가?
- 모든 면에서 최첨단의 사고가 발휘될 수 있는 조직문화가 있는가?
- 회의에서 건전한 경쟁이 허용되고 있는가?
- 당신은 직원들에게 늘 최고가 되라고 독려하고 있는가?
- 왜 최고로 똑똑하고 일 잘하는 직원을 가지고도 늘 기대 성과에 못 미치는가?

팀장은 팀을 운영함에 있어서 이러한 의문들을 항상 염두에 두어야 한다. 관리자는 조직의 미래를 위해서 효율적인 팀 빌딩을 해야 하며, 조직은 직원들에게 적정한 투자를 해야 한다. 당신의 책임은 현재와 미래에 직원들이 업무능력을 충분히 갖출 수 있도록 기회를 제공하는 것이다.

개인의 업무능력 극대화를 위한 적재적소 배치

이러한 관심과 질문들에 대한 간단한 해답은 없다. 하지만, 관리자가 어떤 업무목표나 기대를 부여하지 않으면 사람들은 점점 편해지고 나태해지려는 속성이 있다. 그러면서 그들은 점점 목표달성을 향한 관심과 열정을 잃게 된다. 개인의 목표달성을 위한 지속적인 관리를 하지 않는다면, 그 사람의 업무 실적은 감소하게 될 것이다. 물론 관리자가 추구해야 하는 성과 목표는 조직의 목표와 이용 가능한 자원을 적절하게 조화하는 것이다. 그런 의미에서 관리자가 적재적소에 인재를 제대로 배치하지 못한다면 그룹의 성과는 감소할 것이다. 이러한 인재 배치의 문제는 기본적인 업무능력을 지닌 어떤 사람에게 특정한 자리를 배정하는 것부터, 점차 더 중요한 자리에 배치하기 위해 전문적인 경험과 지식을 습득할 기회를 주는 것까지 모두 포함한다.

관리자로서 팀장은 직원들의 경력개발을 위해 항상 새로운 기회를 제공할 책임이 있다. 모든 새로운 기회는 새로운 업무 경험을 쌓게 해준다. 현대 사회는 한 분야의 깊이 있는 전문가를 강조하고 있다. 전문화는 그 분야와 관련 분야에서 새로운 기회를 창출한다. 그러나 지나친 세분화와 전문화는 결국 자신을 쇠퇴하게 만들 수도 있다. 전체를 모르는 세분화된 부분 지식과 전문성은 쓸모 없기 때문이다. 따라서 전문성의 진부화를 방지하기 위한 노력은 그것이 외부로 나타나기 훨씬 전부터 준비되고 시작되어야 한다. 그것은 관리자로서 당신의 책임이다.

다양한 업무 경험 쌓기

우리는 어떤 특정 분야에서 자신의 경력을 시작한다. 그리고 그 부서에서 전문가가 되어감에 따라 전체 조직의 성과에 주요한 역할을 하는 다른 부서들과 만나게 된다. 이때 우리는 타 부서들의 요구사항은 물론이고 그들과 어떻게 상호작용하는지를 배워야 한다. 한 예로, 마케팅팀과 제품개발팀은 전통적으로 서로 반목하는 대립관계에 있고, 그로 인해 조직이 손해를 보는 경우가 많았다. 마케터와 엔지니어의 사고방식은 많이 다르다. 엔지니어는 세부적인 것을 원하고, 마케터는 유연성 있는 사고방식을 원한다. 마케터는 마케팅의 요구사항을 무시하는 엔지니어의 고집에 대해서 불평하고, 엔지니어는 제품에 대한 요구사항을 마케터들이 구체적으로 정의해주지 않는다고 불평한다. 두 집단 모두 옳으면서도 모두 잘 못된 것이다.

엔지니어의 관점에서 볼 때, 마케팅팀은 조직의 역량을 고려하지 않은 극히 부분적인 정보를 가지고 있거나, 또는 불가능한 배송 기일을 요구하는 고객의 요구를 그대로 전달한다. 마케팅팀은 신제품 출시에 따른 대응을 거의 하지 못한다. 고객이 제품의 장점에 대한 구체적인 증거를 요구 할 때 아무것도 제시하지 못하며, 엔지니어에게 신제품에 대한 수요 예측을 시장에서 충분하고 정확하게 해주지 못한다. 대개가 높거나 낮게 예측해서 거의 맞지 않는 정보일 뿐이다. 3M의 '포스트잇'에 대한 마케팅팀의 초기 반응은 그 좋은 예라고 볼 수 있다. 마케팅팀은 최초에 그 제품이 어떤 가능성을 가지고 있는지를 전혀 생각하지 못했었다.

그러나 마케터의 관점에서 엔지니어는 마케팅에서 제시하는 것보다 더 많은 부가 기능들에 집착한다. 또한 엔지니어들은 제품 사양이 한 번 결정되고 나면 그 제품에 대한 프로젝트의 변경을 무조건 거절한다. 엔지니어는 최근 개발된 신기술이 장단기적으로 별다른 효과가 없어도 무조건 사용하기 원한다. 엔지니어는 지나치게 사소하고 세세한 것들에 집착하다 전체를 보는 큰 그림에 대해서는 잊어버리는 경향이 있다.

이러한 서로 다른 집단 간의 차이점, 즉 마케터와 엔지니어들을 조정하여 쓸모없는 시간 낭비를 줄이려면 어떻게 해야 할까? 일반적으로 마케터는 엔지니어링에 대하여 거의 모른다. 그리고 엔지니어는 마케팅에 대해서 거의 모른다. 이런 경우 상호 전환 배치만

이 가능한 해결책일 수도 있지만, 경우에 따라서는 이 방법이 가장 나쁜 결과로 끝날 수도 있다.

나는 이 두 부서를 모두 근무해 본 경험이 있는데 이런 경우 해결책은 의외로 간단하다. 임시로 상대 팀으로부터 사람을 데려와서 한 조를 이뤄서 함께 체험하게 하는 것이다. 이렇게 하면 엔지니어는 다양한 상황에서 고객에게 적절한 질문들을 직접 할 수 있을 것이다. 새로운 제품에 대한 고객의 동향을 직접 파악하게 되며, 기존 제품에 대한 개선 제안을 직접 듣게 된다. 마케터는 새로운 모델에 대한 시제품을 개발하는 엔지니어와 한 조를 이뤄서 고객의 욕구와 자신의 아이디어를 엔지니어에게 전달할 수 있으면 된다.

마케터와 엔지니어가 한 팀이 되어 업무를 같이 수행하는 것은 서로 다른 입장의 사람들이 공통 목표를 향해 협력할 때 시너지 작용을 일으킬 수 있다는 것을 보여준다. 그렇다고 당신에게 최고의 마케터와 최고의 엔지니어가 필요한 것은 아니다. 기본적인 인간관계 기술과 공통의 관심 사항이 있는 사람들이면 족하다. 관리자는 그들의 통합을 통하여 독립된 각 전문 영역을 하나의 공통된 목표로 통합하는 책임을 진다. 그것은 시간이 필요할 수도 있고 생각보다 어려울 수도 있다. 하지만 이것은 조직의 성과개선을 위해 시도할 만한 충분한 가치가 있다.

조직의 최고 경영진이 여러 부서에 직접 관여하고 있다면 다른 방법도 있다. 나는 최고 경영진 시절에 젊은 엔지니어 자격으로 다양한 분야의 박람회에 참가하려고 노력했었다. 판매 부스를 운영하면서 판매와 마케팅이 진행되는 동안 고객이 만족하는지, 만족하지 않는지에 대해서 알게 되었다. 이것은 엔지니어의 입장으로 제품을 사용하는 사람들을 직접 만날 기회였으며, 조직과 제품에 대한 호감, 비호감에 대해 가감 없이 들을 수 있는 기회였다. 이것은 살아있는 현장 체험이었다. 고객의 욕구를 접하면서 새로운 아이디어를 청취할 수 있었으며, 피드백을 수용하는 네트워크를 개발할 수도 있었다.

앞의 사례는 어떤 문제에 대한 해결 아이디어를 얻기 위해서 다른 사람의 입장에서 생각하는 경우이다. 그렇다고 그들이 완전히 상대방의 직무와 역할을 바꾸어서 수행하라는 것은 아니다. 자기 자리에서 타인의 입장을 고려해 각각의 업무에서 한계나 제약을 알게 해주는 것에 의미가 있다. 엔지니어를 마케터 직무로 적용해서 외부 영업을 담당하게 하거나, 마케터를 엔지니어로 활용해서는 안 된다. 다만 서로의 요구사항을 상호 이해할 수 있도록 통합에 중점을 두는 것이 중요하다.

위에서 언급한 것은 기업에서 새로운 제품을 출시할 때 사용되는 사례이지만 동일한 원칙이 학계, 정부 그리고 다른 비영리 조직의 활동에도 적용될 수 있다. 기업과 비슷하게 학계 조직과 정부 조직은 각각 자율적으로 운영되는 독립된 영역으로 구성되어 있다. 또한 각 부서는 자신만의 고유한 원칙을 가지고 있다. 학계 조직은 대학이라고 불리는 거대한 시스템 내에서 독립적으로 운영된다. 학계 사람들은 학문적 시스템의 장래를 위해 협력하려는 시도가 거의 없다. 마찬가지로 정부기관도 때로는 각 그룹이 협력하여 업무를 추진할 필요가 있지만 서비스를 향상시키거나 원가를 줄이기 위해서 스스로 협조하는 일은 거의 없다. 수많은 정부의 의사결정은 어떤 단일 문제에 초점을 맞춘 것일 뿐, 다른 그룹에 대한 영향은 의사결정에서 전적으로 무시된다. 비영리 조직은 많은 다른 이해관계를 차단하고, 그들만의 독립된 영역에서 기금 모집, 운영, 미래 계획 등을 수행한다. 이런 조직 환경에서 타 부서와의 이해와 통합은 더 큰 시너지 효과를 가져다 줄 것이다.

코칭은 언제 필요한가?

우리는 '코치coach'라는 말을 들으면 우선 스포츠를 연상하게 된다. 항상 볼펜이나 경기장의 한쪽 계단에서 보조 지도자를 데리고 다음 선수를 부르거나, 선수들에게 소리를 지르고, 음란한 말들을 중얼거리면서 불리한 판정을 하는 심판에게 악을 쓰는 감독의 모습이 먼저 떠오른다. 하지만 이런 코치의 모델은 오늘날 기업 일선의 전문가에게는 적용되지 않는다.

코스비(Phillip B. Crosby : 1928년 생. 데밍, 쥬란과 함께 품질경영의 3대 선구자에 속하는 관리자. 신뢰도 검사 엔지니어로 출발해 마틴 사의 유도탄개발프로젝트에 참여, '무결점운동ZD'의 기반을 세우면서 품질관리의 천재로 인정받았다.)는 그의 저서 《품질은 필수Quality is Free[1]》라는 책에서 "제품의 품질은 하키가 아니라 발레다."라고 했다. 그는 품질의 요건으로 한결같은 헌신과 인내, 그리고 시간이 필요하다고 말했다. 또한 어떤 한 가지의 정보를 가지고 품질 문제를 해결할 수는 없다고도 말하고 있다. 그런 의미에서 한 분야의 전문가를 코칭하는 것은 발레를 가르치는 것과 유사하다. 헌신, 원칙, 인내, 그리고 이해가 있어야만 연습하고, 연습하고, 또 연습하게 하는 것이 가능하다. 오케스트라 지휘자는 최고의 화음을 만들기 위해 각 연주자의 능력을 최고로 이끌어내야 하는 것이다.

코칭은 업무에 관한 전문 원칙, 관련 기술, 태도, 경력, 개인 문제, 그리고 미래의 기회와 연관지어 볼 수 있다. 리더로서 팀장은 대인관계, 업무, 그리고 조직관리 기술을 개발하는 데 있어 어떤 원칙을 만들어야 한다. 그러한 기술은 당신이 맡은 특정한 조직의 업무 지침으로 활용될 수 있다. 리더로서 팀장의 역할은 최선의 해결책을 직접 제시하는 것이 아니라 예리한 질문을 통해 팀장의 직접 개입 없이도 개인이나 집단을 정상 궤도로 굴러갈 수 있도록 조직의 사고 체계를 바꾸어 주는 것이다. 코칭은 어떤 개인 또는 집단에 있어서 자아발견을 위한 연습에서부터 출발한다. 하지만 결국 관리자인 당신이 하고자 하는 것은 코칭을 통해 조직이나 개인이 가지고 있는 문제를 해결해야 한다는 것임을 잊지 말라.

코치를 통해 성과를 개선하려면 대면 접촉에 의한 상호작용이 필요하다. 그것은 개인 또는 소그룹으로 시도해야 한다. 또한 반드시 편안한 환경에서 모든 참가자들이 열린 대화와 성실한 태도를 취할 수 있도록 해야 한다. 추상적이거나 비현실적인 시나리오 보다는 특정 업무와 관련된 활동을 주제로 진행되어야 한다. 혹시나 인간관계에 대한 주제가 나오더라도 팀장은 심리학자처럼 행동해서는 안 된다. 그런 행동은 인재관리 전문가에게 맡겨라. 당신은 모든 사람의 개인적인 문제들을 해결해 주는 가톨릭 신부가 아니다.

성과측정

최고경영자는 인사 부서를 통한 통일된 성과 평가를 원한다. 평가는 대개 개인 평가와 그룹 평가로 나누어 볼 수 있다. 그러나 보통 최고경영자들이 강조하는 이런 종류의 평가는 어떤 질적인 측면을 강조하는 경향이 있어, 우리의 기준에 부합되지 않는 경우가 많다. 예를 들면 모든 사람에 대해서 일정 수준 이하로 평가해서는 안 된다고 주문한다든지, 매우 잘하는 어떤 사람을 너무 공격적이라고 평가하는 경우가 그것이다. 하지만, 동기부여라는 이유로 실제 성과보다 인사고과를 잘 주는 것은 결과적으로 개인이나 조직에 악영향을 줄 수도 있다. 또한, 개인의 공격적인 성향은 팀 조화를 해친다는 이유로 평가에서 무조건 나쁜 점수를 받아왔지만 이것도 시대가 변하는 21세기 세계에서는 '정중하고 예의 바른 공격 성향'에 대해 아마도 더 높게 평가할 수 있을 것이다. 관리자들은 모든 사람들을 똑같이 대해야 된다고 교육받았을 것이다. 하지만 모든 사람들은 독창적인 개성이 있고, 그러한 독창성은 반드시 존중되어야 한다. 당신은 팀 구성원 개개인의 업무에 대해 좀 더 세밀하게 통제하도록 요청 받을 수도 있다. 하지만 자신을 스스로 관리할 수 있는 사람들에게는 좀 더 자유를 허용해 주어야 한다. 이렇듯 원칙과 실제 운용은 적절하게 조화를 이루어야 한다. 중요한 것은 이런 적절한 운용에 대한 모든 의사결정을 당신 스스로 해야 한다는 것이다. 당신은 성과표준을 설정해야 하고, 개인의 지나친 적극성이 언제 역효과로 나타나는지를 생각해야 한다. 당신은 직원들의 개성을 집단적인 업무능력으로 통합해야만 한다.

평가에서 발생하는 7가지 오류

성과평가는 조직 발전에 큰 장애가 될 때가 많다. 보통 중간 관리자들은 일부 결과가 긍정적인 때를 제외하고는 성과평가를 두려워한다. 직원의 입장에서도 성과가 좋든 나쁘든 성과평가는 단점이 많은 것으로 인식된다. 평가방법도 매 3~4년마다 변하고, 복잡해지고, 시간이 많이 걸린다. 때로 좋은 결과가 있었다 해도 표준화되어 다음 연도 평가에 반영되기는 쉽지 않다. 모든 기록은 조직내에 남게 되며 오직 법률적인 문제가 발생할 경우에만 공개된다. 그러므로 성과평가는 반드시 필요하지만 일반적으로 성과와 관련된 어떤 특정한 정보나 성과개선과 관련된 유용한 정보는 빠지는 평가의 오류를 범하는 때가 많다. 다음은 평가에서 발생하는 7가지 유형의 오류들이다.

1. 후광 효과Halo effect: 하나의 좋은 특성으로 전체를 평가한다
2. 최근 효과Recency effect: 전체 기간 보다는 최근의 정보에 더 의존한다
3. 친분 효과personal Bias: 개인적인 친밀도에 의존해 평가한다
4. 중심화 경향Central tendency: 중간 수준에서 모두 비슷한 수준으로 평가한다
5. 평가 기준 차이Standards differing: 평가자마다 평가에 대한 기준이 다르다
6. 관대화 경향Leniency error: 인간관계를 고려해 모두 관대하게 평가한다

7. 상대 비교Contrast error: 성과목표가 아니라 다른 사람과 비교하는 현상

그렇다고 성과평가를 괴로운 업무로 취급할 필요는 없다. 과거 내가 근무했던 회사는 표준화된 성과평가 절차를 가지고 있었다. 그 회사의 평가는 평가자가 다량의 서류가 들어있는 폴더를 열면서부터 시작되었으며, 그가 그러한 서류들을 요약해 한 페이지의 평가 보고서를 쓰는 것으로 마무리 되었다. 나에 대한 성과평가가 시작되었던 첫 해, 나는 상사가 가지고 있는 나에 대한 방대한 성과평가 정보량을 보고 놀랐었다. 이에 반해 최근의 관리자들은 합리적인 성과평가를 하기 위한 충분한 정보, 문서화된 정보를 가지고 있지 않다. 연간 또는 반 년마다 한 번씩 실시하는 성과평가 또한 현대의 초스피드 경제사회에서는 적합하지 않다. 관리자가 직원들에게 개별 성과평가 결과를 피드백하는데 6개월이라는 시간을 기다려서는 안 된다. 성과평가는 업무과정에서 늘 평가하는 것이 중요하다. 평가결과는 바로 피드백을 제공해야 하며, 평가 파일에 그 기록을 남겨야 한다. 평소에 평가와 기록을 충분히 남기지 않으면 정기 평가 보고서를 작성할 때 평가 결과에 대한 입증 자료가 부족할 수 있다.

MBO 평가방법

성과평가는 직전 성과평가 이후부터 곧바로 새롭게 시작된다. 또한 조직의 단기적, 장기적 목표들을 설정할 때부터 시작된다. 최근에는 목표와 성과를 연계시키는 MBO 평가방법Management By Objective

_{목표관리 평가법}을 많이 쓴다. MBO 성과평가는 개별 팀원과 팀장 사이에 업무목표에 대한 합의를 맺고 이를 점검해 결과를 측정하는 방법이다. 합의에 대한 결과물로 목표 계획서를 작성하고 이것을 바탕으로 실적을 관리한다. 이렇게 되면 직원별 업무목표를 나열한 형식적인 고용 계약서는 필요하지 않게 된다. 따라서 MBO의 실직적인 응용은 인사팀과 관계가 없다. MBO 성과평가는 직원들에게 많은 스트레스를 주겠지만 그렇다고 목표와 목적에 대한 설정없이 조직이 요구하는 성과를 달성할 수는 없는 것이다. 여기서 우리가 잘 잊어버리는 중요한 문제는 팀장인 당신도 MBO 프로젝트의 일부분이라는 것이다. MBO에서 관리자의 역할은 반드시 필요하며 필요한 경우, 직원들이 합의한 목표를 달성하도록 독려해야 한다. 따라서 팀장은 성과가 목표에 도달할 때까지 마냥 기다려서는 안 된다. 팀원들을 독려해 그들이 목표에 도달할 수 있도록 업무절차를 개선해야 한다.

그룹의 성과를 평가하는 것은 개인의 성과평가를 포함한다. 하지만 그룹 내 각 구성원의 성과가 목표를 달성했다고 해서 그것이 그룹 전체의 목표를 달성했다는 것을 의미하지는 않는다. 반대로 그룹의 목표가 달성되었는 데도 불구하고 구성원 중 일부는 자신의 목표를 달성하지 못하는 경우도 있다. 각 팀에겐 완성해야 하는 고유의 임무가 있다. 그 임무에 대한 성과를 평가하는 것은 어떤 문제가 있을 수 있다. 모든 개인 차원의 성과를 단순히 더하는 것이 전체의 성과는 아니다. 그룹 전체의 성과를 개인에게 귀속시키는 것 또한 쉬운 일이 아니기 때문이다.

프로젝트 제대로 평가하기

연구에 따르면 여러 가지 프로젝트 중에서 사전에 계획된 시간 안에 정해진 업무 요건에 맞도록 완수되는 프로젝트는 전체 프로젝트의 10퍼센트 이하라고 한다. 그러나 실적 평가에 있어선 대다수의 직원들이 목표를 달성했거나 혹은 뛰어나다는 평가를 받는 것이 현실이다. 그렇다면 이 목표달성을 못한 90퍼센트의 프로젝트에 참가한 직원들도 뛰어난 업무 실적을 보였다는 얘기다. 여기에는 분명히 어떤 모순이 있다. 이에 대한 원인은 많지만 그 중에서도 핵심적인 것은 다음에 나열된 업무를 열심히 하지 않은 데서 비롯된 것이다. 즉, 선도적으로 일하기, 목표달성에 대한 합의, 지속적인 업무개발, 능력에 따른 적절한 배치, 업무계획 수립, 업무계획에 대한 이행 참여, 세부 집행에 대한 검토 등이 그것이다. 이러한 것들은 모두 표면적으로는 매우 간단하고 평범한 활동처럼 보이나 실질적으로는 매우 중요하고도 직접적인 관리활동으로 그동안 별로 집중하지 않았던 업무들이다. 팀장으로서 당신은 프로젝트의 성과를 적절하게 측정할 잣대를 개발하기 위해 팀원들과 혹은 다른 관리자들과도 함께 작업해야 할 필요가 있다.

일할 맛 나는 성과 보상

팀이나 조직 내에서 형평에 맞는 급여 수준을 유지하는 것은 매우 중요하다. 급여 계획은 보통 조직의 최고경영자가 내리는 지시에 의해 협상이 진행된다. 그러나 만약 당신이 당신 부서의 요구사항들에 대해 어떤 주도권을 가지고 최고경영진과 협상에 들어간다면, 당신은 부서의 급여 협상에 성공할 수 있을 것이다. 모든 것은 당신의 접근방법에 달려있다.

성과에 대한 보상을 실무에서 보면 대부분의 조직은 자동으로 계산되는 프로그램(이사회에서 일반적으로 쓰이는 몇 퍼센트 증가율과 같은)을 따른다. 그 과정에서 부서별로 일부가 조정될 것이고, 또 개인의 성과에 따라서 증가율을 차별화할 것이다. A등급을 받은 사람이 B등급이나 기타 등급을 받은 사람보다 좀 더 높은 인상률을 적용 받는 것은 당연하다. 하지만 실무에서 보면, 실질적인 임금 인상률은 크게 편차가 나지 않는 것이 보통이다. 탁월하다고 평가된 어떤 사람에게 노력에 대한 보상으로 겨우 1~2퍼센트의 인상률을 더 주는 성과보상 체계라면 그것은 문제가 있다. 앞서 언급했듯이 인사팀은 모든 사람을 동일하게 대우하는 것을 선호하며, 그 계획대로 중심화 경향에 맞춰 보상 스케줄을 짜려고 할 것이다. 그것이 가장 쉽고 무난한 방법이기 때문이다. 비록 보상이 장기적인 동기부여는 되지 않더라도 그에 상응하는 차별화된 보상이 이루어져야 한다.

팀장으로서 당신은 팀에 배정된 성과급을 직원들에게 적정하게 배분해야 한다. 이 과정에서 직원별로 분명한 차별을 두어야 한다. 이것은 매우 어려운 일이다. 인사 담당 전문가들은 보통 급여가 조직에 충성하도록 만드는 요소 중 최고로 중요한 것은 아니라고 주장한다. 그들의 주장대로 어쩌면 그것이 여러 가지 요소 중 하나의 요소일 뿐일 수도 있다. 팀장이 모든 직원들에게 급여를 동일하게 배분한다면, 훌륭한 팀을 만들 수가 없다. 팀원 중에는 팀 성과에 적극 공헌한 사람도 있고, 일상 업무 정도만 기여한 사람도 일부 있다. 또 어떤 사람은 극히 부분적으로만 기여했을 것이고, 어떤 이는 팀에 남아 있을 가치조차 없는 사람일 수도 있을 것이다. 보상을 성과에 연계하는 것은 직원들로 하여금 이러한 자신의 현실을 인식하게 하는 좋은 접근법이다.

성과에 대한 보상은 1년 중 어떤 특정한 시기에 이루어진다. 그러다 보니, 보상제도에 대한 비밀 유지를 강조함에도 불구하고, 대부분의 직원들은 팀 내 보상 수준에 대해 서로 알게 된다. 직원들은 각자의 보상 수준에 대해서 공개적으로 목소리를 높일 것이다. 불필요한 오해가 생겨나고 그러다보면 사실과 오해에 대한 갈등을 해결해야 할 것이다. 이럴 때 관리자로서 중요한 것은 팀원들에게 당신이 가장 중요하게 생각하는 기준과 각자의 기여도를 완전히 이해시켜야 한다는 것이다. 그리고 그 기준에 따라 성과를 평가했고, 보상 수준이 결정되었음을 분명히 공개해야 한다. 다만 성과와 보상은 집단적이기보다는 개별적으로 접근할 필요가 있다.

팀원의 고충처리와 해고 관리

대부분의 조직에서는 팀원의 개인적인 고민이나 조직 내 각종 차별 방지, 그리고 해고에 대해 엄격한 정책과 절차가 있다. 만약 전임 관리자로부터 인수받은 팀 내에서 이런 문제와 부딪히게 된다면 이를 즉시 해결하기는 쉽지 않다. 어쩌면 당신의 개입이 직원들의 권리를 보호하는 데 부분적일 수밖에 없으며, 법률 자문을 통할 때보다 손쉽게 해결될 수도 있다. 이때 팀장은 직원의 고충처리에 있어 요청받은 문제들에 대해서만 정보를 제공해야 하며 의사결정에 직접 참여해서는 안 된다.

직원을 해고하는 것은 해고 경험이 있든 없든 관리자들에게 가장 불쾌하고 처리하기 힘든 일 중의 하나이다. 해고 사유가 무엇이든, 즉 조직의 정책이나 행위 기준에 대한 중대한 위반이든, 업무능력의 부족, 중대한 판단 실수, 부서 임무의 실패, 또는 경영자에 의한 조직 축소든 상관 없이 그 영향은 동일하다. 팀장은 경우에 따라서는 어떤 특정한 사람을 해고해야만 하며, 그 타이밍을 찾아야할 때도 있다. 그러한 판단의 시기가 오면 당신은 현실적인 것들을다시 한 번 생각하게 될 것이다.

예를 들면, 오랫동안 같이 일한 추억과 정, 또 그의 가족 관계 같은 것들을 떠올리면서 관리자로서 내가 제대로 지도했던가를 반성하게 될 것이다. 그러나 이런 것들이 해고에 대한 합리적 의사결정에 영향을 주어서는 안 된다. 해고 이외에 대안이 없고 그러한 결정을 해야만 한다면, 딱 하나만 유념하라. 당신이 그 사람에게 문제를 개선하거나 향상시킬 수 있는 기회를 주었는지, 그리고 당신의의사결정이 어떤 객관적 사실에 근거하고 있는지에만 집중하라.해고로 발생하는 법률 문제엔 그 사람의 재직 시 업무수행에 대한기록들이 상당히 유용하게 쓰일 것이다.

대부분의 관리자는 어떤 직원의 성과가 기대치에 미치지 못하더라도 그에 상응하는 주의나 경고를 개인에게 통보하지 않는다.하지만 성과개선을 위한 종합 계획에는 직원 각자의 목표달성 계획이 들어 있어야 하고, 이렇게 문서화된 계획은 각 직원들에게 충분히 전달되어야 한다. 성과개선이나 업무 향상을 위한 정교한 계획은 직원들과 사전 합의가 있어야 하며, 이러한 커뮤니케이션 은 적정한 시점에 현실적인 방법으로 이루어져야 한다. 직원의 성과에 대해 무조건 만족스럽게 평가하지 마라. 또한 단기간의 성과가 미흡하다고 해서 성급하게 해고하지도 마라. 평가는 장기 간으로 해야 한다. 전임자가 당신에게 직원 해고에 대한 의사결 정을 숙제로 남겼다면, 당신의 대안은 해고를 하기 이전에 먼저 성과를 향상시킬 수 있는 계획을 개발하는 것이다.

인사 부서와의 인재관리 업무 협조

최근 인사 업무는 직원 채용에서 이동과 승진, 그리고 해고까지 사람들에게 발생하는 문제들에 대해서 더욱 적극적으로 대처하는 추세이다. 조직의 규모가 커질수록 최고경영자는 그와 관련된 문 제들에 대해서 인사 관련 지침을 마련하고 이러한 사내 표준화된 인사 지침에 의존하게 된다. 하지만 실무에서는 다양한 상황에서 인사 문제가 발생하게 되며, 이런 경우 팀장이 통제를 소홀히 하면 그것은 곧바로 팀의 성과에 악영향을 미친다. 그러므로 팀장은 해 당 팀의 인사 문제를 인사팀에서 독자적으로 수행하도록 방치해서 는 안 된다. 이것은 관리자가 직접 인사팀 직원들을 무시하라는 얘 기가 아니라 관리자들이 소속 팀원들의 인사 문제에 적극적인 관 심과 주의를 가져야 한다는 뜻이다.

당신은 능력 있는 전문가로 수년간의 경력을 쌓은 후에 현재의 관리자 지위에 오르게 되었다. 그동안의 과정에서 당신은 인사부서의 활동에 대해서 보아왔을 것이다. 인사팀은 당신과 관련해 당신의 상사에게도 어떤 식으로든 영향을 준다는 것을 생각해야 한다. 현업에서 일하다 보면 회사의 인재관리 정책과 인사부에서 추천한 사람으로 인해 빚어지는 다양한 갈등들도 경험하게 될 것이다. 나의 경험으로 볼 때, 인사부에서 추천한 사람들 중에서는 모든 분야에서 뛰어난 직원도 있었고 때로는 팀에 거의 기여하지 못하는 사람들도 있었다. 인사부와 갈등을 쉽게 해결하는 방법 중 하나는 인사부에서 인정하고 많은 이들이 존경하는 특정 인물을 찾아 밀접한 관계를 유지하는 것이다. 그런 사람을 찾다보면 때로는 당신을 채용한 사람인 경우가 많다. 또한 채용 이후에도 당신과 관계를 계속 유지하는 사람인 경우가 대부분이다. 이런 방법은 당신의 전투를 우회적으로 조심스럽게 추진하고자 하는 선택이다. 그렇게 하면 그 사람은 어떤 문제에 대해서 당신에게 열린 마음으로 알려 줄 것이다.

또 하나, 인사부에서 내세우는 어떤 기본 정책과 지시 사항들에 대해 현실과의 괴리를 얘기할 때는 반드시 특정한 사실에 근거하여 표현해야 한다. 적절한 방법과 표현으로 의견을 제시했다면 그것으로 만족하라. 인사부는 그 의견에 대해 충분한 시간을 두고 다양한 측면을 고려해 의사결정을 할 것이고, 또 그렇게 신중하게 검토된 인사팀의 결정은 따를 수밖에 없다.

■ 조직의 성공과 실패는 조직 구성원의 업무능력을 조직이 필요로 하는 직무 요건과 어떻게 일치시키는가에 달려있다. 거기에는 현재 조직의 직무 요건뿐만 아니라 미래에 예상되는 조직의 필요 요건도 고려되어야 한다. 미래는 현재와 연결되어 있고, 따라서 미래에 필요한 어떤 새로운 직무능력은 그것을 직접 필요로 하는 시점보다 훨씬 이전부터 준비되어야 하기 때문이다. 우리는 보통 수준의 사람들을 데리고 위대한 업적을 달성했다는 말을 자주 듣게 된다. 하지만 그러한 보통 수준의 집단 내에는 반드시 조직을 이끄는 예외적인 사람들이 있다는 것을 명심하라.

■ 직원을 선발하는 것은 새로운 관리자에게 많은 어려움을 주기도 하지만 동시에 큰 기회를 제공하기도 한다. 당신은 하나의 단위 조직 내에서 공통된 목적을 가지고 다른 사람과 어울려서 기능을 수행할 수 있는 적절한 인재의 조합을 구성해야 한다.

■ 관리자로서 당신은 소속된 구성원의 경력을 잘 구축해 줄 수도 있고 반대로 퇴보시킬 수도 있다. 현재 상태를 유지한다는 것은 경쟁 세계에서 뒤쳐지는 것을 의미한다. 그것은 개인에게는 큰 위기이고 전적으로 팀장인 당신의 책임이다.

■ 평생교육은 사람들로 하여금 한 분야에 전념하고자 하는 노력을 요구한다. 또한 어떤 분야에서 최고 수준이나 최첨단 기술에 도달해, 추가적인 기술 개발에 자신의 한계를 느낄 때는 힘든 과정을 겪게 된다. 누구나 현재 자신의 분야에서 능력을 개발하기 위해 교육과 훈련이 필요하다. 그러한 노력은 개인의 경력을 향상시킬 뿐만 아니라 조직의 목표에도 충분히 기여할 수 있게 한다. 특히 첨예한 전문가 시대에는 더욱 그렇다.

■ 코치하는 것은 다른 사람에게 무엇을 하도록 제안하는 것 이상을 의미한다. 그것은 성공적인 성과를 가능하게 하거나 또는 성과 미달의 원인이 어디에 있는지를 분명하게 파악할 수 있도록 돕는다. 코치란 각 직원들로

하여금 그들의 능력을 최대한으로 이끌어 내도록 하는 것이다.

■ 성과평가는 필요악 중의 하나다. 만약 적정하고 성실하게 수행된다면, 개
인과 조직의 발전에 크게 도움이 될 것이다. 그러나 그것이 조직의 특정
한 욕구나 목적으로 사용된다면 시간 낭비일 뿐이다.

■ 모든 사람에 대한 평가 및 보상 기준을 하향 평준화된 잣대에 맞추면, 조
직의 발전이나 개인의 동기 유발에 도움이 되지 않는다. 그러므로 추가적
인 성과를 보인 사람에게는 반드시 그에 따르는 차별화된 보상을 해야
한다.

■ 개인적 고충이나 각종 차별, 그리고 해고와 관련된 문제들은 객관적이고
공정한 해결책을 제시할 수 있는 전문가들이 필요하다. 당신이 해야 할
일은 전문가들이 의사결정을 할 수 있도록 충분한 자료를 제공하는 것
이다.

■ 인사부서에서 인력 자원을 이용하는 방법을 배워라, 그러나 당신이 의사
결정을 해야 하는 사람이라는 것을 명심하라.

NOTES

1. Philip B. Crosby, Quality Is Free(New York: New American Library, 1979), p. 13

조직에 필요한
유능한 팀장을
키워내는

팀장 제조 매뉴얼 Manual for Changing Manager

✱ 팀장은 직책이 아니라
이제 브랜드다!

제4장 | 개인과 팀의 조화를 위한 팀워크 관리법

Managing Individual and Team Relationships

이번 장에서는 사람과 관련된 문제들을 이해해야 한다. 주어진 업무를 완수하기 위해 팀장은 팀을 에너지가 넘치는 조직으로 만들어야 한다. 뛰어난 팀을 구축하는 것은 한 개인의 희생만으로 되는 일이 아니다.

조직의 목표를 달성하기 위해 팀은 필요하지만, 팀은 각 개인들의 노력에서 얻어지는 부가가치를 통합하는 수단에 불과하다는 것을 알아야 한다. 팀을 운영한다는 것은 각기 다른 경험과 업무 분야, 또는 서로 다른 장점을 가진 개인들 간의 관계를 관리하는 것을 의미한다. 팀은 행동하지 않는 사람에서부터 앞을 내다보고 미래지향적으로 행동하는 사람까지 다양한 구성원들로 구축된다. 팀 구성원 모두는 각자가 책임져야 하는 몫이 있다. 또한 각자의 의견과 편견, 개성과 태도, 조직 내의 서로 다른 직급과 동료에 대한 접근법까지도 개인에 따라 모두 다르다.

어떤 아이디어나 개념은 기본적으로 각 개인으로부터 나오며,

더 좋은 개념과 아이디어를 위해 팀 구성원 간에 논쟁을 벌이기도 한다. 이러한 과정을 통해 누군가가 다양한 관점의 사고나 개념을 정리해 명확하게 요약한다. 그러한 과정을 통해 팀은 역동성을 갖게 되고, 참여하는 각 개인은 팀 성과에 있어 각기 중요한 역할을 담당하게 된다. 이 장에서는 관리자가 최고의 부가가치를 창출하는 팀 빌딩 방법에 대해 다음과 같은 주제로 알아보고자 한다

- 팀 정의하기
- 팀 방향과 스타일 설정하기
- 팀 빌딩
- 연구를 통해 배우기
- 질의응답으로 기본 지식 공유하기
- 개인의 역할 정의하기
- 팀 효과적으로 운영하기
- 탁월한 팀 빌딩
- 팀 내 다양성 구축하기
- 동기부여
- 자율적으로 운영되는 팀 빌딩

팀 정의하기

앨런 콕스Allan Cox는 자신의 저서《팀워크를 위한 과제The Homework Beyond Teamwork[1]》에서 부가가치 극대화를 위한 팀 빌딩에 대해 다음과 같이 포괄적으로 정의하고 있다.

> 부가가치가 높은 팀이란 아이디어를 먹고 살며, 역경을 도전으로 생각하는 팀의 총체적인 정신 상태를 의미한다. 부가가치 있는 팀에서는 갈등이 공개되고 극복되기 때문에 대부분의 문제를 긍정적으로 해결할 수 있으며 그 결과 또한 탁월하다. 기존 부서이든 임시로 구성된 팀이든, 팀에서는 문제가 정의되고, 가정이 전제되고 대안이 도출되고, 결과가 평가되고, 우선순위가 정해지고, 보고와 승인이 이루어지고, 경쟁자에 대한 분석을 하고, 임무가 정당화되고, 목표가 확인되고, 그 목표를 향해 추진을 하고, 위험이 예측되고, 성공이 기대되고, 취약점이 인식되고, 공로자가 칭찬 받고, 사고와 부조리가 통제되고, 승리자는 축하받고, 실패가 극복되는 그런 사고하는 조직이다. 어떤 특별한 최종 의사결정에 대해 팀장이 "예 / 아니오"라고 말하는 것으로 팀원들로부터 전폭적인 지지를 받는 그런 조직이다.

이 말은 어떤 특정한 팀 구조Team Structure를 주장하거나 강조하는 것이 아니다. 수년간의 나의 경험으로 볼 때, 팀 구조는 그 팀을 운영하는 인적자원에 비해 중요한 문제가 아니다. 운영하는 사람만 올바르다면 사실 팀 구조는 좀 미흡해도 문제가 되지 않는다. 반면 올바른 구성원이 없다면 어떤 조직 구조로도 목표를 달성할 수 없다. 그럼에도 불구하고 팀은 일정한 체계를 갖춰야 한다. 비록 그것이 다른 부서와 격을 맞추는 것 이상의 의미가 없을지라도 일정한 형태의 팀 구조는 반드시 필요하다.

하지만 팀 구성원의 입장에서 볼 때, 그들이 선택한 방향대로만 팀이 모두 갈 수는 없는 것이 현실이다. 그들의 행동과 결과가 다른 사람들에게도 영향을 주기 때문이다. 그러므로 팀원의 행동은 조직의 목표에 중점을 두어야 한다.

팀의 방향과 스타일 설정하기

관리자로서 팀장은 팀의 목적과 스타일을 정확하게 정의해야 한다. 팀의 목적을 설정하고 그 목적 달성을 하려면 어떤 경로로 업무를 추진할 것인가를 결정해야 한다. 젊은 관리자 시절, 나는 어떤 문제점과 그 해결책의 최단 거리는 직선이 아니라는 것을 사람들과의 관계에서 일찌감치 터득했다. 우리는 동일한 성격을 지닌 복제된 인간 유전자를 다루는 것이 아니다. 얼마든지 실수를 범하기도 하고 때로는 엉뚱한 생각을 표현하는 사람들과도 같이 일해야 한다. 그뿐인가. '어디서 저런 사람이 나타났을까?' 싶을 정도로 의아해하기도 한다. 하지만 우리 자신도 그들 못지 않게 서로 다른 개성과 다양성을 가지고 있다는 사실을 인정해야 한다. 대부분의 관리자는 이러한 개성과 개인차를 다루는 방법에 있어서 서투르다. 하지만 팀원 개개인에 대해서 제대로 파악하고, 아는 것이 관리자의 기본이며 매우 중요한 과제이다.

적극적이고 진취적인 팀으로 이끌어라

인간의 유형을 소극적이고 행동하지 않는 성격에서부터 적극적이고 진취적인 성격까지 하나의 연속선상에 놓는다면 당신은 그 중간 어디선가에서 다양한 성격의 사람들과 어울려서 함께 일해야 할 것이다. 팀장은 팀의 방향과 스타일을 결정함에 있어서 적극적이고 진취적인 팀으로 이끌 필요가 있다. 적극적이고 진취적이라고 해서 그것이 어떤 불가능한 요건을 가능하게 만든다거나, 반대로 무례하고 건방진 것으로 해석해서는 안 된다. 적극적이고 진취적인 것은 목적과 목표를 달성하기 위한 태도일 뿐이다. 그것은 따라가는 것이 아니라 리드하는 것을 의미한다.

오케스트라의 연주에서 일반 연주자가 보통의 박수를 받는 데에 반해 어떤 연주자는 똑같은 연주를 하고도 최고의 찬사를 받는 이유는 무엇일까? 그것은 오케스트라를 리드했기 때문이다. 일반적으로 적극적이고 진취적인 사람은 높은 성과의 표본(벤치마킹)으로 우대되는 반면 소극적이고 비행동적인 사람은 위기에 내몰리게 된다. 소극적이고 비행동적인 사람은 미래에 닥칠 어떤 사건을 예측하지 못하기 때문에 항상 새로운 위기가 닥친다고 느낄 것이다. 이런 유형의 관리자는 상점의 주인이라기보다는 상점을 지키는 점원의 역할을 하는 경향이 있다. 어떤 관리자는 종업원처럼 고정관념을 가지고 있는 사람이 있는가 하면, 또 어떤 관리자는 다양한 것에 적극적으로 참여하고자 하는 스타일도 있다. 당신은 어떠한 관리자가 되기를 원하는가?

성공적인 팀은 업무에 대한 높은 관심과 열정으로 언제나 충만해 있다. 그것은 팀에 들어서는 순간 명백하게 느낄 수 있다. 함께 어울려 일하는 어떤 실무 그룹과 접촉하고 있다면 업무 관심도, 커뮤니케이션, 다른 사람의 요구사항에 대한 고려, 적극적인 참여 등을 매우 빠르게 간파할 수 있을 것이다.

성공적인 팀에서는 논쟁과 견해 차이를 서로 간의 대화를 통해 해결한다. 대화dialogue와 토론discussion에는 분명한 차이가 있다. 토론은 보통 어떤 문제에 대해 결론을 전제하지 않고 의견을 말하거나 실제적이고 구체적인 문제보다는 일반적인 현상에 중점을 두고 이야기 한다. 하지만 대화는 자유로운 접근, 정보의 교환, 전제 조건에 대한 타당성, 수반되는 갈등 등을 모두 밝히고, 관련된 모든 사람이 만족할 수 있도록 대안을 생각하고 문제를 해결하는 지적 신뢰관계를 구축하는 과정이다.

성공적인 팀에서는 구성원들 간의 업무 신뢰도가 매우 높게 나타난다. 그들은 업무를 수행하면서 자극을 받는다. 이러한 자극은 다른 구성원들에게 영향을 준다. 그들은 성과에 중점을 두기 때문에 발생된 문제를 해결하기 위한 판단에 두려움이 없다. 하지만 무관심을 발산하는 조직, 합의된 목표나 창출되는 부가가치에 냉소적인 조직에서 구성원들은 최선을 다할 수 없다. 이는 재능과 자원을 낭비할 뿐이다. 그런 조직에는 합리적이고 실무적인 업무 지침도 없고 열심히 일할 동기부여도 없는 것이다.

의욕적인 팀 빌딩

팀은 관리를 위한 만병통치약이 아니다. 팀은 특정한 상황에서는 유용하나 어떤 경우에는 그렇지 않을 수도 있다. 팀을 구성하는 멤버들 또는 설립된 목적에 따라 팀은 그 능력이 개선되기도 하고 혹은 방해를 받기도 한다. 그러므로 경영자가 팀에 대한 명확한 지식 없이 팀 제도를 도입하는 것은 매우 위험한 일이다. 팀은 전체 구성원을 대상으로 많은 교육을 실시한 후에 운영해야 효율적이다. 교육 방법은 훈련보다 이론에 대한 이해가 더 중요하며, 일부 고급 관리자보다는 전체 조직을 교육시키는 것이 중요하다.

만약 팀 간에 이동이 필요한 경우에는 이동에 앞서 이동할 팀에 대한 이해가 필요하다. 그것은 부서 간의 이동이든 프로젝트 간의 이동이든 마찬가지다. 팀 운영과 실무에 대한 기본적인 이해를 통해 문화적인 이동을 가능하게 할 수 있다. 새로 팀에 참여할 사람들의 의견을 고려하지 않고 이동한 사람들이 기존에 만들어진 절차를 무조건 따르는 것은 적절하지 않을 수도 있다. 이 부분과 관련해 우리는 여기서 윌리엄 H. 화이트(William H. Whyte : 1918-1999, 도시학자로 활약하였으며 저서는《조직인간》,《마지막 풍경》,《소도시의 사회생활》등이 있다.)가 주장하는 "집단 활동은 개인에 부정적인 영향을 준다." 라는 말을 되새길 필요가 있다. 여기서 '부정적인 영향' 이란 획일성의 강조, 개인적 표현의 제한, 창조적 활동의 제한, 인간의 기본적 행동에 대한 제한 또는 방해 등을 의미한다.

팀워크는 이제 더 이상 선택이 아니다. 조직이 어떤 특정한 목적이나 목표를 달성하려면 팀워크는 반드시 실제적인 집단을 기반으로 해야 한다. 성공적인 팀 성과를 달성하는 핵심은 팀 구성원의 정신·자질·기술·태도를 통합하고 이를 팀의 목적과 목표달성을 위해 적절히 활용하는 것이다. 이를 구현하려면 먼저 교육과 훈련을 해야 한다. 팀 빌딩을 한 후에 교육과 훈련을 하게 된다면 너무 늦을 수도 있다.

팀 빌딩은 각 기업, 팀마다 다르다

실무는 책으로 배울 수 없다. 물론 교육을 통하여 기본적이고 기초적인 규칙은 배울 수 있다. 그러나 그것은 업무수행을 위한 시작 단계일 뿐이다. 나는 정형화된 정규 교육기관에도 불구하고 효율적인 팀 빌딩은 팀이 만들어진 특정한 상황 내에서 수립되어야 한다고 생각한다. 맥도날드의 팀 빌딩은 제너럴일렉트릭의 팀 빌딩과는 완전히 다르다. 보잉의 팀 빌딩은 마이크로소프트에서 만들어지는 팀과 그 환경이 완전히 다를 것이다. 이처럼 팀 빌딩을 위한 기본적인 요소는 동일하지만 조직이 처한 상황과 조건은 서로 다르므로 다른 접근 방법이 필요하다.

팀 빌딩을 조직의 여러 요건들로부터 완전하게 독립된 것으로 생각해서는 안 된다. 실무적으로 팀을 빌딩할 때는 조직이 현재 당면하고 있는 다른 문제들과의 관계도 고려해야 한다. 그저 팀 리더를 팀 빌딩 워크샵에 보내는 정도로는 충분하지 않다. 팀 빌딩은 팀 운영과 관련된 기본적인 문제들을 이해하는 것으로부터 시작되어야 한다. 나는 많은 팀들이 소수의 정규직 팀원과 다수의 임시직 인재로 구성되는 것을 보아왔다. 또한 사람들은 한 팀에서만 일하는 것이 아니라 여러 팀에서 일하기도 한다. 그러므로 팀 관리자는 팀의 기능과 팀원에 대한 기대와 기여도에 대해 모든 팀원들에게 주지시킬 필요가 있다. 그러므로 부서 활동 중에서 팀 빌딩에 관한 기본 교육이 가장 중요하다. 이것은 눈앞에 닥친 실제 현실 문제를 다루는 것이기 때문이다.

팀 교육을 통한 팀 빌딩

그렇다면, 현재도 이미 과도하게 일하고 있는 당신 부서의 사람들에게 어떻게 합리적인 팀 빌딩을 위한 교육 시간을 쪼갤 수 있을까? 팀은 일반적으로 결과에 대한 논의뿐만 아니라 앞으로 닥치게 될 문제들에 대해서도 대응해야 한다. 일주일에 1시간씩 할애하여 업무와 관련된 팀의 기본 개념을 가르치기 시작하자. 일단 그런 과정이 시작되면 팀 구성원은 평소에 불평하던 많은 이슈들을 제거할 수 있기 때문에 좀 더 열정적이 될 것이다. 팀이 교육을 통해 긍정적 효과를 창출할 수 있는지 없는지는 다음과 같은 것들에 달려 있다. 예컨대, 팀 구성원이 자기 자신의 생각을 얘기하는 것에 대한 믿음, 실수를 인정하고 실수에서 배우려는 능력, 조직에서 필요한 지적 재산에 접근하려는 노력, 지적인 의문사항에 그들의 능력을 사용하는가? 경영에 대한 연구와 접근에 자유로운가 등이 그것이다. 배움을 위해서는 상호 공개가 필요하다. 팀 구성원은 그들의 걱정과 관심거리를 공개할지 말아야 할지 망설이게 된다. 대부분은 중요한 계획이나 분석 결과만을 말해야 한다고 생각하는 경우가 많다.

관리자를 위협하지 않는 범위 내에서 어떤 주제를 가지고 논쟁할 수 있는 자유로운 환경이 조성된다면, 팀장은 다음과 같은 기본적인 것들을 가르치기 시작할 수 있다. 문제의 틀을 잡고, 목표를 개발하고, 중요한 문제를 평가하고, 합의에 도달하고, 의사결정하고, 정보들에 대해서 대화하고 그리고 인간행동이 이러한 모든 문제들에 어떻게 영향을 주는지 토론을 한다. 그러나 이러한 교육과 공유는 업무와 직접 관련된 범위 내에서 일어나야 한다. 추상적인 문제들이 아니라, 현실적인 문제들을 해결하면서 가르치고 서로 배워야 한다. 막연히 이상적인 팀의 모델이라고 생각하지 말고 바로 직원들과 함께 시행해야만 한다.

연구를 통해 배우기

"잘 짜인 절차를 따르는 팀은 더 나은 해결책을 제시한다."

과연 이 말이 참일까 거짓일까? 이에 대하여 래딩John C. Redding[2]의 연구결과를 살펴보자. 그는 다음과 같은 두개의 대조적인 팀을 대상으로 연구를 했다.

A팀은 고객이 요구한 "스케줄 단축 요청 건"에 대하여 의사결정을 해야 한다. 어느 날 명문 비즈니스스쿨을 졸업하고 수준 높은 전문기술을 보유한 중간 관리자급 직원으로 구성된 팀이 좋은 환경에서 회의를 열었다. 팀은 체계적인 위험 분석을 통해 빠른 의사결정을 내렸다. 팀 미팅은 잘 계획되고 실행되었다. 팀은 고객의 스케줄 단축 요청을 거절하기로 결정했다. 팀 미팅은 잘 계획되었고 실행되었다. 그 결과 팀은 고객의 스케줄 단축 요정을 거절하기로 결정했다.

B팀은 회사가 원가절감을 위해 "규격화된 생산라인을 새로 도입할 것인가?"에 대한 결론을 도출하고 있다고 하자. 팀은 제조 부문의 기계 조작자와 생산라인 책임자로 구성되었고 그들 중 오직 일부 구성원만 대학을 다녔으며 정형화된 팀 훈련은 받지 못했다. 팀은 좁은 식당에서 어떠한 절차나 일정 계획도 없이 회의를 개최했다. 회의는 두 개의 입장으로 나눠져 팽팽하게 대립되었고, 감정도 격화되었다. 한쪽 입장만을 강하게 주장하던 한 사람은 매우 화를 내며 회사를 그만 두겠다며 회의장 밖으로 나가버렸다. 모두 할 말을 잃고 어찌해야 할지 몰라했다. 잠시 후 현 상황에 대한 대응방법을 논의했고 그 과정에서 팀은 B급 재료를 이용해 상품을 만들어서 저가 시장을 개척하는 것에 대해 집중 논의했다. 그들은 한발 더 나아가 능률적인 생산 방법을 연구했고 생산라인을 표준화하는 방법을 정의했다. 이러한 논의는 토론이 지속될수록 점점 진지하게 이루어지며 차츰 어떤 기대를 갖기 시작하였고, 조금씩 흥분하기 시작했다. 그들은 독자적인 회사 설립의 가능성에 대해서도 논의했다. 그들은 2주 후에 다시 만났고, 결국 6개월 안에 새로운 회사를 설립했다.

A팀과 B팀은 과연은 어떤 차이가 있을까? A팀은 대안을 찾기 위한 탐험도 없었고, 새로운 혁신도 없이 현 상태를 유지하고자 하는 고도로 숙련된 중견 관리자 그룹이었다. 반면에 B팀은 훈련되지도 않고 때로는 다루기 힘든 집단이었지만 그들은 회사를 설립했다. 이와 관련해 래딩은 그 차이에 대해 의문을 가졌다. 특히 자주 당혹스럽게 하고 긴장하게 하는 B팀의 혼돈과 부조화가 어떻게 더 혁신적이고 사업성 있는 해결책을 유도할 수 있었으며, 책임을 완

수할 수 있는 자발적인 자극을 유도했는지에 관심을 가졌다.

래딩의 이러한 의문은 1997년도에 발표된 《제리스Laurel Jeris의 연구[3]》에서 해결되었다. 제리스는 85명으로 구성된 집단을 두 개의 팀으로 나눠 실험했다. 첫 번째 집단은 앞에서 말한 A팀과 같이 잘 체계화된 팀이고, 다른 집단은 B팀과 유사하게 어떠한 지침과 도움도 주지 않았다. 결과는 A팀과 같이 미리 훈련되고 정해진 팀워크에 따랐던 팀은 그냥 그들 개인의 입장으로 방치했던 것보다 덜 혁신적인 해결책을 얻어냈다. 반면 B팀과 같이 그냥 내버려둔 팀은 두 배나 혁신적인 해결책을 제시했다. 제리스는 더 나아가 세 번째 그룹을 구성했다. 그들에게는 제시된 문제들을 맹목적으로 수용하지 않고 어떤 가정들로부터 결과물을 얻어내라는 구체적인 가이드라인을 제시했다. 그 결과, 세 번째 팀은 전통적인 팀들의 문제해결 방법보다 무려 3배나 많은 해결책을 제시했다. 또한 그들이 당면한 문제들을 어떻게 해결해야 하는지에 대한 새로운 모델까지도 제시했다.

이 연구로 얻은 결론은 과연 무엇인가? A팀은 적합한 사람들로 구성되어 있어 제시된 문제를 '어떤 주어진 것'으로 받아들였다. 그들의 회의는 일사불란했으며, 누구 하나 반론의 목소리가 없었다. 어떤 의미에서는 진정한 대화가 없었던 것이다. 문제를 정의하는 과정에서 어느 누구도 의심을 하지 않았으며, 거의 질문이 없었다. 진취적이지 않고 현실에 안주하는 중견 관리자들의 일반적 지식에 의해서 진행되는 전형적인 회의였다. 반면 B팀은 자유로운 분위기에서 팀 미팅을 했다. 관찰자 입장에서는 아마 무질서하게 보였을 것이다. 결론을 얻기 위한 절차나 정의된 과정도 없었다. A팀의 시각에서 보면 일련의 과정 없이 도출되는 결론은 인정하지 못할 수도 있다. 하지만 여기서 말하고자 하는 것은 과정을 따른 것이 A팀을 방해한 것이 아니라는 점이다. 중요한 것은 문제에 접근하는 A팀의 태도에 있다. A팀의 회의는 문제해결을 위한 여러 대안들을 깊이 고민하지 않았다. 다시 말해, 창조성도 혁신도 없었다. 그들은 항상 그렇게 해왔던 것과 동일한 방법으로 일을 처리했을 뿐이다.

우리는 B팀이 사용한 무질서한 접근 방법이 올바른 방법이었는가?에 대해서도 결론을 내려야 한다. 아마도 아닐 것이다. 혼란스러운 회의 과정에서 구성원 개인은 인간관계에서 상처를 받았을 수도 있다. 어쩌면 파괴적인 결과 때문에 긴 회복 시간이 필요할 수도 있다. 하지만 B팀은 그들의 혼란스러운 회의에도 불구하고 현실적인 해결책을 이끌어낸 것이다. 여기서 내가 말하고 싶은 것은 과정은 중요하지만 그러한 과정이 반드시 적절한 해결책을 만들어주지는 않는다는 것이다. 과정은 결과에 도달하기 위한 단계의 연속이다. 그러기 위해서는 과정에서 문제점을 현실성 있고 정확하게 정의해야 한다. 즉 문제를 구조화해야 한다. 스콘Schon의 연구[4]는 이러한 '문제의 구조화'를 다음과 같이 정의했다.

과정이라는 것은 이루어져야 할 의사결정, 달성되어야 할 목적, 어떤 방법을 선택해야 하는지를 정의하는 것이다. 실무에서 대부분의 문제들은 잘 정의되지 않은 채로 주어진다. 실무자는 불확실성과 혼돈의 상황 속에서 문제를 파악해야 한다. 문제가 있는 상황을 실무자에게 문제로 인식시키기 위해서는 어떤 특정한 절차가 필요하다. 처음에는 이러한 불확실한 상황을 이해하고 점차 의미 있는 상황을 유도할 수 있어야 한다.

제리스Jeris의 세 번째 그룹에 속한 사람들은 여러 번에 걸쳐 그들의 문제를 재구조화reframing했고, 그 결과, 그들은 A팀이나 B팀이 수행했던 것보다 더 나은 모델을 제공할 수 있었던 것이다.

질의 응답으로 기본 지식 공유하기

수년간 현장에서 팀을 직접 관리하고 연구한 나의 개인적인 경험에 비춰볼 때, 조직의 목적을 달성하려면 다음의 것들을 잘 관리해야 한다.

1. 현재 당면한 문제나 활용 가능한 기회를 잘 정의하라. 이는 구성원 간의 열린 대화가 가능해야만 문제를 잘 정의할 수 있다는 것을 명심하라.
2. 문제를 구조화하라. 우리는 무엇을 할 수 있을까? 왜 우리는 이것을 해야 하는가? 어떻게 그것을 할 수 있을까? 누가 책임을 져야 하는가? 언제, 어디서 그것을 해야 하는가? 기대 효과는 무엇인가?
3. 문제를 해결하거나 또는 새로운 기회를 추구하기 위해서 꼭 필요한 직무 요건들을 기술하라. 그러한 자질들이 "부서 내에서나 밖에서, 혹은 조직 내에서나 밖에서 가능한가? 그렇지 않다면 당신은 이러한 문제를 어떻게 해결할 것인가?"에 대해 정의해야 한다.

4. 열린 대화를 개발하라. 어떻게 팀 커뮤니케이션을 할까? 의사 결정을 할 때 실마리를 어디에서부터 풀어갈까? 팀이 당면한 어려운 문제들을 구성원들이 공감하고 수용해야 한다.

5. 무엇을, 언제 논의해야 하며, 누구에 의해서, 누구와 대화해야 하는가? 등 커뮤니케이션을 통해 문제해결을 위한 제안을 하라. "당신은 왜 나와 상의하지 않는가?"라는 식의 비평을 해서는 안 된다.

6. 구성원의 역할과 책임을 명확하게 정의하고, 서로의 개인차를 인정하며 하나의 목표를 향해 갈 수 있도록 그들을 통합하라.

7. 문제해결 능력은 자연적으로 생겨나는 것이 아니다. 그것은 어떤 방법론에 근거해야 한다. 어떠한 과정이 활용되든지 그것은 일관성이 있어야 하고, 팀은 그러한 규칙을 인식해야 한다.

8. 문제에 대한 인식능력은 문제해결능력 못지 않게 중요하다. 우리가 정의한 문제를 넘어서 미처 인식하지 못한 또 다른 문제들이 언제든지 발생할 수도 있다.

9. 팀의 모든 구성원은 적시에 의사결정을 하기 위해 일정한 지식이 필요하다. 그들은 결론에 도달하기 위한 의사결정 과정과 각자의 역할을 이해해야 한다.

10. 팀의 업무 검토는 관행적이고 일상적인 것이 되어서는 안 된다. 목표달성에 따르는 위험이나 잠재된 리스크를 논의 대상에서 배제하는 경우가 그 예이다. 팀 단위 검토는 어려운 문제를 질문을 통해 서로 공유하고 배워가는 과정이다.

11. 갈등은 긍정적인 면과, 부정적인 면을 동시에 가지고 있다. 일부 사람들이 표면화되는 것을 꺼리는 어떤 문제가 제기되었다면, 갈등은 오히려 문제해결에 긍정적인 영향을 준다. 반면 제기된 문제가 사실에 근거하지 않거나 지극히 개인적인 것이라면 그 결과는 부정적일 것이다.

12. 단지 경쟁자들을 따라잡기 위한 노력만으로는 팀에 영감을 주지 못한다. 창조성이 추가될 때 탁월한 업무성과가 가능하며, 경쟁자와의 게임에서 선두를 유지할 수 있게 해준다. 당신이 게임을 하고 있다면 상대를 추종하기보다는 상대를 이기는 데 집중해야 하는 것과 같은 원리다.

13. 혁신은 팀이 어떤 고정된 틀을 깨고 나올 수 있게 해준다. 그러므로 혁신은 창조성보다 더 강조되어야 한다. 그것은 발명이나 실행에 중점을 둔다.

이상의 13가지 요건과 방법을 가지고 얼마나 활용하는지에 따라 팀의 목적달성 여부가 결정된다. 능력 있는 팀은 구성원 모두가 주인이라는 기업가적인 분위기에서 상호작용이 이루어진다. 그들은 각자의 역할을 충분히 알고 있으며 그 역할에 따라 업무를 수행한다.

개인의 역할 정의하기

팀 내에서 개인의 역할을 정의할 때는 그 사람이 보유한 지식을 기초로 삼아야 한다. 지식은 개인의 전문성과 업무능력, 그리고 동료들의 평가 등을 포함한다. 우리는 능력 있는 사람이 인생에서 자신의 능력을 발휘하지 못하고 실패하는 것을 자주 보게 된다. 그들은 교육을 많이 받았고 지식과 정보를 많이 가지고 있을지는 모르나 정보를 자신의 업무나 일과 연계해 실행하는 능력은 부족하다. 그들 중에는 목적 달성을 위해 필요한 노력이나 추진력이 턱없이 부족한 경우도 있다. 또 어떤 사람은 말이 많지만 명확하지 않는 경우도 있다. 이런 부류의 사람들에게는 그들의 장점이 업무능력으로 전환될 수 있도록 적당한 관심과 지적이 필요하다.

의외의 인물이 기대와는 달리 최고의 성과를 올리는 경우도 있다. 이런 부류의 사람들은 다른 사람의 주의를 끌지 않고 자기만의 방식대로 조용히, 하지만 열심히 일을 한다. 어떤 사람은 많은 질문을 하지만 좀처럼 답을 제공하지는 않는다. 탁월한 능력은 없지만 주어진 자원을 어떻게 투입하고 최적의 조화를 이끌어내는지를 아는 유능한 사람도 있다. 이런 사람들은 사람들의 지식과 기술, 자질과 태도 등을 업무에 잘 통합하는 사람이다.

업무 배정은 조직의 목적에 부합되도록 이뤄져야 한다. 관리자로서 팀장은 업무수행을 위한 지식, 기술, 태도, 개성 그리고 경험이 필요한지를 점검해보고 직무 요건을 설정해야 한다. 그러나 그러한 요구사항들이 100퍼센트 충족될 것이라고 기대해서는 안 된다. 관리자 자신부터도 그 직무 요건에 완전히 맞출 수는 없다. 능력 있는 팀장은 직원들에 대한 프로파일을 관리하고 새로운 정보가 생성될 때마다 그 정보를 갱신한다. 앞서 말했듯이 사람에 대한 선입견이나 과거 성적은 잊어버리고 과거의 경력이나 실적에 중점을 두어야 한다. 이러한 프로파일을 통해서 그 사람의 성장을 위해 어떤 새로운 경력이 필요한지, 그리고 어떤 교육의 기회가 제공되어야 하는지를 결정할 수 있다. 이러한 프로파일은 관리자의 실무기록일 뿐이지 인적 자원 관리와 관련된 인사정보 관리를 의미하는 것은 아니다.

우리는 흔히 사람들에게 어떤 굴레를 씌우고 거기에서 벗어나지 못하게 하는 경향이 있다. 관리자로서 팀장에게는 바로 전문가가 필요하다. 자신의 감정을 들어내지 않으면서 겸손하고 추진력과 열정이 넘치고 총명한 사람 말이다. 관리자는 이런 사람들에게는 이론과 실제를 접목시켜 일할 수 있도록 해야 한다. 또한 어떤 일을 해야 할지 구체적으로는 모르지만 매사 적극적인 사람도 필요하다. 이런 사람들에게는 바로 팀장의 리더십과 가르침이 필요하다. 관리자에게는 다른 사람이 하기 싫어하는 일을 기꺼이 할 사람도 필요하고, 자신이 해야 할 일만 묵묵히 해내는 사람도 필요하다.

팀장은 팀 빌딩을 하면서 수많은 결정을 해야 한다. 때로는 팀을 크거나 혹은 작게, 단순하거나 혹은 복잡하게, 단기적으로 또는 장기적으로 만들지를 결정해야 하고, 목표달성에 필요한 업무 요건을 정의해야 한다. 여기에는 명쾌한 해답이 없다. 우선, 직원들이 할 수 있는 능력이 무엇인지를 먼저 정의해야 한다. 능력은 있지만 무기력한 성향을 지닌 사람을 추진력과 열정적인 성향이 필요한 자리에 배치해서는 안 된다. 연구 활동 분야에 뛰어난 사람을 일상적이고 반복적인 업무에 배치해서는 안 된다. 요구사항들을 충족할 수 없는 사람들에게 책임을 부여하지 말것이며, 또한 최선의 결과를 기대하지 말아야 한다. 이처럼 팀장은 팀원들이 성공할 수 있도록 지도와 교육의 기회를 끊임없이 제공해야 한다.

효과적으로 팀 운영하기

센지Peter Senge는 그의 저서 《다섯 번째 원칙The Fifth Discipline[5]》에서 다음과 같은 질문을 했다. "어떻게 IQ 120짜리 관리자로 구성된 팀이 집합적으로는 63의 IQ를 보여주는 것일까?" 이에 대해 그는 애기리스Chris Argyris의 말을 인용해 다음과 같이 기술하고 있다. "대부분의 팀들은 어떤 외부 압력을 받을 경우 와해된다. 일반적으로 팀 조직은 일상적인 문제들에 대해서는 잘 대응하지만 복잡한 문제에 직면하여 당황하거나 위기를 느끼게 되면 팀워크가 급격히 깨지게 된다."

센지Senge는 중견 관리자로 구성된 팀에 대해서 주로 언급했다. 그러나 전문가 집단으로 구성된 팀에서도 유사한 상황을 발견하게 된다. 이 경우에도 팀 내 집단적 연구는 위기를 맡게 된다. 전문가들은 일반적으로 변화를 거부하기 때문이다. 고위 관리자들이 개인의 선호와 행동을 정당화하기 때문이라면, 전문가 집단은 전통적 접근법을 강요하기 때문이다. 그들은 전통적으로 내려온 과정, 기술, 시스템, 재료 등에 익숙해져 있다. 이것들은 수년간 적용되어 왔기에 왜 변경해야 하는지에 대한 필요성을 느끼는 못하는 것이다. 새롭거나 검증되지 않은 리스크를 받아들이는 것보다는 과거의 익숙한 것들을 받아들이는 것이 쉬운 방법이다. 새로운 기회를 연구하기보다는 기존의 시스템을 약간 조정하는 것이 쉽다고 느낄 것이다.

집단적 분석은 전문가 집단 내의 주장을 조정하기 위한 새로운 해결방법을 찾는 데 그 목적이 있다. 이를 통해 낡은 것을 포기하고 새로운 것을 추구하는 계기를 만들 수 있다. 거기에는 논리적인 판단이 필요하다. 각자의 다양한 지위에서 오는 다양한 시각으로 추진하고자 하는 업무의 실현 가능성을 검증하고 불확실성과 위험에 직면했을 때 나타날 수 있는 약점을 발견하는 것에 새로운 사고의 초점을 맞춘다. 또한 조직 내에서 역동적이고 서로 긴밀한 협조 속에서 시너지를 발휘할 방법을 연구하는 데 집중하도록 해야 한다. 아기리스Argyris는 현실에 직면하기를 거절하는 이러한 지위를 '훈련된 무능력Skilled incompetence'이라고 표현하고, 더 이상 배우려 하지 않는 뛰어난 능력을 가진 사람들로 구성된 팀을 설명했다.

현대사회의 문제들이 과거보다 더 복잡하다는 것은 의심할 여지가 없다. 이에 대한 해결책을 찾기 위해서는 훈련을 통한 새로운 시도가 필요하다. 현대사회에서 '관리'라는 의미는 고도화된 전문지식들의 통합, 즉 실행 가능한 최선의 해결책을 이끌어내기 위해서 참여자들이 가지고 있는 모든 지식과 기술, 그리고 그들의 의사결정을 통합하는 것이다. 여기에는 타협이 필요하다. 단, 그 타협도 지켜져야 할 기본적인 원칙을 벗어나서는 안 된다.

팀에 참여하는 사람들 간에 서로 사랑할 필요까지는 없다. 하지만 각자 개인으로 가질 수 있는 최소한의 존경과 예의는 보여줘야 한다. 그들은 서로 마음을 열고 대화해야 하며, 다른 사람의 의견과 관점을 배려해야 한다. 그렇다고 금요일 오후의 오픈 파티에 단체로 참가해야 할 필요는 없지만, 서로 자기주장을 삼가고 영역 전쟁을 해서는 안 된다는 것이다. 형식보다는 실질에 충실해야 하고 주어진 문제에 집중해야 한다. 그들은 오직 배정된 프로젝트의 결과물에 관심을 모아야 한다. 이러한 상황은 분야에 관계없이 모든 팀에 일반적으로 적용된다. 지금까지 강조한 효율적인 팀 관리의 과정은 아래와 같이 단순하다.

- ■ 프로젝트의 목적과 목표를 정의하라.
- ■ 조직에서 요구되는 조건에 맞는 팀원을 선택하라.
- ■ 성과 기준과 계획을 개발하라.
- ■ 대화하고, 대화하고, 또 대화하라.
- ■ 현안 문제를 우선적으로 해결하라.
- ■ 지속적인 대화를 시작하라.
- ■ 문제가 발생했을 때 대안을 만들어라.
- ■ 일반적인 원칙 아래 다른 견해를 확인하라.
- ■ 프로젝트 초반에 해결되기는 어렵지만 정신적인 불협화음을 일으킬 수 있는 문제를 사전에 제거하는 것을 두려워하지 마라.

탁월한 팀 빌딩

어떻게 하면 관리자가 탁월한 팀 성과를 이끌어 낼 수 있을까? '뛰어나다'는 의미는 사람의 관점에 따라 각기 다르다. 오늘날 그 단어의 의미는 축소되어 '보통'이라는 의미와 동일하게 사용되고 있다. 가령, 성과미달을 정당화하기 위해 성과표준을 상향 조정하는 대신에 이용 가능한 성과측정법을 변경해 성과표준을 지속적으로 낮추는 경우가 그러한 예의 하나이다. 이러한 경향은 대부분의 직장 업무에서 공공연하게 실행되고 있다.

관리자는 올바른 업무수행 방법을 적용해야 한다. 중요한 의사결정을 하기 전에 깊게 사고할 수 있는 능력이 있어야 한다. 일반적으로 '뛰어남'을 추구하기는 매우 어렵다. 그 분야에서 탁월한 그 무엇이 되고자 한다면 그 목표를 위해 전체가 희생해야만 한다.

팀장은 업무를 기획, 조직하고, 성과표준을 정의하고, 팀의 기대치를 향상시켜야 할 책임이 있다. 업무를 기획하고 조직한다는 것은 목표를 설정하고 목표달성을 위한 가장 적절한 방법을 찾아 팀에 맞는 추진 방법을 연구하는 것이다. 기존의 업무절차가 팀 내에 잘 알려져 있고 쉽다고 해서 무조건 수용해서는 안 된다. 성과표준을 설정하는 것은 여러 대안들을 고려하고 최선의 해결책을 선택하는 것을 전제로 한다. 단, 그 방법이 옳다는 것을 신뢰할 수 있어야 한다. 팀의 효율화를 통해 시간과 원가절감, 업무 방법 개선, 결과의 질 향상, 의사소통 방법을 개선하고 충분한 교육기회를 제공할 수 있다.

팀에서 모든 구성원이 기대에 부응하는 것은 아니다. 어떤 사람들은 업무에 대한 열정과 적극적 태도에도 불구하고 팀의 기대에 어긋나는 경우가 있다. 이런 부류를 '의사 방해자Obstructionist'와 '사회화된 건달Socializing loafer'이라고 한다.

나는 의사 방해자를 모든 것에 항상 도전하려고 하나, 건설적 대안을 제시하지 못하는 사람이라고 정의하고 싶다. 하지만 의사 방해자는 '건설적인 이단아Constructive maverick'와 구별되어야 한다. 건설적인 이단아는 다른 사람들이 질문하지 못하는 것들을 질문하고 그 차이를 해결하기 위해 노력하는 사람을 의미한다. 따라서 의사 방해자는 적절하게 관리되어야 하고, 반드시 통제되어야 한다. 사람들이 빈둥거리는 것은 일이 적정하지 않을 때 나타는 현상이다. 따라서 이런 문제들은 업무량이 증가함에 따라 줄어들게 되고 결국에는 없어질 수 있다.

업무 다양성 추구하기

대부분의 새내기 팀장은 업무의 다양성을 추구하지 못한다. 그 이유는 무엇일까? 해답은 단순하다. 조직의 규정에 얽매이기 때문이다. 조직의 통일된 규정은 차별화된 사고나 행동을 제한할 수 있다. 하지만 경영자는 규정에서 정하는 것을 단순히 따르는 것보다 더 많은 것을 관리자들에게 기대한다. 인력관리의 경우, 경영진은 팀장에게 팀원에 대한 법률적 기준을 충족시키는 것은 물론이고 부서의 목적과 목표를 달성하기 위해 필요한 최고의 인적 자원을 유지하길 기대한다. 최고의 인적 자원을 유지한다는 것은 특정 분야에 대한 최고의 전문성과 폭넓은 지식, 성실한 업무태도, 조직에 대한 높은 충성도, 리더십, 인간관계 기술을 말하며, 그 외 이질적인 문화 속에서도 다른 사람들과 효율적으로 일할 수 있는 능력까지도 포함한다. 또한 경영진은 다른 사회 · 정치 · 경제적인 성향을 가진 사람들, 즉 조직과 환경에 대해 다른 견해를 가진 사람과 업무에 대한 배경과 전망이 다른 사람들을 응집된 조직 단위와 조화시켜 더욱더 단결된 조직으로 만들어 주기를 기대할 것이다.

다양성이란 무엇인가?

다양성은 인적 자원에 관한 문제이지만 조직의 성과를 극대화하기 위한 기회이기도 하다. 유능한 전문가로서 다년간의 경험을 거쳐 팀장의 지위에 오르게 되었다면 당신은 다양성 향상을 위해 조직과 개인이 해야 할 것과 하지 말아야 할 것을 이미 알고 있을 것이다. 다양성의 문제는 모든 관리자들이 관리해야 할 중요한 과제 중의 하나이다.

다양성은 서로 다른 것들을 다루는 것으로 수용 가능한 태도와 범위 내에서 그러한 차이를 해결하는 방법을 찾는 것이다. 다양성과 관련된 많은 문제들은 다양한 그룹, 즉 종족, 문화, 유전, 성별, 나이, 종교, 육체적 장애 등 서로 다른 차이에서 오는 차별과 관련된 문제들이다. 서로의 기본적인 차이에서 오는 문제는 개인을 구성하고 있는 낡은 인습, 습관, 편견 때문에 문제해결이 어려워진다.

우리가 거쳐온 과거의 경험들, 즉 우리가 살고 있는 문화, 성공과 실패의 경험, 지속되어 온 인간관계들, 우리의 사고에 영향을 준 선생님들과 그 외에 우리의 존재에 영향을 준 모든 주변 행동들을 통해 현재의 각자가 완성된 것이다. 조직 내에서 관리자는 이러한 다양성과 조화를 이뤄 조직의 목표와 목적을 달성할 수 있어야 하며, 그 조화를 위한 방법을 개발하는 것이 실질적인 조직 개발이다. 하지만 다양성과의 조화는 현실적으로 볼 때, 말로 표현하는 것처럼 쉽지 않다. 때로는 사람들이 전체 조직의 성과에 반대되는 어떤 특정한 안건을 추진할 때도 있다. 이 또한 다양성 때문이며, 그것이 현실이다. 새로운 관리자로서 당신은 이러한 다양성에 대한 문제들을 어떻게 대처하겠는가?

다양성을 선도하라

데이비드David A. Thomas와 로빈Robin J. Ely [6]은 다양성 속에서 동기를 부여하는 두 가지 방법을 제시했다. 첫째는 평등한 기회와 선발 기준으로 공정하게 대우받을 수 있는 조직을 운영하는 것이다. 둘째, 다양성을 활용해 업무를 추진하는 것이다. 세 번째는 물론 이것들을 실천하는 것이다.

정부 규제나 각종 규정들은 평등한 기회와 공정한 대우를 위한 필수 조건을 제시하고 있다. 따라서 관리자로서 팀장은 그러한 규칙과 규정을 파악해야 한다. 공정성에 대한 관리자의 인식 부족은 조직에 심각한 금전적 손실을 초래할 수 있으며, 조직의 명성에도 심각한 손실을 가져올 수 있다.

다양성은 각각 독특한 사례로 발생하기 때문에 특별한 처방도 없다. 그러므로 다른 관리상의 일반 문제들과 같이 어떤 상식적인 접근 방법으로 이해할 필요가 있다. 사람들은 다른 사람들과의 차이점에도 불구하고 어떠한 방식으로든 공정하게 대우받고 존중받기를 원한다. 공정성에 대한 문제들은 수치적인 척도로 측정될 수 없을 뿐만 아니라 다양한 방법으로도 해석될 수 있다. 팀장의 행동이 공정하다고 생각할지 모르지만 직원들은 팀장의 의사결정이 공정하지 못하다고 생각할지도 모른다. 그러한 갈등은 사실에 기초한 대화를 통해서만 해결될 수 있다. 사실을 만드는 과정에는 판단이 필요할 수도 있다. 구성원 각자는 하나의 사실을 다른 관점에서 바라보게 된다. 그러다 보니 어떤 문제의 결정이 올바를 수도 있고 잘못된 것일 수도 있다. 하지만 관리자로서 팀장은 문제를 빠르게 해결할 책임이 있다. 해결되지 않은 문제는 성과 부족을 가져오거나 생산성에 기여하지 못하거나, 팀의 다른 구성원들에 부정적인 영향을 미칠 수 있기 때문이다.

다양한 차이를 조화시켜라

어떤 동일한 사실을 놓고도 사람들은 각자 다르게 판단한다. 항상 자신의 생각이 옳은 것 같지만 어쩌면 우리가 갖고 있는 생각이 소수의 편견일 수도 있다. 우리는 일반적으로 다른 사람을 평가할 때, 우리 자신을 판단할 때보다 더 높은 잣대를 적용한다. 인구 통계학적으로 볼 때, 우리가 수행하는 업무에는 다양한 속성을 지닌 수많은 사람들이 관련되어 있다. 조직은 획일적이고 동질적인 사람들의 집합체가 아니다. 하나의 규격을 모든 사람에게 맞추려다 보면 행동학적인 문제들을 일으킬 뿐이다. 그렇다고 조직 내 다양한 요구를 모두 충족시킬 수는 없는 것이 현실이다. 또한 한 개인이 전체 조직을 방해하는 것을 허용해서도 안 된다. 따라서 팀장인 당신은 다양한 요구와 사람, 그리고 조직 내 적절한 업무를 조화시킬 수 있어야 한다. 여기에는 어떤 일관된 규칙이 필요하다. 팀장은 먼저 조직이 효율적이고 효과적으로 기능을 발휘할 수 있는 기본적인 한계를 설정해야 한다.

관리자는 구성원의 개인주의적 성향과 행동에 민감해질 필요가 있다. 행동에 민감하라는 것은 낮은 성과 수준을 받아들이거나 성과 기준을 낮추라는 의미가 아니다. 과도하게 동정하거나 정신적인 희생을 강요하라는 것이 아니라, 단지 민감하게 보살피고 공감하라는 것이다. 직원 중에 개인적인 업무 습관이나 독특한 행동양식을 가지고 있는 사람을 하기 싫은 일에 참여시켜야 할 때가 있다.

조직 내에서 그들의 영향을 통제하여 완화시킬 수는 있으나 완전히 제거할 수는 없을 것이다. 그러므로 개인적인 차별을 피하고자 한다면 그들의 습관이나 행위의 좋고 싫음을 평가하지 말고 그들의 업무 기여도를 기준으로 평가해야 한다. 개인적인 기호나 선호도에 의해 평가를 하게 되면 공정성을 잃어버리게 되고 다양성을 개인적이고 차별적으로 다루는 오류를 범할 수 있다.

서로 간의 긴장을 완화시켜라

근본적으로 태생부터 다른 사람들을 만나다 보면 어느 정도의 긴장은 항상 존재한다. 우리와 사고방식이나 인식의 차이가 나는 다른 사람을 경계하는 것은 당연하다. 하지만 우리가 그 사람에 대해 알아감에 따라 긴장은 사라지기 시작한다. 그 사람을 알면 알수록 우리는 차이점을 지적하기보다는 그 사람의 존재 자체로 이해하려 한다. 때로는 그들의 지식과 기술, 또는 업적을 통해 받아들인다. 서로의 존재를 인식하고 대화하면서 최소한의 상호존중을 표현한다. 그러면서 어떤 공통된 요소를 찾기 시작한다. 그것이 공통의 관심사일 수도 있고 유사한 학문적인 배경, 공통된 가족사, 관련된 업무경험, 국가나 역사에 대한 지식, 스포츠, 예술, 자원봉사 활동 등 수없이 많은 공통된 관심 사항일 수도 있다. 공통 관심 분야를 찾았다면 그때부터는 새로운 관계를 형성하기 시작한 것이다. 서로 간의 긴장이 사라질 때, 우리는 그들이 '되어야 하는 사람'이 아닌 '그 존재 자체의 사람'으로 받아들이게 되어 고정관념이 사라진다.

3M은 인력관리에서 항상 다양성에 가치를 두는 기업이다. 만약 3M 경영진이 다양성을 관리하고자 하는 이사회의 요구를 받아들

이지 않았다면 오늘날 3M이 세계적인 혁신기업으로서의 위치를 확고히 하지 못했을 것이다. 그 예로, 3M의 연구소에서 있었던 근무 복장에 관한 재미있는 일화가 있다.

　　과거 3M 임직원의 근무복 표준은 전형적인 정장과 타이 차림이었다. 그것은 연구소 직원들에게도 예외가 없었다. 그러던 중 60년대 중후반에 들어, 일부 연구소 직원들이 스포츠 셔츠나 스웨터를 입고 턱수염을 기르거나 샌들을 신고 출근하기 시작했다. 이러한 특이한 옷차림과 행동은 기존의 근무복 관행을 뒤집는 것이었다. 특히 신입사원들은 기존의 관행에 대해 거부감이 심했다. 연구소 내 많은 관리자들은 이러한 갑작스런 상황을 어떻게 관리해야 할지 몰라했다. 분석 결과 이유가 밝혀졌고 의사결정을 위한 책임자 회의가 열렸다. 관리자급 책임자들이 모여 토론을 벌인 가운데 연구소 부사장이 내린 결론은 간단했다.

　　연구소에서 직원을 채용할 때, 그 사람의 '혁신적인 자질'을 채용할 것인가? 아니면 그들의 스웨터나 샌들을 고용할 것인가? 하는 것이었다. 일부 회의론자들의 주장에도 불구하고 결론은 혁신적인 자질 쪽으로 모아졌다. 연구소의 복장과 문화를 바꾸고자 하는 사람들은 대부분 혁신적이고 훌륭한 자질을 가진 신규 입사자들이었다. 그들 중 한 명은 회사 내 최고 발명가 중의 한 사람이었으며, 다른 사람들이 칭찬하고 선망하던 사람이었다. 사람들은 기존 관행을 무시하는 그의 옷차림이나 행동양식을 배우고 따라했다. 결과적으로 회사 내 유니폼은 시대의 유행에 따라 변화되었으며, 좀 더 현대적인 차림새로 바뀌게 된 것이다.

다양성 관리를 위한 가이드라인

관리자는 다양성과 관련된 문제들에 대해서는 보다 깊게 다루어야 한다. 이러한 문제들은 관리자인 팀장과 팀원들 사이에 일어나기 쉬운 일이기 때문이다. 당신은 항상 인사 부서나 법률 부서의 도움을 받아 대처할 준비를 해야 한다. 다양성과 관련된 문제는 언제 어떻게 발생할지 모른다. 직원 중 한 명이 다른 직원에게 오해의 소지가 있는 과감한 비평을 하는 데서 문제가 시작될 수도 있다. 그것은 고의적일 수도 있고 조직 내 다양한 개성에 못마땅한 직원이 이에 대항하는 행동일 수도 있다. 관리자는 이러한 문제를 즉시 해결해야 한다. 문제가 더 악화되도록 놔둬서는 안 된다.

다양성의 문제에서 인사부나 법률 부서가 어느 정도 개입할지는 그러한 문제의 초기 단계에서 잠재적인 문제들을 파악할 수 있는 능력에 달려 있다. 즉 원인을 파악하여 가능하면 즉시 해결한 다음, 도움이 될 수 있는 교육과 훈련을 제공해야 한다. 또한 팀장 스스로의 행동을 통해 다양성에 대한 팀의 색깔을 정의해야 한다.

다양성을 내포한 조직의 문제를 효과적으로 관리하는 방법은 조직원이 서로 협력하는 문화를 개발하는 것이다. 개인의 재능을 최대한 발휘할 수 있도록 정책이나 업무처리 절차를 수립하고, 각자가 최선을 다할 수 있도록 개인의 성장 기회를 제공해야 한다.

직장에서의 '동료 문화'는 기본적으로 일정한 자질과 기술만 있다면 지위나 직급에 관계없이 누구나 포용하는 특성이 있다. 소위 '한솥밥 문화'라고 지칭하는 것이 그것이다. 여기서 관리자의 책임은 업무에 필요한 다양한 사람들의 다양성을 인식하고 각 업무 요건에 맞는 최고의 인재를 선발하고 확보하는 것이다. 업무 요건과 연결되지 않는 직원을 팀 내에 보유하는 것은 특별한 경우를 제외하고는 성과에 도움이 안 된다. 조직의 정책과 절차는 협동을 기초로 수립되어야 한다. 협동을 간과하거나 무시한다면 조직문화에서 다양성의 개발은 기대하기 어렵게 된다.

우리는 다른 사람을 평가하는 데 있어 개인적인 편견이나 고정관념이 개입되는 것을 주의해야 한다. 특정한 직원에 대한 편견은 그 자체로 문제를 야기한다. 과대 능력에 대한 편견은 당사자에게 능력 이상의 기대에 대한 부담으로 문제가 될 것이고, 과소 능력에 대한 편견은 상호 불신을 야기해 결국에는 능력 있는 직원을 잃게 할 것이다.

다양성을 도모하고 조직의 능력을 극대화할 뿐만 아니라 새로운 능력을 발전시키는 조직 모델은 상대적으로 단순하다.

- 다른 사람들과의 차이를 인정하고 적극 활용하라
- 자유로운 표현과 대화를 권장하라.
- 높은 수준의 업무표준을 정의하라.
- 소속 직원의 특성을 정확히 평가하라.
- 조직 단위의 임무에 중점을 두어라.
- 조직원 개인과 각자의 개성을 존중하라
- 가치를 공유할 수 있는 공동체를 만들어라.
- 나와 다름은 인정하고 존중하되 합의를 이끌어내라.
- 교육을 통해 상대방에 대한 악의를 분산시켜라.
- 대화를 장려하라.
- 격려와 비평을 적절하게 활용하라.

동기부여

　관리자는 어떤 방법으로든지 조직에 영향을 미치게 된다. 직원들에 대한 동기부여도 그런 한 방법이다. 문제는 '어떻게 할 것인가?'이다. 때로는 자신 스스로 동기부여를 하는 사람들이 있다. 이는 우리의 논의 대상이 아니다. 이런 부류의 사람들은 일시적으로 실패하거나 좌절하더라도 기본적인 행동양식에 있어서 곧바로 긍정성을 회복한다. 그들은 새로운 업무를 개척할 때 시행착오가 있더라도 곧바로 회복될 수 있는 사람들이기 때문이다.

　일반적으로 동기부여에는 내적인 것과 외적인 것, 두 가지 종류가 있다. 내적 동기부여는 자기발견과 자기개발을 통해 자신의 능력을 스스로 개발하면서 만족한다. 그들에게는 개인적인 성장이 행동의 원동력이다. 그들은 항상 새로운 경험이나 새로운 업무에 참여하고자 하는 욕구를 가지고 있다. 그들에게 성과에 대한 보상은 그다지 덜 중요한 문제이다. 반면 외적 동기부여는 보상, 진급, 상여금과 같은 외적 요인이 매우 중요하다. 개인의 업무 기여를 차별화할 수 있는 행동이나 어떤 상징, 특별한 혜택, 할당된 업무의 완수와 같은 유형이 필요하다.

　그룹에 동기부여에 대해 '예/아니오'식의 2분법적인 대답은 적절하지 않다. 동기부여가 잘된 팀의 구성원은 다른 사람들을 매료시키는 그 무엇인가를 가지고 있으며, 분위기를 조성하는 탁월한 능력을 가지고 있다. 개별적으로 볼 때 그들이 특별히 열성적인 사람들은 아니다. 그러나 다른 사람들과 같이 화합할 수 있는 능력을 가진 사람들이 많다. 관리자는 조직에 동기부여를 할 수 있도록 이용 가능한 모든 조건과 능력을 활용해야 한다. 사람들의 업무 만족도는 각자 개인의 욕구를 기준으로 반응한다. 동일한 조건에서도 업무 만족도는 각각 다를 수 있다. 모슬로우Abraham Maslow, 헤르츠버그Frederick Herzberg, 그리고 맥그리거Douglas McGregor 등이 제시한 몇 가지 원칙은 이 부분과 관련해 우리가 고려할 만한 지침이 될 것이다.

매슬로우의 욕구 5단계

동기부여에 관한 학문적 이론의 기본이 되어 가장 광범위하게 적용되는 이론은 심리학자 아브라함 매슬로우Abraham H. Maslow가 제기한 '욕구 5단계 이론[7]'이다. 그는 인간의 욕구를 가장 낮은 것으로부터 가장 높은 단계의 계층hierarchy으로 보고 어떤 욕구가 만족되면 그 욕구는 더 이상 동기유발 요인이 되지 않는다고 결론지었다. 그러기 위해서는 반드시 아래 단계의 기본적 욕구들이 충족돼야 한다고 말한다.

- **물질적 욕구** : 음식, 물, 공기, 환경 등과 같이 인간의 기본적인 삶을 유지하기 위해 필요한 욕구이다. 기업의 경우 이러한 생리적 욕구를 충족하기 위한 수단으로 '물질적 보상'에 관한 욕구가 여기에 해당된다.
- **안전의 욕구** : 위험, 위협 등으로부터 자유로워지고, 건강하고 안정된 생활을 유지하고 싶은 욕구이다. 어떤 두려움에서 벗어나 안정감을 가지고 보호 받으며 살고 싶은 욕구이다.

- **사회적 욕구** : 소속 욕구, 사랑의 욕구라고도 한다. 이는 다른 사람들과 관계를 맺고 인정받으며 함께하고 싶은 욕구이다. 존재의미를 추구하고 공동체의 참여 등을 지향하는 것을 말한다.
- **존경의 욕구** : 존경 욕구, 성취 욕구로서 이는 일단 소속의 욕구가 충족된 후 동료들이나 다른 사람들로부터 인정을 받고 싶어 하는 욕구이다.
- **자아실현의 욕구** : 성취의 욕구라고도 한다. 인간의 가장 고차원적 욕구로서 자기충족의 욕구 즉, 자신의 잠재능력을 최대한 발휘함으로써 자기 자신의 존재가치를 실현하고자 하는 욕구이다. 이것은 경력을 통한 자기만족과 자기성장을 이루어 나가고자하는 욕구이다.

매슬로우Maslow의 욕구설은 예외적인 경우도 많다. 가령, 어떤 특정한 목표를 위해, 즉 생존을 위한 기본적 욕구 1단계의 어려운 상황에서도 끝까지 목표를 성취하는 자아실현 단계의 사람도 있고, 개인의 인생 목표에 따라 어떤 낮은 단계에 빠져 더 높은 단계에는 관심도 없는 경우도 있다. 라듐을 발견한 퀴리부인은 불우한 환경에도 불구하고 높은 단계를 성취했다. 반면 어떤 사업가들은 자신의 목표를 위해 모든 재산을 담보로 하고 심지어는 가족들까지 담보로 잡히는 상황을 볼 때, 그들은 다음 단계를 위해 안전의 욕구를 포기하는 경우도 있다.

그럼에도 불구하고 관리자는 '매슬로우의 5단계 욕구 이론'을 이해하고 구성원들의 니즈에 적극적으로 활용할 필요가 있다. '존경의 욕구'를 추구하는 사람은 존경 자체를 위한 프로그램보다 다음 단계인 '자아실현 욕구'를 추구하게 함으로써 존경의 욕구도 함께 달성할 수 있다. 관리자가 팀을 조직할 때 낮은 단계의 욕구들, 즉 오직 생리(물질), 안전, 사회적 욕구에 집중하는 사람만을 대상으로 팀 빌딩을 하는 것은 매우 위험한 일이다.

헤르츠버그의 '위생 요인'과 동기부여

일반적으로 사람들의 업무에 대한 태도는 동기부여 요인에 의해 결정된다고 한다. 헤르츠버그Frederick Herzberg[8]는 사람들의 업무 태도를 결정하는 것이 급여가 아니라 '업무 만족도'라고 정의했다. 그는 '위생hygiene'이라는 요소와 '동기부여motivation'와의 차이에 중점을 두었다. 그는 사람들로 하여금 일을 잘하게 하기 위한 요소들, 즉 회사 정책, 감독, 인간관계, 업무환경, 그리고 급여와 상여금 제도 등을 '보건위생 요인hygiene factor'이라고 정의했다. 반면 성취, 인정, 업무 책임, 승진 등과 같은 요소를 동기부여 요인motivation factor으로 분류했다.

나의 다년간의 업무 경험과 수많은 사업가들과의 만남에서 볼 때 헤르츠버그의 이론과 일치하는 사례를 많이 보았다. 사람들의 동기부여는 기본적인 근무 조건보다 도전적 과제와 성과에 대한 열정, 그리고 목표달성을 유발할 수 있는 팀워크가 더 중요한 경우도 많다. 사람들은 자신에 대한 인정, 그리고 더 높은 직책과 책임을 더욱 중요하게 생각하며, 그것을 달성하기 위한 수단으로 보다 도전적인 업무를 원한다. 결국 헤르츠버그의 동기부여는 다음의 한 마디로 요약될 수 있다.

칭찬이나 처벌, 그리고 돈을 먼저 생각하지 마라. 대신에 그들의 업무를 흥미롭게 만들어라.

맥그리거와 바벨라스의 X경영자와 Y경영자

1956년에 알프레드 스로언Alfred P. Sloan 기금은 맥그리거Douglas McGregor[9]와 알렉스 바벨라스Alex Bavelas에게 성공적인 경영자는 '타고 나는가? 아니면 만들어지는가?'에 연구하도록 지원했다. 이러한 노력은 기업의 인적 자원 관리 차원에서 '조직의 성격을 결정짓는 인적 자원을 경영진이 어떻게 통제할 수 있는가?'라는 접근에서 시도되었다. 그들은 사람을 관리하는 가장 좋은 방법에 대해 경영자들을 대상으로 설문조사를 했다. 즉, 인적 자원 관리에서 가장 중요한 열쇠가 무엇인지 경영자들에게 물은 것이다.

X경영자 : 적절한 지시, 통제 독려를 하는 경영자

이 연구결과를 토대로 X경영자와 Y경영자라는 개념을 이끌어냈다. X경영자 이론은 보통의 인간은 본질적으로 일하는 것을 싫어하고, 가능하면 일하는 것을 피하려고 한다는 것이다. 대부분의 사람들에게 적절한 노력을 하게 하려면 관리자는 지시, 통제, 독려가 필요하다는 것을 제시한다. 일반적으로 사람들은 지시받기를 선호하고, 책임을 피하려고 하며, 상대적으로 작은 야망을 가지고 있고, 안정성을 다른 어떤 것보다 우선적으로 선호한다. 우리는 이런 부류의 사람들을 직장이나 사회적 관계 속에서 쉽게 접할 수 있다. 그것이 바로 X이론을 뒷받침해주는 증거일 것이다. 하지만 이 X이론이 모든 전문가 그룹에 공식처럼 적용되지는 않는다. 그럼에도 불구하고 이러한 원칙이 최고 수준의 과학자 집단에도 그대로 적용되는 사례를 본 적이 있다. 매우 높은 기술과 지식을 보유한 전문가들도 어떻게 시작해야 할지 모르고 야망이 부족하기 때문에 통제되어야 할 필요성이 있는 것이다. 그리고 본질적이지 않은 세부적인 것에 집착하는 경우도 있다.

Y경영자 : 조직의 성공과 개인의 목표달성을 위한 조직 구성원들의 통합

Y이론은 '통제와 자유'라는 두 축의 선상에서 X이론과는 대칭되는 다른 끝단에 있는 이론이다. Y이론은 다음과 같은 원칙에 기초한다.

① 업무에서 정신적인 노력과 육체적인 소모는 노는 것이나 휴식을 취하는 것처럼 자연스러운 것이다(그렇다고 노는 것이나 휴식을 취하는 것과 동일하다는 것은 아니다).

② 처벌에 대한 외부적인 통제와 위협은 오직 조직의 목표달성 노력을 위한 수단이다(동의한다. 그러나 처벌은 객관적으로 적용될 때 효과적이고 생산적인 것이 된다).

③ 목표에 대한 책임은 실적에 따른 보상과 연결되어야 한다(맞는 말이지만 일부는 틀린 말이다. 때로는 보상 없는 책임이 주어지기도 한다).

④ 보통 사람들은 책임을 받아들일 뿐만 아니라 책임을 추구하고 그것을 통해 배운다(개인이 책임을 지는 것은 모두 자신의 미래를 위해서다).

⑤ 조직의 문제를 해결하기 위해서라면 모든 사람들은 상대적으로 높은 수준의 상상력, 천재성, 창조성을 발휘할 잠재력을 가

지고 있다(사람에게는 누구나 이러한 잠재능력이 있다. 그러나 그것을 실행하기 위한 결단이나 의지가 필요하다).

⑥ 오늘날 현대 기업 환경에서는 일반적으로 사람의 지적 능력의 많은 부분이 아직도 덜 활용되고 있다(이것은 조직과 개인의 경력관리에서 본다면 매우 큰 손실이다).

X-Y이론은 실제로 증명되지는 않았지만 어떤 논리를 이용해 그것을 합리화 할 수 있다. X이론은 지식과 통제에 기초한다. Y이론은 조직의 성공과 개인의 목표달성을 위한 조직 구성원들의 통합에 기초한다. 막연히 'X이론형 경영자냐, Y이론형 경영자냐?' 라고 물어보는 것은 의미가 없다. 유능한 관리자자라면 상황에 따라 X형과 Y형의 성격을 나타낼 것이기 때문이다.

동기부여는 사람들이 서로 다른 욕구를 가지고 있다는 것을 인식하는 것에서부터 시작한다. 다양한 업무가 늘어날수록 팀원 간 서로 다른 개인차에서 오는 상충되는 이해의 조정이 이슈가 된다. 우리는 조직원의 다양성, 즉 개인적인 차이가 성과를 결정한다는 것을 알고 있다. 그러나 관리자는 그런 개인차를 모두 허용할 수가 없다. 조직은 개인의 욕구를 충족하기 위해서 존재하는 것이 아니기 때문이다. 개인에게 할당된 책임은 무시하고 개인의 욕구를 앞세우는 것은 이기주의적 발상이다. 관리자는 조직에서 개인별 차이를 어느 정도까지 인정하고, 수용할지를 결정해야 한다. 당신은 모든 직원이 장애물을 제거하고 적극적으로 참여해 각자가 성과목표를 초과달성할 수 있도록 동기부여를 해야 한다. 너무 상세한 부분까지 통제하고 관리하려 하지 말고, 함께 참여하라.

스스로 운영되는 팀 빌딩

많은 책들이 '스스로 관리되는 팀Self-managed team'에 대해 언급하고 있지만, 명쾌한 결론을 제시하지 못하고 있다. 결과에 대해 책임질 사람이 정해지지 않은 상황에서 5명~10명, 혹은 20명이 어떤 조직을 집단적으로 운영해 어떤 목표를 달성할 수 있다는 논리는 경영관리 이론에서 볼 때 현실적으로 불가능하다. 예를 들어, 어떤 조직이 단 두 사람으로 구성되었고 그들은 모든 일을 상호합의를 통해 의사결정을 해야 한다고 가정해 보자. 경영이란 정해진 시간 안에 특정한 방향으로 누군가가 의사결정을 해야만 하는데, 오직 합의를 위한 노력에 시간을 허비하면서 보낼 수는 없는 것이다. 심지어는 한 가정에서도 누군가의 책임 없이는 제대로 기능을 하지 못한다. 누군가는 최종적으로 조직이 어디로 가야 할지, 언제 할지를 결정해야 하며, 결정을 통해 무엇을 얻을 것인지를 또 결정해야 한다. 앞서 설명한 '스스로 관리되는 팀'에 의해 막연히 목표달성을 기대하는 것은 좋은 방법이 아니다.

반면 '스스로 잘 관리되는 팀'의 좋은 사례도 있다. <오르페우스 챔버 오케스트라Orpheus Chamber Orchestra>는 설립된 지 30년이 넘었지만 지금도 세계의 주요 심포니 중 하나로 인정받고 있다.[10] 이 오케스트라의 특징은 지휘자 없이 연습하고 연주하는 것이다. 이 조직은 합의에 의한 리더십을 강조한 '스스로 경영하는 구조self-governing structure'로 운영되고 있다. 이 오케스트라 단원들은 구성원 간의 차이, 즉 다양성을 세 가지 팀 빌딩 원칙을 통해 해결했다. 그것은 바로 준비, 대화, 상호존중이다. 그들이 스스로 그 문제를 해결하는 데에는 상당히 오랜 시간이 걸렸다고 한다.

■ 팀은 구성원들의 마음을 집단적으로 연결하는 데 초점을 맞춘 사람의 집
   단이다. 그것은 문제가 정의되고, 가정이 전제되고, 해결책이 제시되고,
   결과가 평가되는 생각하는 유기체이다.

■ 팀 빌딩은 하나의 사건이 아니라 끊임 없는 과정이다. 그것은 부서의 일
   상활동과 더불어 일어나고, 부서가 직면한 현실 문제를 해결하는 과정에
   서 계속된다.

■ 팀 리더로서 당신은 팀의 방향과 스타일을 결정해야 한다. 당신은 필요한
   원칙을 세워야 하고 표준을 설정해야 한다. 당신은 부서 업무가 어디서
   시작하고 어디서 끝날지를 결정해야 한다.

■ 연구결과를 통하여 우리는 대안을 고려하지 않고 특정한 과정을 따르는
   것은 최적의 해결책이 아니라는 것을 알았다. 의사결정 테이블에 앉아있
   는 사람이 중요한 것이 아니라 그 테이블에 앉아서 생각하는 사람이 중
   요한 것이다.

■ 팀은 세부적인 것들까지도 관심을 가지고 접근할 때 성공에 도달할 수
   있다. 어려운 문제들은 반드시 해결되어야 하며 필요할 때 능력있는 사람
   들을 이용할 수 있어야 한다.

■ 팀 내 각 구성원의 역할은 정의되어야 한다. 팀 리더로서 당신은 팀 업무
   수행을 위해 어떠한 자질, 기술, 태도, 성격이 필요한지 파악하여야 한다.
   다만, 직무기술서가 있으면 좋겠지만 꼭 필요한 것은 아니다.

■ 팀을 효율적으로 운영한다는 것은 팀 내 다양한 원칙들이 복잡하게 상호작
   용 하도록 하는 것을 의미한다. 이를 집합적으로 접근하는 것은 관련된 원
   칙들 간에 상충되는 문제를 해결하기 위한 새로운 방법으로 제시되고 있다.

■ 팀은 탁월함을 추구해야 한다. 탁월한 팀이 되기 위해서는 목표를 위해 전체가 희생할 수 있어야 한다.

■ 다양성이란 기본적으로 집단 내 다양한 속성에서 비롯된 차별을 방지하는 것 이상의 어떤 것을 말한다. 다양성에 대한 새로운 패러다임은 조직 내 각 구성원 간의 문화적 차이를 인정하게 하고, 그러한 차이에서 오는 가치를 인식하게 하여, 개인의 발전 기회와 조직의 목표달성을 촉진시킨다.

■ 동기부여는 팀에 부여된 목표를 달성할 수 있을지 아닐지를 결정한다. 목표에 대한 경각심이나 주의 촉구보다는 팀원 전체가 매진할 수 있도록 도전적인 과제를 제시하는 것이 효과적이다.

■ 만약 '스스로 관리되는' 팀을 만들기 원한다면, 당신도 하나의 구성원으로만 남아라. 마치 초대받은 손님처럼 말이다. '스스로 관리되는 팀'이란 다소 이상적이며 적용하기 어려운 개념이지만 자율적 리더십 측면에서 볼 때 도전해볼 만한 가치가 있다.

NOTES

1. Allan Cox, "The Homework Behind Teamwork" Industry Week, January 7, 1991
2. John C. Redding, The Radical Team Handbook(San Francisco: Jossey-Bass, 2000), pp. 5-12
3. L. Jeris, "An Empirical Study of the Relationship Between Team Process Interventions and Doubl-Loop Learning." Unpublished doctoral dissertation, Department of Leadership and Educational Policy Studies, Northern Illinois University, 1997.
4. D. Scho'n, The Reflective Practitioner: How Professionals Think in Action(New York: Basic Books, 1983), p. 40.
5. Peter M. Senge, The Fifth Discipline(New York: Doubleday Currency, 1990), pp. 3-25.
6. David A.S. Thomas and Robin J. Ely, "Making Differences Matter: A New Paradigm for Managing Diversity," Harvard Business Review, September-October 1996, pp. 79-90)
7. Abraham H. Maslow, Motivation and Personality(New York: Harper & Row, 1970).
8. Frederick Herzberg, "One More Time: How Do You Motivate Employees?" Harvard Business Review, 1986. Reprint No, 388X, January 2003.
9. Douglas McGregor, The Human Side of Enterprise(New York: McGraw-Hill, 1960), pp. 3-57
10. Chris Maxwell, "Conductor-Less Yet Leader-Full: What Business Can Learn from the Orpheus, Chamber Orchestra," Wharton Leadership Digest 7, 2(2002).

조직에 필요한
유능한 팀장을
키워내는

팀장 제조 매뉴얼   Manual for Changing Manager

✻ 팀장은 직책이 아니라
이제 브랜드다!

Project Management

제5장 | 성공적인 프로젝트 관리

Project Management

이 장에서는 프로젝트를 잘 진행하려면 개인과 팀 간의 관계를 어떻게 정립해야 하는지를 알아보자. 최근 PM(Project Manager, 프로젝트 매니저)란 용어가 부각되면서 '프로젝트 매니저'는 조직 활동을 관리하는 한 가지 방법으로 자리잡았다. 과거 프로젝트 매니저는 어떤 특정한 목적을 위해 일시적으로 구성된 조직을 관리하는 것으로 인식되어 왔다. 주로 연구, 개발, 제조 분야에 적용했으나, 최근에는 조직의 모든 기능에 상시적으로 적용하고 있다.

그런데 많은 조직들이 PM을 만능으로 여기는 경향이 있다. 그러다 보니 PM에게 너무 많은 기능을 요구하고 부담을 지우는 경우가 늘고 있다. PM은 업무수행 과정에서 우선순위를 정하고, 업무처리 방법을 결정해야 하며, 목표를 달성할 수 있도록 실무에 적용해야 한다. 하지만 PM에게 너무 많은 역할을 부여하다 보면 결국에는 만족스러운 프로젝트의 결과물을 얻지 못할 수도 있다. PM은 주어진 환경 속에서 조직의 생존 가능성을 분석하고 프로젝트를 실현 가능하도록 기획하는 것이 본래 역할이다. 그러므로 과다한 프로젝트를 수행하느라 PM의 기본 기능을 상실하게 해서는 안 된다.

관리자로서 팀장의 중요한 역할 중 하나는 능력 있는 PM을 발굴하는 것이다. 프로젝트는 부서의 목적과 관련된 변수에 따라 규모나 범위가 매우 복잡하고 다양하다. 그러므로 프로젝트의 요건을 정의하고, 적시에 완수하며, 다른 부서와 공조해 프로젝트를 계획된 원가에 맞춰 진행하는 일련의 과정을 PM이 올바르게 이해하고 수행해야 한다. 이 장에서는 성공적인 프로젝트 관리에 필요한 다음의 주제들에 대해 알아보자.

- 프로젝트 설계
- 프로젝트의 유형 분류
- 제안된 프로젝트 평가
- 프로젝트 진행 과정
- 다기능 프로젝트 관리
- 이질적인 문화 간의 프로젝트 관리
- 전략적인 프로젝트 관리

프로젝트 설계

프로젝트를 올바로 설계하는 것은 프로젝트의 목표달성에 있어 핵심적인 역할을 한다. 이 장에서 '설계'라는 단어는 넓은 의미로 사용될 것이다. 그것은 기술 분야나 예술 분야 등 특정 분야와 관련된 용어로 한정되지 않는다. 특정한 목적을 갖는 프로젝트의 설계는 긍정적인 산출물을 생산하기 위해 필요한 모든 요소를 고려하는 개념이다. 그러므로 프로젝트를 설계할 때는 프로젝트를 정의하거나 프로젝트를 성공적으로 수행하는 데 필요한 개념들에 초점을 맞춰야 한다. 진행하는 프로젝트 중 어느 정도의 프로젝트가 성공했는지 성공 비율을 연구했던 결과들을 살펴보면, 전체 프로젝트의 10퍼센트 이하가 시간과 원가에서 목표를 달성한 것으로 보고된다. 정보시스템과 관련한 프로젝트에 대한 통계 결과는 더욱 부정적이다. 그렇다면 왜 그토록 적은 프로젝트만이 성공했는지 그 원인을 분석해볼 필요가 있다.

실패한 프로젝트들을 살펴보면 대부분 처음 계획했던 업무범위가 변경되거나 프로젝트 수행에 필요한 자원 부족, 또는 핵심 인력의 유출, 환경의 악조건 등을 대표적인 원인으로 꼽을 수 있다.

새로 부임한 팀장이라면 인계받은 부서의 과거 기록들을 꼼꼼하게 검토해 볼 필요가 있다. 과연 몇 퍼센트의 프로젝트가 성공적으로 완수되었는가. 그리고 성공의 원동력과 실패의 원인은 무엇인지 되돌아보는 것도 좋다. 이는 과거의 분석 자료를 통해 프로젝트에 대한 전문적 경험을 쌓는 것은 물론이고 향후 새로운 프로젝트 설계에 유용한 정보가 된다.

프로젝트의 유형 분류

 각각의 프로젝트는 조직의 목적과 관련된 여러 가지 변수들을 가지고 있다. 예를 들면 서로 다른 우선순위, 연관된 다양한 원칙, 업무범위, 시간, 원가 등을 들 수 있다. 이처럼 모든 프로젝트는 각기 다른 요구사항들을 가지고 있다. 수년간에 걸쳐 이루어지는 제품이나 업무절차에 대한 연구 프로젝트는 다음 연도의 성과개선을 위한 단기 마케팅 프로젝트와는 요건들이 다를 것이다.

 각각의 팀에는 다양한 프로젝트가 부여되고 진행된다. 몇 시간이면 충분한 단기 프로젝트에서부터 수개월, 수년씩 걸리는 장기 프로젝트까지 있으며, 또한 새로운 지식이 필요하지는 않지만 오랜 시간이 걸리는 것에서부터 단기간에 완성 가능하지만 새로운 사항들을 다뤄야 하는 프로젝트 유형도 있을 것이다. 팀장으로서 당신은 어떤 종류의 프로젝트를 수행하고 싶은가? 팀장은 다양한

〈표 5-1〉 프로젝트 분류법			
그룹1 규모에 따른 분류	**그룹2** 원칙에 따른 분류	**그룹3** 범위와 조직에 따른 분류	**그룹4** 특수 목적에 따른 분류
• 작은 것과 큰 것, 단순한 것과 복잡한 것 • 시스템, 매크로시스템	• 하나의 원칙 • 다수의 원칙	• 업무 개선이나 향상 여부 • 일상적인 것과 창조적인 것 • 조직에 새로운 것인지 여부 • 문제해결	• 스카우팅 • 새로운 게임, 새로운 사업

유형의 프로젝트 중에서 팀의 능력에 가장 잘 맞는 프로젝트를 선정하기 위한 '팀 이력관리 시스템tracking system'을 개발할 필요가 있다. 이를 통해 팀이 다뤄야 할 프로젝트를 분류하고 '선택과 집중'을 실천해야 한다.

　프로젝트에 따른 요구사항을 쉽게 이해할 수 있도록 모든 프로젝트를 <표 5-1>과 같이 4가지 종류의 그룹 중 하나로 분류해 보았다. 프로젝트 유형을 분류해 보면 각각의 프로젝트에 따라 검토해야 할 사항들을 쉽게 파악할 수 있다.

- 그룹1 규모에 따른 분류 : 이 분류는 프로젝트의 규모에 중점을 둔 것으로 작은 것과 큰 것, 단순한 것과 복잡한 것, 시스템과 매크시스템으로 구분했다. 시스템 프로젝트는 시장에 새로운 제품을 출시하는 프로젝트와 같이 조직 내 모든 기능들이 유기적으로 연계되어 이루어지는 프로젝트를 말한다. 새로운 도로를 만드는 것과 더불어 기존의 교통 체증도 함께 해결하는 과제가 있다면 그것은 시스템 프로젝트가 될 것이다. 반면 매크로시스템 프로젝트란 시스템 프로젝트 중에서도 대규모 프로젝트를 말한다. 인간을 달에 보내서 그를 안전하게 되돌아오게 하는 것과 같은 대규모 프로젝트가 그 예이다. 기업 간의 합병도 매크로로 분류하는 것이 적합하다. 조직 내에서 이러한 용어들은 프로젝트의 목적에 맞게 사전에 정의되어야 한다. 어떤 프로젝트가 한 부서에서는 작고 단순하지만 다른 팀에는 크고 복잡한 것일 수도 있기 때문이다.

- 그룹2 원칙에 따른 분류 : 하나의 원칙을 기준으로 하거나, 다수의 원칙을 기준으로 해 구분할 수 있다. 최소한의 노력만이 요구되는 경우, 하나의 원칙을 가진 작은 프로젝트 여러 개를 하나로 묶어 프로젝트 X로 정의한다면, 프로젝트 X는 단기간 내에 끝내야 하는 원칙을 가진 다수의 소규모 프로젝트의 집합이 될 것이다. 이러한 프로젝트들은 개별적으로 보고하기에는 너무 작지만 묶음으로써 하나의 중요한 프로젝트가 된다. 반면 다양한 원칙 프로젝트들은 일반적으로 보다 넓은 범위를 가지고 있고 많은 노력이 필요한 프로젝트들을 말한다.

- 그룹3 범위와 조직에 따른 분류 : 프로젝트의 범위와 조직에 미치는 영향에 따라 구분했다. 이러한 프로젝트들은 보통 높은 수준의 혁신이 필요하다. 업무절차 개선이나 제품의 품질 향상과 같은 업무는 대부분의 조직에서 우선순위로 다뤄진다. 업무개선 프로젝트는 상시적일 수도 있고 높은 창조성을 필요로 할 수도 있다. 조직에 새로운 것을 제시하기 위한 프로젝트는 프로젝트 간의 우선순위나 조직의 재배치를 다룬다. 문제해결을 위한 프로젝트는 프로젝트에 관계되는 모든 자원의 지원이 필요하다.

- 그룹4 특수 목적에 따른 분류 : 대부분의 프로젝트는 미래지향적인 것이 많다. 조직이 새로운 지식이나 첨단 지식을 보강하기 위해서 전문 인력을 스카우팅하는 작업은 특수한 목적을 위한 프로젝트의 예이다. 또한 조직의 미래 번영을 위한 점검과 새로운 비즈니스 기회 발굴도 특수 목적을 위한 프로젝트에 해당한다. 현재 부서 내의 비즈니스를 게임이라고 가정한다면

당신이 올바른 게임을 하고 있는지, 그리고 적정한 선수를 확보하고 있는지에 대해 정기적으로 점검해 볼 필요가 있다. 또한, 조직의 미래를 위해 잠재적인 새로운 사업 기회의 발굴을 게을리 해서는 안 된다. 그러나 아무리 좋은 사업 기회라 하더라도 조직이 감당할 수 있는 업무범위에 있을 때만 좋은 비즈니스가 될 수 있다. 이처럼 조직의 미래 번영을 목적으로 진행되는 프로젝트는 모두 특수 목적 프로젝트로 분류할 수 있다.

앞에서 제시한 모든 분류 시스템은 상황에 따라 변경이 가능하다. 어떤 프로젝트는 4가지 유형에 모두 포함될 수도 있다. 매크로 시스템이 그룹1이 될 수도 있고 그룹3에 있는 문제 해결이 그룹1에 적합할 수도 있다. 그룹1에서 정의되는 작은 프로젝트가 그룹3의 조직에 새로운 것, 또는 그룹4의 새로운 사업의 시작 범주에 포함될 수도 있다. 당신의 상상력을 이용해 4개의 그룹을 적절하게 조합하고 분류해 팀 조직에 맞게 적용하면 되는 것이다.

프로젝트를 분류하는 방식에 정답은 없다. <표 5-1>의 목적은 프로젝트의 목적, 목표, 전략을 개발할 때 고려되어야 할 요소들에 대한 이해를 돕기 위한 것이다. 시스템 프로젝트는 가장 다양한 분야에 걸쳐 있다. 일정 수준의 창의성이 필요하고, 일정한 스카우팅도 필요하다. 이런 프로젝트는 어떤 스카우팅 활동과 관련된 하나의 작은 원칙이 필요한 프로젝트보다는 좀 더 많은 것을 관리해야 할 것이다. 이처럼 모든 프로젝트를 동일한 방식으로 관리할 수 있는 것은 아니기 때문에 프로젝트의 요구에 맞는 방법이나 더 좋은 방법을 적용할 필요가 있다.

제안된 프로젝트 올바로 평가하기

제안된 프로젝트를 평가하는 것은 새로운 과제에 대한 관리자의 사고와 한계를 검증하는 과정이다. 제안된 프로젝트가 관리자의 경험과 원칙 내에 있는지, 또는 익숙하지 않은 원칙이 어느 정도인지에 따라 평가의 깊이는 달라질 수 있다. 해당 팀이나 부서 내에서 완전히 해결될 수 있는 것인지, 아니면 다른 부서나 팀과 협력해야만 달성될 수 있는지도 검토의 수준을 결정하는 요인이 된다.

한 PM이 여러 가지 다른 업무에 관련되어 있는 것은 흔한 일이다. 이런 경우는 작은 프로젝트에 있어서도 마찬가지다. 신제품이나 새로운 서비스를 개발하는 경우, 또는 기존 제품이나 서비스 개선에 참여하는 PM은 기술, 마케팅, 판매뿐만 아니라 모든 기능들까지 다뤄야 한다. 그렇지만 새로운 원칙과 다른 팀의 참여가 많을수록 평가는 복잡해진다. 때로는 소속된 팀의 구성원이 제출한 프로젝트를 평가할 경우도 있다.

올바른 제안서 대응 방법

이런 모든 요소를 고려할 때 제안서가 단순하거나 복잡한 것에 관계없이 관리자가 제안서를 읽고 올바르게 선택할 수 있는 행동은 다음의 3가지 경우 중 하나이다.

(1) 바쁘다는 핑계로 대충 검토하고 무시하는 방법
(2) 예의상 슬쩍 훑어보고는 트집을 잡아 거절하는 방법
(3) 제안서를 충분히 이해하고 추가적인 설명까지 요청한 후 최

후에 결정하는 방법

(1)은 새로운 어떤 것을 고려하기보다 좀 더 중요한 일들이 많으니 나를 귀찮게 하지 말라는 메시지를 전달하는 것이다. 그러한 태도로는 일상적인 업무 이외의 다른 것은 생각할 수 없다. (2)의 경우는 마주보고 토론하고 부정적인 응답을 줄 필요가 있다. 이메일이나 메모로 주제에 대한 깊이 있는 내용 없이 부정적인 의사결정을 전달해서는 안 된다. 비록 당신이 제안서 내용에 동의하지 않더라도 대면 토론을 통해 제안된 프로젝트의 부정적인 면과 프로젝트에 대한 관심을 전달하는 것이 좋다. (3)은 관리자가 이 프로젝트에 관심을 갖고 있으며, 프로젝트가 실현 가능하다는 매우 긍정적인 메시지를 전달하는 것이다. 이를 통해 추가적인 정보를 접할 기회를 가질 수 있다. 이는 당신이 지지하는 새로운 아이디어에 관심 갖는 것뿐만 아니라 그들을 환영하는 것이다.

세 가지 중 어떤 것을 선택을 하든지 직접 만나 토론을 통해 요구사항을 명확하게 전달하고, 원래의 제안서를 보충하거나 개선하는 것이 좋다. 직접 만나 토론할 기회를 갖지 않고 문서로만 의사결정을 하다 보면 때로는 좋은 기회를 놓칠 수도 있다. 제안서를 평가하는 과정에는 조직이 설정한 기준에 새로운 프로젝트가 부합하는지, 프로젝트의 잠재성과 업무범위는 무엇인지를 정확히 파악하는 과정이 포함되어야 한다. 이 경우 당신이 관리자가 되기 전의 과거 경험에 비추어 생각해보라. 범위가 명확히 정의되지 않고 그룹 간 또는 기능 간의 요구사항들이 완전히 해결되지 않고, 프로젝트의 복잡성을 완전히 파악하지 못해 얼마나 많은 업무를 재수행했던가? 기억해보라.

그에 따른 업무를 다시 하느라 얼마나 많은 시간을 낭비했으며 그 과정에서 원가 상승은 물론 얼마나 많은 고객 불만이 발생했던가.

제안서에 대한 의사결정에 반드시 필요한 질문들

제안서에 대한 의사결정을 하기 전에 다음과 같은 질문들을 기초로 판단해보자.

- 이 제안서가 왜 승인되거나 수정되어야 하는가?
- 이 제안서는 조직의 중점 추진 사항과 부합되는가?
- 이 제안서가 새로운 무엇인가를 제시하고 있는가?
- 이 제안서가 승인된다면 조직에 어떤 부가가치가 있는가?
- 이 제안서의 특징, 이익, 효과는 무엇인가?
- 이 제안서에는 독특하고 특별한 무엇인가가 포함되어 있는가?
- 이 제안서를 수행하는 것이 고객, 조직, 사회에 어떠한 이익이 되는가?
- 이 제안서는 국경을 넘어서 글로벌하게 통용될 수 있는가?
- 이 제안서를 수행하는 데 있어 원가는 어떻게 되는가?
- 관련된 조직으로부터 요구되는 자원은 무엇이고 그것들은 제안서에 가정되어 있는가?
- 제안서가 새로운 것을 제공하는 것이라면, 현 직무에서 수정되거나 제거되어야 할 것은 무엇인가?
- 제안서를 작성하고, 검토하고, 다양한 승인을 얻고, 그것을 수행하는 과정에 시간이 얼마나 소요되는가?
- 프로젝트가 늦어지면 어떤 영향이 있는가?

또 하나의 접근 방법은 다음과 같은 포괄적인 질문을 해보는 것이다.

- 제안서의 프로젝트를 통해 성취할 수 있는 것이 무엇인가?
- 조직에서는 무슨 이유로 이런 도전을 받아들이는가? 혹은 받아들이지 않는가? 이러한 도전이 어떻게 충족될 수 있는가?
- 목표를 달성하는 데 있어 누가 책임을 져야 하는가?
- 이러한 노력은 언제 일어나야 하는가?
- 업무는 어디에서 수행해야 하는가?
- 성과측정은 어떻게 하는가?

프로젝트 진행 과정 관리

프로젝트는 목적, 목표 및 전략을 정의하면서 시작되고, 프로젝트를 완수한 후 사후검토를 마무리하면서 종료가 된다.

목적, 목표, 전략을 명확히 정의하기

모든 프로젝트는 그 프로젝트의 목적, 목표, 전략에 대해 명확히 하는 것에서 시작한다. 나는 이 3가지를 프로젝트 시작할 때 반드시 필요한 사전 작업으로 정의하고 그 중요성을 강조해왔다. 하지만 사람들은 이것을 자주 간과한다. 아주 쉽고 평범한 연구 프로젝트('ī'에서 점을 찍지 않거나 'ť'에서 옆으로 횡선을 긋지 않아도 서로 통하는 그런 프로젝트)일지라도 연구 목적과 목표, 그리고 전략에 대한 정의는 꼭 필요하다. 특히 연구 인력들은 개별적이고 독립적인 성향이 있기 때문에 이들을 하나의 목표로 유도할 필요가 있고, 이것은 프로젝트 진행에서도 매우 중요하게 다루어져야 한다.

앞서 제4장에서는 팀을 어떻게 조직화하고 구조화할 것인가에 대해서 알아보았다. 팀 단위로 이루어지는 프로젝트도 팀으로 구성된다는 것을 결코 잊어서는 안 된다. 프로젝트의 성패는 팀장이 어떻게 프로젝트를 이끌어 가는가에 달렸다. 또한 초기에 어떻게, 어느 정도로 프로젝트를 구조화하느냐에 달려있다. 구조화란 달성할 목적을 정의하고, 목적을 달성하기 위한 수단을 정의하며, 그 과정에서 이루어지는 의사결정 체계를 정의하는 과정이다. 구조화는 불확실하고 모호한 사실들을 이해하게 해준다. 그러므로 의문이 제기된 문제들을 어떻게 구조화하느냐에 따라 그 결과는 상당한 차이가 있다. 미국의 케네디 대통령John F. Kennedy은 '인간을 달에 보낸다' 가 아니라 '인간을 달에 보내서 10년 안에 그를 안전하게 귀환시킨다' 는 명확한 목표를 정했다. 이 비전은 인간을 달에 보내는 것만이 목적이 아니라 특정한 기간 내에 그를 안전하게 귀환시키는 것까지 목적에 포함시켰다. 단순히 '인간을 달에 보낸다' 라고 말하는 것과는 비전에서 엄청난 차이를 느낄 수 있다.

시장에 신제품 출시, 새로운 제조공장 설립, 조직의 로고 변경, 새로운 재무기법 개발, 혹은 습지대를 개발하거나 생산적인 정부기관을 만드는 프로젝트, 또는 교육기관에 새로운 프로그램을 도입하는 것과 같은 모든 프로젝트는 사전에 정의된 목적이 필요하다. 대부분의 관리자들은 자기가 맡은 프로젝트들이 잘 정의되어 있다고 생각한다. 그럼에도 불구하고 많은 프로젝트들이 정의 단계에서 이미 그 목적에 부응하지 못하는 경우가 많다. 예를 들어, 관리자가 오직 프로젝트 수행시간을 절약하는 데만 관심을 집중하다 보면 다음과 같은 단순하고 근본적인 질문을 간과하는 경우가 허다하다. 지금부터 우리가 다시 한 번 이 프로젝트에 투자하는 이유 5가지에 대해 질문해보고 스스로 그 해답을 얻어보자.

1. 이 프로젝트가 성공적으로 수행된다면 어떤 기대효과가 있는가?
2. 우리는 왜 이 프로젝트에 자원을 투자해야만 하는가?
3. 이 프로젝트가 수행되지 않는다면 어떤 일이 벌어지는가?
4. 이 프로젝트가 조직의 비전에 부합되고 있는가?
5. 이 프로젝트를 수행함으로써 조직의 목적 달성에 얼마나 기여할 수 있는가?

프로젝트 목적을 정의하는 것은 우리가 달성하고자 하는 핵심 사항을 기술하는 것이다. 또한 목적을 달성하려면 세부 목표를 설정해야 한다. 대부분의 프로젝트들은 목표에 대한 분명한 정의가 필요하다. 우리는 목적 달성을 위한 실천 목표를 하부 목적이라고 부른다. 나는 많은 프로젝트들이 목표가 명확하게 정의되지 않는 사례를 보아왔다. 만약 프로젝트의 성공적인 목적 달성을 원한다면 먼저 반드시 목표를 명확히 정의하라.

예컨대, 특정한 지형에 제한된 원가로 일정 규모의 집을 짓는 프로젝트가 있다고 가정하자. PM으로서 당신은 이 목적을 위해 많은 선택과 의사결정을 해야 할 것이다. 외부 마감재는 어떤 것을 사용할지, 방 크기는 어떻게 할지, 도로는 어디에 어떤 모양으로 내야 할지 등 크고 작은 많은 결정을 해야 한다. 만약 우리가 이런 세부 사항들을 정의하지 않고 집을 완성한다면 그 집은 기대했던 것보다 만족스럽지 못할 것이 뻔하다. 우리 주변에 너무나 많은 프로젝트들이 이러한 세부 사항에 대한 충분한 이해나 계획 없이 그저 단순히 "이것을 해야 한다."라는 막연한 목적 아래 시작되고 있다.

또한 모든 프로젝트는 목적과 목표를 달성하기 위한 전략이 필요하다. 그것은 당연히 조직의 전략적인 대원칙과 일치해야 한다. 전략은 '어떻게 목표를 달성할 것인가?'에 대한 해답이다. 그러므로 전략은 프로젝트를 성공으로 안내하는 도구요, 방법인 것이다.

불확실한 것들을 사전에 검토하라

대부분 프로젝트를 수행하면서 사전에 고려해야 할 가정들을 검토하는 것에는 너무 인색하다. 그러한 가정들을 얼마나 분명하게 기술하는가에 따라 프로젝트 수행 과정에서 비상 버튼을 몇 번이나 누르게 될지가 결정된다. 알려진 것과 알려지지 않은 것, 통제 가능한 것과 통제 불가능한 것, 예측 가능한 것과 예측 불가능한 것들에 대해서 구체적으로 고려하고 문서화할 필요가 있다. 알려지지 않고, 예측 가능하지 않고, 통제되는 않는 것은 사전에 충분히 고려되고 합리적으로 통제해야 한다. 이러한 3가지 불확실한 것들은 프로젝트가 후반부로 갈수록 더욱 간과하기 쉬워진다. 그러므로 프로젝트를 처음 시작하는 초기에 충분히 고려해야 한다.

방만한 PM 밑에서는 결코 구성원들이 스스로 일하지 않는다. 프로젝트가 진전되면 될수록 새로운 게임을 도입하는 것은 쉬운 일이 아니다. 팀원들을 움직이게 하는 데는 어떤 절차가 필요하다. 특히 게임에 관련된 인원이 많아지면 많아질수록 절차는 더 중요해진다. 모든 구성원들이 동일한 악보에 집중해 음악을 연주할 때 가장 성공적인 결과를 얻을 수 있다.

새로운 정보를 얻기 위해 조사하고 연구하라

대부분의 프로젝트는 새로운 정보를 얻기 위해 조사나 연구가 필요하다. 만약 새로운 정보가 요구되지 않는 프로젝트라면 정말로 유용한 프로젝트인지를 의심해볼 필요가 있다. 수많은 경쟁자들 속에서 프로젝트가 상대적으로 유용한 것이 되기 위해서는 무엇인가 연구하고 조사할 가치가 있는 프로젝트이어야 한다. 새로운 조사나 연구는 프로젝트의 목적에 따라 세분화되어야 한다. 또한 각각의 주제에는 그 주제에 필요한 해답이 요구된다. 너무 많은 주제를 다루면 결과에 충실할 수 없고 시간과 예산만 낭비하게 되며, 반대로 너무 적은 주제를 다루다보면 정보가 한정되어 프로젝트의 목적에 적절한 접근법을 제공해주지 못한다.

사전 가정들을 재평가하라

프로젝트가 진행됨에 따라 사전에 고려했던 가정들에 대해서 재평가하는 시간을 가져야 한다. 요구되는 각각의 원칙과 요구사항들이 프로젝트 진행 과정에서 변경될 수도 있기 때문에 팀장은 팀 전체를 고려한 적정한 평가를 수시로 해야 한다. 실제 프로젝트를 진행하다 보면, 너무 많은 기본 가정들이 상호 모순되거나 비현실적이라는 것을 발견하게 될 것이다. 하지만 계획은 그러한 가정에 기초해 세워진 것이다. 따라서 가정을 수시로 점검해 봄으로써 목

적 달성을 위한 방향을 점검하고 필요하다면 과감하게 수정해야
한다.

목표달성을 위해 대안을 평가하라

목적 달성을 위한 여러 가지 대안을 평가하는 데 시간을 아끼지
말라. 대안을 얼마나 많이 검토하고 심사숙고해서 평가했느냐에
따라 목표 달성은 더 쉬워질 수 있다. 하지만, 대안에 대한 평가와
고려를 얼마나 많이 할 것인지에 대한 결정은 팀장 자신의 몫이다.
어떤 시스템이 미래에 미칠 영향에 대한 깊은 연구 없이 그 시스템
을 빨리 적용하는 것은 쉽다. 하지만 그로 인한 결과에 대한 보장
은 미지수다. 그러므로 많은 연구를 통해 이용 가능한 정보와 자원,
그리고 기본적 도구들을 최대한 활용하는 것이 가장 좋은 대안이
다. 대안을 식별할 때는 각 대안별 예상 결과를 함께 평가해야 한
다. 일반적으로 재무적 결과는 수치로 표현되므로 측정하기 쉽지
만, 숫자로 표현되지 않는 변수들도 많이 있다는 것을 고려해야 한
다. 이것을 판단하는 것은 관리자의 몫이다.

적절한 대안 선택하기

적절한 대안 선택에 규범화된 방법이 통용되고 있는 것은 아니
다. 하지만 다음에 기술한 단순한 질문들에 다시 한 번 답해보면
판단에 도움이 될 것이다.

- 선택된 대안은 조직의 재무 예산이나 구조적 제한범위 내에
  서 실현이 가능한가?

- 선택된 대안이 프로젝트의 모든 요구사항을 충족하는가?
- 선택된 대안은 미래의 기회를 추구하는 데 사용 가능한가?
- 선택된 대안은 조직의 재산인 지식경영에 긍정적 영향을 줄 수 있는가?
- 요구되는 전문지식 수준은 조직 내에서 또는 조직 밖에서 이용 가능한가?
- 요구되는 자격, 경험, 그리고 경력을 지닌 프로젝트 매니저가 조직 내에 있는가?

이러한 기본적인 질문들은 각 프로젝트의 범위와 중요성에 따라 변경이나 확장이 가능하다.

자원, 비용, 시간 계획의 수립

프로젝트가 성공하느냐 실패하느냐는 이용 가능한 자원, 원가, 예측의 정확성, 그리고 실현 가능한 시간 계획에 달려있다. 일반적으로 프로젝트의 인적 자원을 정의할 때 목적에 맞게 정의하는 것을 많이 볼 수 있다. 과거 학력을 지나치게 강조하면서 그 사람의 경력은 간과하는 경우다. 대학을 졸업한 지 5년이 지난 사람들에게 학력은 2차적인 고려 사항이다. 그러므로 학력과 경력을 균형 있게 고려하고 학력보다는 경력에 우선순위를 두어야 한다.

프로젝트 비용을 추정하는 것은 대부분의 사람들이 어려워하는 일이다. 하지만 원가는 프로젝트의 실현 가능성을 결정한다. 그러나 프로젝트 구성원의 도움 없이 관리자가 모든 비용을 판단하는 것은 매우 어렵다. 게다가 구성원들은 자신의 임무 완수에 필요한 시간이나 비용을 사전에 공개하는 것을 꺼린다. 조직 차원에서는 비용 추정과 관련해 각각 다른 기준, 다른 의견을 제시할 수도 있다. 이런 경우에는 회계 부서나 원가관리를 통제하는 부서의 도움을 받아서 비용을 추정하는 것도 좋은 방법이다.

고위 경영진은 시간 계획에 대해 항상 비슷한 반응을 보인다. "우리에게 시간은 충분하지 않다."라든가, "프로젝트를 12개월 이내에 완수해야만 한다."라는 식이다. 비록 보고와 협의라는 형식으로 시간 계획에 대한 의견을 교환하겠지만 결론은 이미 대부분 결정된 상태이다. 이런 경우 시간 계획은 비현실적이다. 그러나 시간 계획은 실질적이어야 하고 다른 제약 조건에 의해 심각한 제한을 받아서는 안 된다. 보다 합리적인 차원에서 프로젝트를 규제할 수 있도록 설계해야 한다.

세부 업무추진 계획의 수립

기술과 관련된 부서에서는 업무추진을 위한 '세부업무추진 계획표'라는 개념이 친숙할 수 있으나 관리팀이나 유통팀에서는 거의 사용하지 않는 개념이다. 세부업무추진 계획표는 프로젝트를 여러 개의 업무로 나눈 것이라고 할 수 있다. 이것은 각각의 세부 업무들에 대한 이해와 언제, 어떻게 이러한 세부 업무들이 하나로 통합될지에 대해 이해할 수 있도록 해준다. 또한 업무추진 계획표에는 세분화된 업무별 구조를 하나의 도안으로 완성하기 위해 순서를 정하고 이들의 우선순위를 결정해야 한다. 여기서 주의할 점은 불확실한 어떤 문제에 접근하려고 하기보다 이미 알려진 어떤 새로운 과제들에 집중하려는 경향이 있다는 점이다.

원가 대비 수익 추정

프로젝트에서 원가가 중요하다면 그것을 선택하는 대안에 대한 원가–수익 추정도 중요하다. 자원을 투자하면서 창출되는 수익은 프로젝트의 승인에 결정적 영향을 미친다. 일반적으로 조직은 프로젝트 승인을 위해서 원가–수익 분석을 이용한다. 자본회수 기간, 순현재가치NPV, 투자수익률 등의 개념과 이들을 변형시킨 어떤 기준을 사용한다. 보통은 조직에서 이미 정해진 기준과 승인을 위한 최소한의 기준치가 설정되어 있다. 특히, 재무적인 결과가 직접 나타나지 않는 프로젝트의 경우에는 원가-수익 분석이 더 유용하다.

예를 들어, 인사부에서 새로운 성과평가시스템을 도입한다고 가정해 보자. 원가는 특별한 어려움 없이 산정할 수 있지만 효과와 수익은 재무적 숫자로 측정하기 어렵다. 이 경우 원가는 수익을 제공하는 기간에 걸쳐 검토되어야 하고, 새로 도입되는 평가방법이 더 복잡하고 평가 빈도수가 많을 경우에는 그에 따르는 원가도 전체 원가 분석에 포함되어야 한다.

프로젝트의 위험 평가

모든 프로젝트는 관련된 위험을 평가해야 한다. 성공 배경에는 관련 정보를 개발하려는 부단한 노력이 있다. 불확실성을 관리하는 것과 리스크를 관리하는 것은 차이가 있다. 불확실성이란 아직 알려지지 않고 예측 가능하지 않는 것을 의미한다. 알려지지 않은 것과 예측 가능하지 않은 것은 조금 다르다. 예측 가능하지 않은 것은 전체 프로젝트를 통해서 처리되어야 한다. 이러한 불확실성의 수준이 바로 프로젝트 내에서 평가되어야 할 위험의 크기를 결정한다.

프로젝트 수행 준비

계획을 완수하는 것은 프로젝트의 목적에 부합해야 한다. 어떤 것은 지극히 단순하고 어떤 것은 매우 복잡하다. 그러나 모든 것은 목적과 직접 연관되어야 한다. 계획에 의한 과제들은 구체적으로 조직화되고 분해될 것이지만 이런 것들은 모두 논리적인 결론이 목적에 부합되어야 한다. 언제, 어디서, 어떻게, 누구에 의해서 추진되어야 하는지가 결정되어야 한다.

프로젝트 과정 관리

일단 프로젝트가 승인되었다면 작업이 시작된다. 프로젝트 수행 기간 동안 업무수행 활동들은 수시로 재평가되어야 한다. 프로젝트의 승인 단계에서 수집되고 확정된 자료들은 계속적으로 재평가해야 한다. 새로운 경쟁자들이 생겨날 수도 있고, 새로운 기술이 나타날 수도 있고, 새로운 시장이 분명해질 수도 있고, 새로운 정부 규제가 부과될 수도 있다. 또한 예산이 축소될 수도 있고, 조직의 지침이 변경될 수도 있다. 모든 상황의 변화를 늘 주시하면서 철저한 관리를 해야한다.

우선순위에 대한 지속적 평가

알려진 것들을 기초로 했던 가정이 알려지지 않은 새로운 것의 등장으로 프로젝트 기간 동안 우선순위는 계속 변경될 수 있다. 새로운 정보가 업데이트 되면서 모든 것이 달라질 수 있다. 처음에 정의했던 어떤 업무는 수행 과정에서 최초로 가정 했던 것이 변경됨에 따라 유효하지 않게 될 수도 있다. 만약 프로젝트가 처음에 계획했던 시간계획을 맞출 수 없다면 다시 칠판 앞으로 돌아가서 토론하고 새로운 해결책을 찾아야만 한다. 예측 가능한 것으로 열거되던 사건이나 업무가 다른 선결 조건들이 달성되지 않았다는 이유로 자주 예측 가능하지 않은 것이 되기도 하므로 우선순위에 대한 지속적인 평가를 게을리해서는 안 된다.

업무범위 변경에 대한 통제

프로젝트 업무범위 변경은 프로젝트가 승인된 이후 프로젝트에 특정 임무를 부가하는 것을 말한다. 이것은 프로젝트가 최초 정의되었던 내용, 시간, 원가 범위 내에서 프로젝트를 완수할 수 없게 만드는 요소 중의 하나다. 비록 아주 작은 변경이라 할지라도 원가를 증가시키거나, 시간이 소요되는 재작업이 필요하거나 다른 부가가치가 있는 프로젝트의 자원을 소비해야 하거나, 프로젝트 산출물의 제출 시기를 연기시키고, 경우에 따라서는 중요한 사업 기회를 놓치는 결과를 유발할 수도 있다. 잘 준비된 프로젝트라면 어떠한 범위 변경도 허용해서는 안 된다. 그러나 업무범위 변경은 프로젝트 과정에서 늘 있을 수밖에 없는 일이다. 따라서 팀장은 프로젝트 범위의 변경에 대한 통제 방법을 개발해야 한다.

문서화 통제

프로젝트와 관련된 문서의 업데이트에 주의 깊게 관심을 갖는 사람은 많지 않다. 실제로 문서화하고 업데이트하는 일은 지루한 작업이다. 창의성이나 개인의 독창성이 필요없는 작업일 뿐더러 미래의 행동을 결정하는 것과 거리가 있기 때문이다. 하지만, 과거의 역사는 관리 및 사업의 연속성과 미래예측 측면에서 중요하다. 과거 당신의 경험을 돌이켜 보라. 이전의 업무가 적절히 문서화되지 않았기 때문에 많은 시간을 허비한 경험이 있을 것이다. 문서화는 조직 내 기능과 원칙을 지킬 수 있게 해준다. 적절한 문서화는 프로젝트의 역사를 유지하고, 사건을 기록하며, 지침과 범위를 변경하고, 요구되는 계획을 수정하는 것을 포함한다.

프로젝트 검토

프로젝트 검토는 선택의 문제가 아니다. 특히 프로젝트 내에 여러 가지 원칙이나 부서가 포함되어 있을 때는 더욱 그렇다. 능력과 업무 충성도가 높은 직원일지라도 프로젝트의 상태를 검토하기 위해 일정한 회의를 함께 해야 한다. 또 퍼즐 조각들이 적절한 곳에 맞춰져야 한다. 분명하게 정의되어야 할 요구사항들에 대해 오해가 있을 수도 있다. 설계 변수들에 갈등이 있을 수도 있다. 또한 새로운 정보에 의해 변화가 필요한 경우도 있다. 이러한 문제들이 적절한 방법으로 수정되지 않는다면 많은 업무 노력들이 쓸모 없어질 수도 있다.

모든 프로젝트 검토 과정의 가장 큰 함정은 실제 상황에 대해 솔직하지 못하다는 것이다. 형식적인 보고서로는 실질적인 내용을 완전히 파악할 수 없다. 1년 이상 계속된 프로젝트가 마지막 주에 이르러서야 최종 완료 시점이 몇 달 더 연장되어야 한다는 것을 알게 되는 경우도 있다. 그러므로 모든 검토는 결정적인 핵심 사항을 중심으로 점검되어야 한다. 최종 단계에서 결정적인 핵심 사항들에 부족한 점이 발견된다면 프로젝트를 망칠 수 있다. 따라서 사전에 이러한 문제들을 사전에 인식하고 해결하기 위한 방안을 강구해야 한다.

프로젝트 관리자는 프로젝트에 대한 전체적인 책임을 진다. 따라서 늘 현 상황에 대한 직접적인 정보가 필요하다. 하지만 프로젝트 검토를 위해 문서화된 보고서나 프로젝트 관리를 위한 컴퓨터 프로그램에만 전적으로 의존하는 것은 실질적인 관리 방법으로 충분하지 않다. 프로젝트 관리자는 가끔 상세한 활동들까지 직접 참여해야 한다. 그것은 직원들을 신뢰하지 말라는 것이 아니다. 무엇이 어떻게 진행되고 있는가를 실질적으로 참여해 점검하라는 의미다. 이것이 프로젝트의 현황을 파악하는 실질적인 방법이다. 보고서만을 믿지 말고 당신 스스로 연구하라.

팀장이 PM을 누구로 임명하는가는 결과에 큰 차이를 만든다. 최소한 PM은 프로젝트에 관계된 원칙들을 이해하고 있는 사람이어야 한다. 나는 어떤 PM 회의에서 프로젝트 관리상의 문제를 토론하기 위해 소프트웨어 개발자들을 만난 적이 있다. 회의는 PM에 대한 비판으로 급격히 악화되었다. PM에 대해 그렇게 큰소리로 비판하는 것을 처음으로 보았다. 긴 토론이 끝나고 나는 PM의 배경에 대해서 알아보았다. 그는 소프트웨어 개발에 대해 어떠한 이해나 자격도 없었다. 오직 MBA과정을 이수했을 뿐이었다. PM, 즉 프로젝트 매니저는 먼저 일을 시작하기 전에 그들이 무엇을 관리해야 하는지를 충분히 이해하는 것이 중요하다.

프로젝트를 위한 통제시스템 개발

프로젝트는 어떻게 통제해야 하는가? 막연하게 충분히, 또는 너무 많지 않게, 너무 적지 않게 등으로 표현해서는 안 된다. 그래프와 자료를 동원한 현란한 도구들은 모두 의미가 없다. 프로젝트는 특정한 개인이나 집단을 할당하고 각각 세분화된 업무추진 계획에 의해서 분할된 여러 부분으로 구성되어 있다. 이러한 업무들은 각각 특정한 요구 사항, 완수 일자, 원가를 가지고 있다. 이것이 기본적으로 추정해야 할 3가지 요소이다. 당신은 생산라인에서 나오는 제품의 수를 셀 필요가 없다. 다만, 어떤 논리 구조에 의해서 수량화 될 수 없는 특정한 문제의 해결에 주목해야 한다. 원가 자료는 계량화될 수 있으며, 모든 관련 원가를 포함해 적절한 시기에, 적절한 방법으로 제시될 수만 있다면 유용한 정보가 된다. 또한 스케줄도 역시 계량화될 수 있다. "최초로 정의된 기간 내에 달성할 수 있는가?"가 그것이다. 오직 '예, 아니오'라는 대답이 가능하며, 아닌 경우에는 그 문제를 설명하고 해결 수단을 강구하면 된다. 따라서 단순히 계량화되는 자료보다는 판단이 필요한 통제에 치중해야 한다.

프로젝트 관리를 위한 많은 소프트웨어들은 프로젝트를 통제할 수 있는 다양한 툴을 제공해준다. 그러나 문제는 어느 것이 당신의 요구사항에 적합한지를 결정하는 데 있다. 프로젝트의 계획과 모니터링을 자동화할 필요는 있지만 기존의 소프트웨어들이 이미 잘 나와 있는데 그것을 개발하느라 자원을 소비할 필요는 없다. 반면에 프로그램의 선택은 중요하지만 그것은 어떤 목적을 위한 수단에 불과하며 그 자체가 목적은 아니다. 그것은 프로젝트 관리를 좀 더 효율적으로 만드는 데 도움을 주는 도구일 뿐이다.

어떤 프로젝트 관리 프로그램은 단지 프로그램을 스케줄링만 한다. 어떤 프로그램은 자세한 부분까지, 즉 팀이 선택하는 도구를 제공하거나, 각 업무의 시작과 끝나는 시점을 기록하거나, 각각의 개인들에게 필요한 시간, 일부 실패한 목표일을 프로그램으로 자동적으로 업데이트하는 것, 직접비와 간접비를 식별하는 것, 이전의 고려사항에 기초해 정보를 요청하는 것, 특정한 집단에 필요할 수도 있고 아닐 수도 있는 문제들을 열거하는 것 등으로 확장해 들어간다. 하지만 모든 상황에 적합한 하나의 프로그램은 없다. 그리고 항상 부가가치 있는 데이터가 산출되지도 않는다. 그러므로 당신과 당신의 프로젝트 매니저가 프로젝트를 관리하기 위해 어떠한 정보를 필요로 하는지가 결정의 열쇠이다.

프로젝트의 사후 점검

이 과정은 프로젝트가 끝난 후 프로젝트의 전반적인 품질에 대해서 평가하는 것이다. 사후 점검은 그다지 강조되지 않는다. 그러나 검토는 긍정적이거나 부정적인 영향을 가진 문제들이 표면에 노출되거나 공개적으로 논의될 때 가치가 있다. 긍정적인 성과는 아마도 모범적인 사례로서 이후에도 참조될 것이다. 반면 사후 점검에서 프로젝트의 부정적인 측면을 다루고자 할 때엔 좀 더 큰 어려움에 부딪힐수 있다. 토론은 개인적인 문제들을 다루어서는 안 된다. 필요하다면 개인적인 문제는 사적으로 다뤄져야 한다. 집단에게는 오직 이분법적인 단순한 질문을 하게 된다. 잘했느냐? 잘못했느냐?

사후 점검에서 다뤄지는 질문들은 프로젝트 보고서, 목적과 목표 기술, 계획 과정, 업무 배분 구조, 자원 이용, 대화 시스템, 정보 시스템, 본래의 일정과 원가 추정치, 범위 변경, 프로젝트 관리 시스템, 적시적인 의사결정, 그리고 연관된 문제들의 명확성과 관련된 것이다. 훈련은 점수를 부여하는 방법보다 경험으로 배우는 것이 효과적이다. 이러한 훈련은 미래에 부정적인 절차를 없애는 노력을 하게 해주며 긍정적인 절차를 얻게 해준다.

다기능 프로젝트 관리

다기능 프로젝트는 새로운 관리자들에게 새로운 도전의 기회가 된다. 다기능 프로젝트는 마케팅과 대중 관계, 기술과 회계, 제조 과정의 법률과 안전 등과 같이 두 가지 또는 그 이상으로 조합된 기능 단위를 연결하는 것을 말한다. 복잡성은 이러한 각각의 단위를 책임지고 있는 관리자들을 통합하는 것으로부터 시작된다. 그들은 서로 좋은 조건을 선점하기 위해서 영역 전쟁을 하기 때문이다.

프로젝트 매니저는 항상 갈등의 세계 속에 살고 있다. 각 기능별 관리자들은 자신의 지위를 위해 경쟁한다. 그들은 전체 조직의 수익보다는 그들 자신의 고유 영역 방어에 급급해 한다. 자원, 리더십, 고객(그들의 서비스를 필요로 하는 조직 내부 또는 외부 사람들로 광범위하게 정의된다.)을 차지하기 위해서 싸운다. 그러다보니 자주 조직의 욕구와 고객의 욕구 간의 충돌을 일으킨다. 당신은 이러한 갈등을 어떻게 관리하겠는가?

갈등이 일어났을 때 누군가는 의사결정을 해야 하고 또 개선해 나가야 한다. 두 개의 대립된 의견이 서로 마주보고 있는 상황에서 민주적인 경영이란 적용될 수 없다. 다른 관리자들과 연관된 다기능적인 갈등을 당신은 관리자로서 해결해야 한다. 이것은 당신이 더 높은 관리자로 승진하기 위해 꼭 필요한 과정이다. 업무영역을 놓고 전투는 귀중한 시간과 자원의 낭비일 뿐이다. 갈등 해소 방안은 상사일지라도 대안을 가지고 있지 않을 수 있다. 조직 내에서 팀의 일부로서 역할을 다하지 못하고 자신만을 생각하는 관리자는 해고되거나 재배치될 뿐이다.

이질적인 문화 간의 프로젝트 관리

신임 팀장인 당신은 매우 다른 문화를 가진 국가 간의 프로젝트에 참여할 수도 있다. 과거 서로 다른 문화를 가지고 있는 프로젝트를 관리한 사례의 경우, 프로젝트 관리 차원에서 그다지 긍정적인 그림을 제시하지 못했다. 그러다가 차츰 진전이 있었다. 과거 수십 년을 거치면서 미국의 기업들은 국가와 문화를 뛰어넘은 결합이 반드시 긍정적이지만은 않다는 사실을 배웠다. 당장 타국의 어떤 독특함이나 사업 아이디어가 좋게 보일지 모르나 융합을 통한 상품화에는 많은 어려움이 따른다는 사실과 그에 대한 시행착오를 통해 문화 간의 프로젝트 추진법을 익혀 나간 것이다. 실제로 문화 간에 프로젝트를 관리하는 것은 사람에 대한 것으로, 사람의 업무 활동을 관리하는 것이다. 이것이 다른 문화를 가진 사람들 사이에 업무 관계를 형성하는 첫 번째 단계이다. 당신은 사람을 관리해서는 절대 안 된다. 반드시 그들의 업무활동을 관리해야 한다.

국경을 넘어서는 관리는 같이 일하는 사람들에 대한 이해를 전제로 한다. 많은 조직에서 국가 간의 프로젝트를 필요한 것으로 인식하면서도 서로 다른 문화가 관련되어 있는 부분에 대해서는 사람들 간의 대면 접촉을 피하는 방향으로 유도한다. 하지만 효율적인 프로젝트 관리를 위해서는 함께 일하는 이메일 수신자나 전화 받는 사람에 대해 서로 알고 이해할 필요가 있다. 특히, PM이 프로젝트에 속한 사람과 문화에 대해서 이해하지 못한다면 이질적인 문화 간의 프로젝트는 관리할 수 없다.

여기에는 언어 장벽도 하나의 문제이다. 그것은 상당한 인내를 필요로 한다. 특히 서로의 언어에 익숙하지 못하다면 더욱 그렇다. 통역을 통해 일하는 것도 하나의 방법이지만, 통역에 너무 의존해서는 안 된다. 그와 관련해서 개인적인 경험이 있다. 불가리아에서 내가 영어로 강의하는 동안 나의 연설은 통역에 의해 불가리아어로 전달되었다. 나는 연설 도중에 내가 기대했던 청중의 반응을 얻지 못했다. 휴식 시간에 나는 영어 실력이 좋은 주최측 한 사람에게 나의 연설이 통역자에 의해서 편집된 것이 아닌지를 물어보았다. 그의 대답에서 나는 왜 관중들이 호응을 보이지 않았는지를 이해하게 되었다. 통역자는 그 자신의 생각을 전달한 것이다. 우리는 통역 문제를 다시 논의했고 다음날은 개선할 수 있었다. 마찬가지로 언어의 문제는 프로젝트 내에서 문화의 문제를 발생시킬 수 있기 때문에 중요하다.

나는 수년간 유럽에서 일하면서 주요한 프로젝트에서 두 개의 문화 또는 그 이상의 문화를 수용할 수 있는 프로젝트 문화의 개발이 가능하다는 것을 알았다. 이러한 방법의 하나는 문화적인 문제들에 민감한 PM을 선택해 그에게 최소한의 언어는 배우도록 하고, 관련된 나라의 역사를 보다 깊이 이해하도록 하는 것이 중요하다. PM이 새로운 문화에 지배될 필요는 없다. 불필요한 것에 시간을 낭비하지 말라. 만약 특별한 형식과 약속이 있고 그것들이 프로젝트에 해롭지 않다면 그것들을 따르면 된다. 그리고 업무활동 관리에 보다 중점을 두는 것이 더 좋다.

전략적인 프로젝트 관리

프로젝트 관리에는 소홀히 할 수 없는 전략적 요소가 있다. 기본적으로 프로젝트는 의도했던 기능과 목적, 시간 계획, 그리고 예산 계획에 부합해야 한다. 또 이 외에도 프로젝트 관리에서는 다음과 같은 사항들을 항상 고려해야 한다.

- 이 프로젝트가 조직에 실질적으로 어떤 도움이 되는가?
- 우리 부서 및 조직의 목표와 관련해서 이 프로젝트를 통해 어떤 부가가치를 얻을 수 있는가?
- 이 프로젝트는 금전적인 손익 이외에 어떤 실질적인 이익을 주는가?
- 이 프로젝트가 성공적으로 수행된다면 조직 전체에 어떤 실질적인 이점이 있나?

일부 프로젝트는 그것이 달성 가능성이 높고 또 질적이거나 양적인 부담이 없기 때문에 승인되었을 수도 있다. 그러나 그 효익은 전체 조직의 관점에서 정의되어야 한다.

아론 세너Aaron J. Shenhar[1] 박사는 "오늘날의 역동적인 기업 환경은 프로젝트 관리라는 전략적인 접근을 필요로 한다."라고 말했다. 세너 박사의 연구는 기술직 관리자들과 직접 관련된 것이지만 이 명제는 분야에 관계없이 모든 조직에 적용될 수 있다. 프로젝트 관리의 전략적 구조화는 요구 사항들을 즉시 충족하는 것보다는 종합적으로 경쟁적 이점을 창출하는데 중점을 둔다. 이러한 전략적인 접근은 학계, 정부, 산업, 비영리조직 등 모든 분야에 적용된다.

당신은 "어떻게 경쟁적 이점이 학계, 정부, 비영리 조직에도 적용될 수 있느냐?"라고 반문할 것이다. 그러나 정부 내에는 예산을 받기 위한 경쟁이 있다. 학계에서도 경쟁은 계속된다. 비영리 조직은 한정된 예산을 가지고 배분해야 한다. 오늘날 이러한 조직들은 연구를 위한 흥미 때문이 아닌 차별화를 위한 프로젝트를 추진하며 그들의 한정된 자원을 투입하고 있다.

전략은 넓은 의미로 논의되지만 때로는 이렇게 조금은 모호한 용어로 사용되고 있다. 일반적으로 전략은 특정한 생산물을 산출하기 위한 계획, 행동, 의사결정을 말한다. 더 나아가 프로젝트 전략은 이렇게 정의할 수 있다. 즉 프로젝트 전략이란 프로젝트가 최고의 결과를 달성하기 위해 무엇을 해야 하는지, 어떻게 해야 하는지에 대한 프로젝트의 전망, 원칙, 안내 등을 제시하는 것을 말한다. 세너는 이러한 전략적인 프로젝트 관리를 위한 접근 방법으로 다음의 6가지 기본적인 원칙을 제시했다.

1. 리더십 : PM은 결과에 대한 전체적인 책임을 지는 사람이다. 따라서 PM이 진행 중인 프로젝트가 새로운 제품을 출시하는 것이라면 PM의 책임은 고객이 만족했을 때 끝난다. 또 어떤 조직에서 '특정 주제에 대한 연구'가 프로젝트 과제라면 PM의 책임은 연구 결과에 대한 최종적인 결정이 이루어졌을 때 종료된다.

2. 전략 : 제품, 과정 또는 서비스의 경쟁적 이점을 정의하는 것과 성공적인 전략을 구성하는 것, 무엇을 취할 것인가, 어떻게 수행할 것인가를 결정하는 것을 말한다.

3. 정신 : 무엇을 할 것인가? 어떻게 할 것인가는 조직이 궁극적으로 되고자 하는 바람, 즉 조직의 비전 내용에 기술되어야 한다. 그 비전은 기업의 노력의 가치를 표현한 것이다.

4. 적응 : 모든 프로젝트는 사안에 따라 각각 다르다. 따라서 관리자는 평가자의 역할을 해야 한다. 구성원은 프로젝트의 요구 사항에 자신의 스타일을 적응시켜야 한다. 만약 프로젝트가 국경을 넘어서 이루어진다면 진행 방법도 달라질 것이다. 이는 소규모 인원이 진행하는 프로젝트와는 그 스타일과 실행 방법에서부터 완전히 달라질 것이다. 평가 과정도 상황과 태도에 따라 다양할 것이며 아울러 불확실성, 복잡성, 현안들의 수준도 달라지는 것은 당연하다.

5. 통합 : 시스템이 기능을 하지 않아도 때때로 모든 활동은 기대대로 수행된다. 또 어떤 경우에는 모든 참가자들이 열심히 일하고, 기대에 부응하며, 성과에 기여했는데도 불구하고 전체적으로 보면 실패하는 경우가 있다. 왜일까? 이는 모든 활동들이 적절하게 통합되지 않았기 때문이다. 문제는 항상 아주 구체적이고 세부적인 것에서부터 시작된다.

6. 교육 : 모든 사람들이 프로젝트 관리를 학습곡선의 맨 밑바닥에서부터 다시 시작한다면 조직은 목표 달성이 어려울 것이다. 조직에서의 교육이란 교육을 받은 새로운 것을 기록하고, 일반화하고, 그것을 쉽게 접근할 수 있는 자료로 요약하는 연

속적인 과정이다. 이러한 교육 효과를 얻기 위한 유기적인 관계를 개발하지 못한다면 조직은 동일한 실수를 반복하게 될 것이다.

세너의 전략적인 접근은 프로젝트 관리를 넓은 시야에서 바라보게 한다. 그의 전략적 접근법은 다음과 같은 질문에서 출발한다. 만약 이 프로젝트가 요구 사항의 모든 것을 충족한다면 조직에 무엇을 실질적으로 할 수 있는가? 무엇이 실질적인 이익인가? 과거 당신은 조직에 어떠한 영향도 미치지 않는 어떤 프로젝트의 일원으로 일해본 적이 있을 것이다. 경영진은 당신이 모든 요구 사항을 충족했기 때문에 그 프로젝트가 성공적인 것이라고 생각할 지도 모른다. 그러나 세너의 관점에서 본다면 중요한 것은 그 프로젝트가 조직에 실질적으로 어떠한 가치도 더해주지 못했다는 점이다.

■ 프로젝트의 설계는 성공의 가능성을 결정한다. 계획성 없는 프로젝트는 성공하기 어렵다. 하지만 성공적이라고 말하는 대부분의 프로젝트도 자원의 효율적인 이용이란 측면에서는 개선의 여지가 있다.

■ 프로젝트를 분류하기 위한 시스템을 개발해라. 모든 프로젝트들에 대하여 세부적인 것까지 동일한 수준으로 관리할 필요는 없다. 분류는 프로젝트의 중요성에 대해서 정의하고 알리는 것이다. 프로젝트 과정은 조직의 목적 달성을 위한 기본 원칙과 구조를 따라야 한다. 프로젝트 과정에 있는 많은 단계에서 단순히 행동을 따르는 것보다는 각 단계의 결과에 대해서 생각하는 것이 필요하다.

■ 많은 프로젝트들은 다기능적인 노력이 필요하다. 프로젝트 매니저(PM)의 과제는 이러한 집단 활동들을 통합하는 것이다.

■ 다양한 문화를 지닌 프로젝트를 관리하는 것은 각 문화의 전통과 프로토콜에 민감해야할 필요가 있다. 그러나 그것들에 지배될 필요는 없다. 사람보다는 업무활동을 관리하는 데에 중점을 두어야 한다.

■ 조직은 목적을 달성했는지, 얼마나 능률적으로 목표를 달성했는지에 대한 효과성과 효율성에 중점을 두는 반면, 프로젝트 활동은 조직의 부가가치 창출에 중점을 두어야 한다.

내가 경험한 프로젝트 관리 요령

현실 세계에서 프로젝트는 대개 부서 내에서 일상적으로 이루어지는 일들 외에 어떤 특정한 목적으로 한시적으로 추진되는 경우가 많다. 그러다 보니 프로젝트의 목표에서부터 인력 구성, 회의, 보고 등 모든 사항들이 한시적이고 제한적이다.

나는 수년 전에 어떤 전산 개발 관련 프로젝트에서 프로젝트 매니저를 담당한 적이 있다. 목표는 회사가 필요로 하는 전산 개발이고 인력은 각 부서에서 업무 관련자 5명을 선발했으며, 기간은 6개월로 한시적으로 운영되었다. 물론 전산 개발 업무는 외부의 전문가 그룹에 아웃소싱을 했었다.

이 때 프로젝트 매니저로서 가장 어려웠던 것은 인력관리였다. 물론 프로젝트 초기 기획 단계에서 각자의 역할과 개인별 목표를 할당하고 배정하지만 프로젝트가 대개 한시적으로 진행되다 보니, 각자의 소속 부서에서 담당하고 있는 기본 업무를 배제할 수가 없었다. 팀원들 모두는 프로젝트가 끝나면 곧바로 소속된 현업으로 돌아가서 자신의 업무를 계속 추진하고 그것으로 많은 부분의 업무평가를 받아야 하는 것이다. 따라서 그들 모두는 일시적인 프로젝트에 자신의 역량을 전념할 수가 없었다. 예를 들며, 약속된 회의 시간에 소속 부서의 업무로 인해 불참하게 되고 주간 단위로 할당된 개인의 프로젝트 업무를 회의 마지막 날 잠깐 몰아서 생각해보고 진도 점검 회의에 들어오는 등 팀원 각자마다 프로젝트에 대한 충성도가 달랐다. 이럴 경우, 초기에 열의를 가지고 적극적으로 참여하던 팀원들도 점점 의욕이 꺾이게 되고 결국에는 무기력한 프로젝트 팀이 되기 쉽다.

프로젝트 매니저로서 프로젝트를 성공하려면 우선 배정받은 팀원에 대한 인력관리가 중요하다. 그들이 프로젝트에 전적으로 기여할 수 있도록 그들의 관리자에게 사전에 충분한 양해가 있어야 하며, 그들의 인사 평가자들에게도 프로젝트 기여도가 개인의 업무평가에 반영이 되도록 해야 한다. 다음으로는 명확한 업무 분담과 책임을 주어야 한다. 둘 이상의 팀원에게 공동 분석을 시키거나 모호하게 업무를 할당한 경우 그들의 업무 결과 또한 모호하게 진행될 수 있다.

프로젝트 매니저의 업무 중 가장 중요한 업무는 일정관리이다. 프로젝트 초기부터 빡빡한 일정관리 계획을 수립하여 일간, 주간, 월간 단위로 진도를 관리하고 미진한 부분에 대해서는 적극 독려해야 한다. 끝으로 프로젝트 매니저가 담당해야 할 중요한 업무는 경영진에 대한 보고다. 팀원들이 수행한 결과를 경영진이 이해하고 잘 평가할 수 있도록 하고 경영진의 의견을 프로젝트에 반영하게 하기 위해서는 적정한 시기에 적정한 방법으로 보고하는 것이 중요하다. 이것은 팀원들에게 동기 부여하는 방법으로도 중요하다.

NOTES

1. Aaron Shenhar, "Project Management: A Strategic Approach," Institute of Electrical and Electronics Engineers(IEEE), Engineering Management Society Newsletter 50, 4(1999): 6-11

조직에 필요한
유능한 팀장을
키워내는

팀장 제조 매뉴얼 Manual for Changing Manager

＊팀장은 직책이 아니라
이제 브랜드다!

Finding the Time and Doing the Work

제6장 | 시간관리 – 과로하지 않고 여유있게 일하기

Finding the Time and Doing the Work

직장인들은 대부분 업무와 관련해 자신이 과로를 하고 있다고 생각한다. 언론에서 전문직 종사자를 표현할 때면 어김없이 과로와 스트레스에 찌든 이미지를 연결시킨다. 이같은 직장인들의 과로의 원인은 어디에서 오는 것일까? 나는 과로의 원인을 찾아보기 위해 사람들이 어떻게 자신의 업무를 수행하는지 관찰해왔다. 음식점에서 일하는 일용직 웨이터에서부터 각 분야의 전문가와 기업의 관리자에서 임원들, 그리고 최고경영자에 이르기까지 그들의 일하는 방법을 관찰하고 연구해왔다. 결론적으로 말하면 나는 앞서 말한 과로의 대부분이 각 계층별 관리자들에게 부과되는 불필요한 업무활동으로부터 시작된다고 본다.

　그 원인을 살펴보면, 보다 효과적이고 효율적으로 일하는 방법을 개발하지 못했거나 핵심 업무가 아닌 잡다한 일들을 하위 직급에 위임하지 못하고 직접 처리하는 경우, 의사결정과 관련된 능력 부족 등에서 비롯된 것이다. 지금부터라도 만약 자신의 소중한 시간이 어디서 어떻게 소비되고 있는지 제대로 분석하고 싶다면 굳이 프로그램을 동원할 필요도 없다. 누구든 간단한 종이와 연필만 있다면 얼마든지 분석해 볼 수 있다.

과로의 원인

직장인이라면 누구나 회사 일을 집으로 가져가본 경험이 있을 것이다. "혹시 주말이나 저녁에 야근을 많이 하고 있습니까?"라고 질문해보면 대부분의 전문 직업인이나 관리자급 사람들은 당연히 야근을 해야 한다고 생각한다. 직급이 높아질수록 책임이 커지므로 이해는 간다. 하지만 이런 시간 외 업무가 얼마나 자주 있는지는 한번쯤 생각해 볼 일이다. 만약 이러한 상황이 개인적인 사생활과 회사 업무 사이의 경계선을 흐려놓기 시작했다면, 당신은 지금 무엇을 위해 일하고 있으며, 어떻게 일할 것인지에 대한 명확한 기준을 다시 정립할 필요가 있다.

사람들은 기업이 인력 감축을 하기 때문에 과로하게 된다고 비난한다. 인원 감축에 의한 다운사이징(down sizing : 기업의 업무나 조직의 규모 따위를 축소하는 일)으로 몇몇 사람들에게 더 많은 일이 할당된다는 것에는 의심의 여지가 없다. 다만, 조직 내에서 초과 근무가 과연 얼마나 필요한 것이며, 이런 초과 근무가 열심히 일하는 사람들을 만족시켰는지, 또 그들의 근무 노력이 가치를 창출했는지는 다시 한 번 생각해 볼 일이다.

웰치Welch et al[1]는 초과 근무에 따른 과로를 '실제 일한 시간과는 다른 주관적 현상'으로 설명했다. 사람들은 보통 자신이 보다 오랜 시간을 일했다고 생각한다. 하지만 연구결과는 좀 다르다. 한 조사 결과는, 사람들이 1960년대에 일했던 시간보다 현재 매년 163시간 씩 더 일하는 것으로 발표하고 있다. 그러나 또 다른 설문 조사에 서는 반대로 현대의 근로자들이 1960년대 근로자보다 140시간이 나 적게 일한다고 보고하고 있다. 물론 이 의견에 대해 주당 60시 간 이상씩 일하고 있는 일부 사람들은 동의하지 않을 것이다.

그렇다면 어떤 요소가 사람들로 하여금 자신의 근무 시간이 증 가했다고 느끼게 하는 것일까? 이 분야에 대한 연구는 매우 복잡하 지만, 여기서는 웰치가 제시하는 몇 가지 보편적인 결론으로 요약 해 볼 수 있다.

- 직장생활과 사생활이 기술 발달로 인해 더욱더 밀착되어 구 분하기가 어려워졌다. 사람들은 자신이 회사 업무로부터 절 대로 분리될 수 없다고 생각한다. 하루 24시간, 일주일 내내 회사나 집, 그 어디에서든 휴대폰에 응답해야만 한다. 여기에 이의를 제기할 사람은 아무도 없을 것이다.
- 여가 시간이 보다 세분화되었다. 그로 인해 다양한 여가를 짧 게 보내고 있다. 따라서 대부분의 사람들은 실제로 충분히 휴 식을 취할 만큼 넉넉한 시간을 가졌다고 생각하지 않는다.
- 어린 자녀를 둔 맞벌이 부부는 집에서나 직장에서나 항상 시 간이 부족하기 때문에 과로했다고 느낀다.

■ 과로에 대한 인식을 개선하려면 업무능력 향상 프로그램을 동시에 추진해야 효과가 있다. 더불어 조직문화, 조직구조, 업무 처리 절차 등이 함께 변화되어야 한다. 그렇지 않으면 그런 과정 자체가 또 하나의 늘어난 일거리로 보일 수 있기 때문이다.

위에서 언급하지 않은 과로의 원인으로는, 사람들이 자신의 개인 시간에 무엇을 하는지, 또 사람들의 사적인 여가 활동이 지난 삼사십 년 동안 어떻게 바뀌어 왔는가도 관련이 있다. 당신의 개인적 여가 시간 중에서 스포츠, 예술, 여행, 특별 훈련 등을 포함한 다양한 사회 활동들이 과거에 비해 어떻게 변화되었는지를 생각해보라. 예를 들어 과거에는 큰맘 먹고 가는 가족 행사였던 주말 나들이가 이제 더 이상 큰 행사가 아니다. 아침 8시 이전에 시작해서 오후 늦게까지 계속되는 야외 파티나 가족 운동회 같은 행사는 하루 종일 걸리기도 한다. 그렇게 사람들의 여가 시간은 구성 내용이나 질적인 면에서 과거와 달리 변화하고 있는 것이다.

그렇다면 사람들이 과연 과로를 해야만 하는 것일까? 이 물음에 대해 나는 끊임없이 일해야만 하는 데서 오는 과로는 사라지거나, 최소한 상당히 감소시킬 수 있다고 생각한다. 물론 사람들이 자신의 성공이나 명성을 위해서 자발적으로 과로하는 특별한 경우는 예외다. 관리자인 당신은 과로가 업무 효율성을 감소시킨다는 것을 고위 경영진에게 보고해 개선하도록 해야 한다. 또 팀 내에서 팀의 운영 원칙을 정해 불필요한 일들을 조정한다면 과로는 충분히 관리될 수 있다. 몇몇 조사에서, 과로를 해결하는 방법으로 직원들에게 보다 많은 자율권을 주어 그들이 언제 어떻게 자신의 일을 수행할 것인지에 대한 융통성을 주어야 한다고 보고하고 있다.

이와 관련해서 조직 내에 몇 가지 규칙을 정해 시행한다면 더욱 효과가 클 것이다. 직원을 통제하라는 의미에서 이런 규칙을 만들라는 것은 물론 아니다. 관리자들이 직원들에게 적정한 업무 기준을 정의해 언제 어디서든 유연성을 발휘하도록 해야 한다. 꼭 필요할 때 직원들이 이 규칙을 따르도록 유도하라는 의미이다. 예를 들어, 자율근무시간 관리제도는 직원들에게 자신의 근무시간을 보다 효율적으로 관리할 수 있도록 한다. 이것은 조직으로서는 근무시간에 대해 낭비되는, 즉 업무 효율이 떨어지는 것을 개선하고 개인적으로는 여가 시간에 다른 취미 생활을 할 수 있도록 해 궁극적으로는 업무 효율성을 개선하는 것이다. 또한 근무 환경에 신기술을 도입해 업무 효율성을 높이고 업무 시간을 줄일 수 도 있다.

과로를 유도하는 '혹'은 어디에서 오는가?

온켄Onken과 왓스Wass는 《관리와 시간 : 누가 혹을 달고 있는가?[2]》라는 논문에서 다음과 같은 질문을 했다. "왜 관리자들은 항상 시간이 부족하다고 말하고 부하직원들은 늘 일에서 벗어나고 싶어하는 것일까?" 이 질문에 대해 그 누구도 시원하게 답하지 못 할 것이다. 또한 이 논문에서는 간단하지─만 쉽지 않은 다음과 같은 몇 가지 추가 질문을 통해 관리자와 부하직원의 관계를 분석하고 있다.(저자는 과로를 유도하는 원인을 사람에게 매달려 괴롭히는 원숭이monkey에 비유했으나 여기서는 '혹'으로 번역했다. ─ 옮긴이)

- 관리자로서 당신은 직원들 일에 깊이 관여할 필요가 있는가?
- 당신은 부하직원들이 뒤에서 하는 모든 공격을 감내할 필요가 있는가?
- 왜 관리자는 부하직원에게 정보를 제공할 책임을 부담해야만 하는가?
- 왜 당신은 업무절차를 바꾸고 직원들에게 책임을 지우지 않고 있는가?
- 부하직원들에게 업무를 위임할 수도 있는데 왜 그렇게 하지 않는가?
- 당신은 직원들이 당신에게 책임을 전가하도록 허용할 것인가?

이러한 질문에 대해 온켄과 왓스는 그 답변의 원인을 분석하고 그 결과를 다음의 5가지로 분류했다.

- 결정한 것에 대한 불안
- 상사로서 정보를 제공하는 데서 오는 체면
- 세밀한 것까지 관리하고자 하는 개인적 욕구
- 타인의 행동에 대한 책임까지 수용하는 무능력
- 당신으로부터 주도권을 잡고자 하는 부하직원

여기서 온켄과 왓스는 위와 같은 상황을 유도하는 직원을 '혹 monkey'으로 표현했으며, 그러한 혹들을 적절하게 관리하기 위한 방법으로 다음의 5가지 규칙을 제시했다.

규칙1. 혹은 길들여 관리하거나 아니면 반드시 폐기시켜야 한다. 그렇지 않으면 팀장은 귀중한 자원만 낭비할 뿐이다.

규칙2. 혹의 숫자는 팀장이 관리할 수 있는 한계치보다 낮게 유지되어야 한다.

규칙3. 혹은 반드시 약속된 규칙대로 다루어야 한다.

규칙4. 혹은 이메일이 아닌 전화나 직접 대면으로 다루어야 한다.

규칙5. 모든 혹은 잘 짜인 업무 계획과 정기적인 점검이 필요하다.

나는 여기에다 그동안 나의 오랜 직장생활 경험에서 얻은 몇 가지 '혹 관리 규칙들' 을 추가해보았다.

규칙6. 다른 혹을 선도하는 직원혹은 환경 변화가 필요하다. 그들의 문제점을 연구하라. 그렇지 않으면 아마도 그들은 계속해서 '혹 사업'을 운영해 갈 것이다.

규칙7. 반드시 서면으로 모든 것을 제출하게 하라. 이런 훈련은 그들로 하여금 한 번 더 자신을 생각하게 한다.

규칙8. 엘리베이터나 자선 행사 같은 사적인 장소에서 그들과 같이 있지 마라. 그들과 당신 사이의 경계를 분명히 하라.

그렇다면 관리자는 '혹 기르기'를 좋아하는 사람들을 어떻게 다루어야 할 것인가? 방법은 두 가지 중의 하나다. 만약에 그들혹을 교육할 수 있다면 기대치에 도달할 때까지 가르쳐야 한다. 그러나 만약 여의치 않다면 그런 혹monkey들은 다른 동물들의 우리에 넣어 버리거나 야생으로 되돌려 보내야 할 것이다.

혹 떼어내기

조직에서 관리자들이 시간관리에 대해 오해하는 부분을 지적해 보자. 휴가 가는 사람의 업무를 남아있는 동료에게 적절하게 위임 하는 것쯤으로 생각하는 팀장이 생각보다 많다. 그러나 유능한 관 리자라면 바로 이때를 불필요한 근무 시간을 발견해내고 조정하는 계기로 활용할 수 있어야 한다. 휴가자가 수행하던 업무의 중요도 와 업무량을 분석해 보라. 일반적으로 인원 감축은 업무를 평가하 고 분석하여 우선순위를 매기고 가치 없는 일을 제거하는 데 그 목 적이 있다. 단지 휴가자의 업무 조정만이 아니라 조직 내의 잃어버 린 시간의 출처를 찾고 그 원인을 제거하는 것이 팀장의 올바른 시 간관리 방법이다.

언제부터인가 관리자들이 어떻게 효과적으로 일해야 하는지를 배우지 않거나 또는 어떻게 능률적으로 일해야 하는지를 잊고 있 는 경우가 많아졌다. 그들은 업무에서 잃어버린 시간의 영향을 무 시한다. 그러나 한 사람의 팀원에 의해 잃어버린 시간은 하루 근무 시간인 8시간의 12.5%라는 보고가 있다. 잃어버린 시간은 다양한 장소에서 단순히 휴식을 취하거나 업무와는 상관없는 다양한 활동 으로부터 발생된다. 온켄과 왓스는 잃어버린 시간을 상사로부터 발생한 시간, 조직 체계에서 발생한 시간, 개인에 의해 만들어진 시 간으로 표현했다. 하지만 잃어버린 시간의 원인은 이런 세 가지 항 목보다 더 다양한 곳에서 발생한다. 잃어버린 시간, 즉 조직에서 발 생하는 낭비 시간을 발생 원인별로 분류해 보았다.

- 최고 경영진에 의해 잃어버린 시간
- 조직 시스템에 의해 잃어버린 시간
- 관리자에 의해 잃어버린 시간
- 기능별 업무 단위에서 잃어버린 시간
- 잦은 회의로 잃어버린 시간
- 사람들이 슬금슬금 낭비하는 시간
- 기타 외부 요인으로 발생하는 잃어버린 시간

최고경영자와 고위층에 의해 잃어버린 시간

이번에는 잃어버린 시간의 발생 원인과 관리 방법에 대해 과로와 일에서의 여유라는 시각으로 살펴보자. 조직 내에서 발생하는 시간 낭비가 가장 많은 부분은 최고경영자과 고위 관리층, 그리고 다양한 위원회 등에 의해 발생한다. 즉 조직 내 여러 가지 규정과 깊이 검토되지 않은 상사의 지시는 직원들의 시간을 낭비한다. 예를 들어 어떤 회사에서 사규에 따른 출퇴근 시간을 정해 놓고, 초과 근무 시간에 대해서는 수당을 지급한다고 규정되어 있다고 하자. 만약 그 회사에서 사무실 출입문에 ID카드 리드기를 설치하고 직원들의 출퇴근 시간을 관리하도록 최고경영자가 의사결정을 했다면 여기서도 시간 낭비의 요소는 발생한다. 예컨대, 어떤 직원이 업무의 일환으로 아침부터 시내 출장을 가야 할 경우, 그 직원은 시간 낭비에도 불구하고 사무실에 들러서 출근 체크를 한 후 목적지로 가야만 한다. 물론 이는 극단적인 예일 수도 있다. 여기서 말하고자 하는 것은 어떤 규칙과 그에 따른 시스템이 물리적으로 예외 사항을 모두 고려하지 않았기 때문에 얼마든지 시간 낭비가 발생할 수 있다는 것이다. 또한 직원들은 수당을 많이 받기 위해서 하루 8시간 정규 근무시간보다 많은 10시간 이상을 체크하는 현상이 나타날 수도 있다. 내가 여기서 말하려는 것은 바로 제도와 규정에 의한 시간 낭비를 없애려면 어떤 제도나 규칙이 실행되기 전에 가능한 모든 잠재적인 문제들을 충분히 고려해야 한다는 것이다.

또 다른 시간 낭비의 사례는 고위 경영진의 의사결정 지연에서 찾아볼 수 있다. 최종 의사결정자의 의사결정 지연에 의한 시간 낭비도 있지만, 의사결정자를 설득하기 위한 부가적인 자료 작성 시간과 설득을 위한 토론 시간도 여기에 포함된다. 이런 의사결정 시스템에서 잃어버린 시간은 다른 안건을 승인 받고자 대기하는 다음 사람의 업무추진에도 영향을 준다. 어떤 특정 안건에 경영진이 몰두하고 있을 경우, 다른 팀장이나 부서장에 의해 제안된 안건은 최고경영자의 책상에서 대기하고 있다. 반면 경영진의 지시를 부하직원이 어떻게 처리할지 몰라서 시간을 낭비하는 경우도 있다. 지시 방향에 대해 토론하고 추가적인 정보를 더 승인 받고자 하는 시간도 최고경영자로 인해 낭비되는 시간의 일종이다. 이렇게 잃어버리는 시간들을 관리하는 것이 쉽지는 않지만 당신이 이러한 사항들을 이해하고 있다면 보다 효율적으로 시간을 관리하는 데 도움이 될 것이다. 예를 들면 직원들 사이의 끝없는 토론을 어디서 중단할지, 불명확한 상사의 지시에 어떻게 대응할지를 시간관리 개념으로 판단하게 되고, 상사의 의사결정이 지연될 때는 다른 업무를 추진하도록 직원들을 독려할 수 있을 것이다.

조직 시스템에 의해 잃어버린 시간

조직은 어떤 목적 달성을 위해 사람을 배치하고 업무를 분담한다. 조직 내에서 개인을 배치할 때에는 조직구조, 업무 지침과 원칙, 업무처리 절차, 그리고 조직이 추진하고자 하는 전략 등 4가지 사항을 고려하게 된다. 이 네 가지 필요 조건은 개인과 조직이 조화를 이루지 못하면 조직 내에서 가치창출을 하지 못할 뿐더러 불필요한 일거리를 발생시킨다.

조직구조에서 발생하는 시간 낭비

조직구조에서 발생하는 시간 낭비는 어떤 업무에 지나치게 복잡히 얽혀있거나 너무 많은 사람들이 의사결정 고리에 관련되어 있을 때 발생한다. 의사결정에 관여하는 사람이 많아질수록 잃어버린 시간을 발생시킬 기회는 점점 커진다. 이 말은 어떤 의사결정에서 전문가나 관련 팀이 관여를 많이 하게되면 될수록, 그들의 전문성을 통해 불필요한 것들을 합리화하거나 오히려 깊이 있는 토의 과정 없이 그냥 하나의 결론에 이르게 된다는 것이다.

특히 규모가 확장되는 조직은 향후 인력 수급에 대한 엄격한 분석없이 인력을 충원하려는 경향이 있다. 충분한 검토 없이 기획 기능을 추가하고, 비록 향후 잠재적 가치창출이 낮다 하더라도 현재의 기능을 계속 유지하려고 한다. 물론 경기가 상승세를 타고 모든 것이 잘 돌아가서 조직이 목표를 달성하고 있을 때에는 문제가 되지 않는다. 그러나 경기가 하강세로 곤두박질치고 인원 감축을 요구하는 시기에 닥치게 되면 직원 감축과 조직의 생존 능력을 토의

하는 과정에서 셀 수 없이 많은 잃어버린 시간이 발생한다.

조직 내에 어떤 업무를 추가하면 대개 인력 충원을 먼저 생각한다. 그러나 인력 충원만이 능사가 아닐 수도 있다. 먼저 현재의 전체 업무량을 점검하고 중요도가 가장 떨어지거나 더 이상 조직에 이익을 주지 못하는 업무는 없는지 분석해 볼 필요가 있다. 이와 관련해서 우선 조직 내 직원들에게 다음의 질문을 해보자.

- 왜 우리는 이 업무를 계속 진행해야 하는가?
- 현재 진행하고 있는 업무는 조직에 어떤 이익을 주는가?
- 만약 특정 업무를 제거한다면 팀이나 조직에 어떤 부정적인 영향이 오는가?

업무지침과 원칙에서 낭비되는 시간

조직이 어떻게 업무를 수행할 것인가에 대한 업무지침과 원칙은 경영자의 조직 철학에 의해 대부분 결정된다. 그러나 팀장인 당신 또한 관리자로서의 경영 철학을 개발해야 한다. 이 철학은 당신만의 업무 특징을 갖도록 해주고 당신의 업무 스타일과 기대치를 보여줄 것이다. 또한 이 철학을 통해 관리자로서의 당신을 정의해야 할 것이다. 한편으로 업무지침과 원칙은 업무에 장애물이 될 수도 있다. 예를 들면 1980년대 IBM은 "직원을 잘 보살피자."라는 방침을 만들었다. 그러나 그들은 이 방침을 지키지 못했다. IBM은 지속적으로 직원 수를 감축해 1986년 407,000명이었던 직원 수가 1992년에는 325,000명으로 감소했다. 시간이 갈수록 IBM은 직원 수를 더 줄였다. 그럼에도 불구하고 1990년대 초 IBM의 CEO는 직원들이 너무 현실에 안주하고 있다고 불평했다. 교육학자들은 조직이 추구하는 원칙은 조직 구성원들 간에 내면화되어야 한다고 주장한다. 팀장은 직원들 속에 내면화되지 않은 원칙과 절차들이 조직 내에서 정당성을 유지하고 있는지 주기적으로 반드시 검토해야 한다.

이 책에서 나는 관리자들이 적극적이고 미래지향적인 사고를 조직의 경영 원칙으로 장려해왔다. 주체적으로 행동한다는 것은 생산적이란 의미를 포함한다. 그러나 말로만 창조성과 혁신을 강조하는 것은 의미가 없다. 조직 시스템은 그룹과 개인의 욕구 사이에 균형이 필요하다. 원칙은 당신이 어디로 조직을 이끌어갈지와 무엇이 되길 원하는지를 구성원들에게 제시해줄 것이다. 팀장의 의도는 확실해야 하며 어떤 새로운 사건이 발생할 때마다 변경해서는 안 된다.

업무처리 매뉴얼과 절차에서 낭비되는 시간

업무처리 절차는 회사 경영 표준을 개발하기 위한 과정으로 소개되어 왔다. 모든 사람들이 학습곡선 효과를 무시한 채 어떤 일을 맨 처음부터 다시 시작할 필요가 없도록 표준화된 업무처리 절차가 강조되었다. 그러나 너무 상세한 업무 매뉴얼이나 절차는 오히려 조직의 성과에 장애가 될 수 있다. 관료화된 조직의 수천 페이지 짜리 업무 매뉴얼을 생각해 보면 금방 느낌이 올 것이다. 너무 상세하게 정한 업무처리 절차는 기계적으로 처리하도록 되어 있어 판단을 허용하지 않는다. 보다 효율적이고 개선된 대안이 가능한 상황에서, 책임과 의무 준수 때문에 정해진 일련의 절차대로 따라야만 한다면 그것 역시 잃어버린 시간을 발생시키는 요인이 된다.

따라서 업무성과에 중점을 두는 관리자라면 목표를 달성하는 데 방해가 되는 규제 위주의 절차는 폐지하거나 개선해야 한다. 이러한 조직 시스템에서 부과되는 시간 낭비는 관리자가 조정해야 한다. 당신은 모든 절차에 대해 의문을 가지고 핵심 절차만으로 최소화할 필요가 있다. 주의할 점은 당신이 조직의 업무 매뉴얼과 절차에 대해 관심을 갖는 동안, 당신 역시 당신의 팀에 어떤 절차를 추가하고 싶다는 생각이 들 것이다. 그러나 이 또한 잃어버린 시간을 유도하는 또 하나의 매뉴얼이 아닌지를 조심해야 한다.

추천하고 싶은 시간 낭비를 줄이기 전략

전략은 조직 안팎의 벤치마킹 과정을 통해 쉽게 도출될 수 있다. 벤치마킹의 목적은 바로 시행착오를 줄이자는 것이다. 그러나 이것도 선별적으로 받아들여야 한다. 예를 들어, 어떤 업무처리 절차가 몇몇 팀에서 상당한 효과를 주었다고 해서 이와 똑같은 절차가 다른 팀에서도 반드시 긍정적이지만은 않을 수도 있다는 말이다. 마찬가지로 어떤 팀에서 효과적이었던 방법이 동일한 조건이라도 다른 팀에선 그대로 적용되지 않을 수도 있다. 이러한 논리는 팀 내의 업무 절차에도 적용해 볼 수 있다. 과거에 성공했던 전략이 미래에도 그대로 성공되리라는 법은 없다. 오히려 과거의 성공이 미래의 새로운 업무 추진에 걸림돌이 될 수 있다. 이처럼 벤치마킹이 시행착오를 줄일 수 있는 방법임에는 분명하지만 반대로 벤치마킹 때문에 새로운 개발이 지연되고 실패에 의한 시간 낭비를 가져올 수도 있다. 이것 또한 조직 시스템과 전략에서 발생할 수 있는 잃어버린 시간의 유형이다. 그러므로 조직의 전략은 기존에 알려진 공유 자산common property을 벤치마킹 하되 맹목적으로 받아들이기보다는 반드시 시간을 가지고 단계적으로 진화된 프로세스를 개발하는 것이 보다 중요하다.

관리자에 의해 잃어버린 시간

대부분의 관리자는 스스로가 잃어버린 시간을 발생시키면서도 그것이 조직의 성과에 부정적인 영향을 준다는 것을 인식하지 못한다. 예를 들면, 효과와 능률을 무시한 과도한 계획을 요구하는 것, 충분한 검토 없이 어떤 새로운 전략을 조직에 만병통치약인 것처럼 도입하는 것, 어떤 분야에 대해 타사의 벤치마크만을 요구하는 것, 끊임없이 우선순위를 바꾸는 것, 예상되는 효과에 대해 충분한 사전 검토 없이 무리하게 추진하는 것, 단기 업적을 위해 근시안적인 것을 추구하는 것 등을 들 수 있다. 그 이외에도 관리자의 잘못된 판단이나 어떤 일을 충분한 검토없이 무리하게 추진해 조직이 겪는 시행착오 등도 관리자가 발생시키는 시간 낭비의 예이다.

기능별 업무 단위에서 잃어버린 시간

독립된 업무 단위functional units에서 오는 시간 낭비도 있다. 기능별 업무 단위에는 다른 업무 단위와 관련 없이 독자적으로 추진하는 업무영역이 있다. 그들은 자신의 업무영역을 보호하기 위해 타 업무 단위와의 유기적 연계를 회피하는 경우가 있다. 그들은 그들만의 업무영역 외에 다른 팀의 일에는 관심이 없다. 그러다보면 업무를 반복하게 되며, 비능률적으로 진행되어 조직이 전체적으로 잃어버린 시간을 발생시킨다. 이것은 역동적이고 안정적인 조직을 구축하는 기회를 방해한다. 그러므로 팀장으로 성공하기를 바란다면 당신은 이런 독자적인 업무 단위를 적절히 조화하고 통합해야 한다.

- **연구 과정에서 잃어버린 시간** : 연구 업무를 담당하는 인력들은 독자적으로 자신의 페이스에 따라 일하려는 습성이 있다. 그들은 매우 계획적이고 단계별로 연구를 진행하려다 보니 연구 단계를 뒤집는 행위, 예를 들면 그들이 계획한 마지막 실험을 처음에 하도록 수정하는 것은 있을 수 없는 일이다. 하지만 그들의 연구 결과가 어떤 성과나 서비스로 전환되지 못한다면 조직의 입장에서 볼 때 그것은 무용지물이다.
- **제품 개발 과정에서 잃어버린 시간** : 제품 개발 절차가 연구팀의 연구 활동과 격리되어 있다면 보다 많은 시행착오를 반복해야 한다. 이 두 업무 단위는 신상품 도입이나 공정 개선 과정 초기부터 상호협력하고 스케줄을 맞춰야 한다.
- **제조 과정에서 잃어버린 시간** : 제조 과정은 제품이나 서비스가 고객에게 전달되기 전 마지막 단계이다. 연구나 개발 절차가 잘 되었다 하더라도 제조 과정에서 불량품 허용 기준을 초과하는 제품이 생산된다면 이 때문에 고객과의 문제가 발생할 수 있다. 이것을 바로잡기 위한 재공정 시간 또한 전체 제품 출시 과정에서 잃어버린 시간이 발생된다.

- 마케팅, 판매 과정에서 잃어버린 시간 : 마케팅과 판매는 기업 외적 요소와 연계된다. 만약 수많은 비용과 시간을 투자해 개발한 제품을 고객이 구매하지 않는다면 지금까지의 모든 노력과 과정이 물거품이 된다. 따라서 제품의 연구와 개발, 제조과정 전체에 고객의 니즈가 반영되지 않았다면 지금까지의 모든 노력은 잃어버린 시간이 될 수도 있다.

- 물류, 배송 과정에서 잃어버린 시간 : 물류 배송은 어쩌면 독립적인 업무 단위로 볼 수도 있다. 적어도 고객이 늦은 배달을 불평하거나 배송 중 분실, 반품 전화가 울릴 때까지는 지금까지의 과정과는 독립된 업무 절차로 보일 수도 있다. 하지만 배달 지연의 원인은 제조 팀으로부터 제품을 적시에 공급받지 못한 것일 수도 있고, 판매팀으로부터 판매전표를 접수하지 못한 경우일 수도 있다. 그 과정에서 분실된 물건을 찾고 지연된 날짜를 맞추고 변경하여 배달된 것의 불만을 처리하는 것은 물류 배송에서의 시간 낭비를 증가시킨다. 이 모든 과정은 제조, 판매 과정과 연관되어 발생된 조직의 잃어버린 시간이다.

- 고객 서비스 과정에서 잃어버린 시간 : 고객 서비스는 판매 전후 활동을 포함한다. 이 절차는 상품이 팔릴 때부터 시작해서 고객이 상품에 만족할 때 종료된다. 제품의 성능 불량 때문에 화난 고객을 달래기 위한 시도는 잃어버린 시간을 증가시킨다. 이 또한 제조, 판매, 유통의 각각 독립된 업무 단위와 연계되어 발생하는 시간 낭비이다.

- 자금팀에서 잃어버린 시간 : 자금팀도 예외는 아니다. 제품의 연구와 상품 개발, 마케팅 등 업무가 진행됨에 따라 소요되는

자금과 판매를 통한 자금 유입의 적절한 균형은 전체 팀의 업무와 유기적으로 연계되어야 한다. 여기에서 작은 오차라도 발생되면 전체 영업이 지연될 수 있고 이것은 곧바로 잃어버린 시간을 발생시키는 요인이 된다.

■ 인사팀에서 잃어버린 시간 : 후선 부서인 인사팀은 제품 생산 사이클에 직접적으로 연루되어 있지 않아 보일지도 모른다. 그러나 이 역시도 잃어버린 시간의 원인이 될 수 있다. 예를 들어, 개인 성과평가에서 평가 절차가 지나치게 복잡하고 평가 과정에 시간이 많이 소요된 경우 복잡성에 비해 가치창출을 하지 못한다면 전 직원에게 시간 낭비를 유도하는 것이다. 또한 평가의 공정성에 대해 직원들이 불만을 토로하거나 이것이 원인이 되어 의욕상실로 이어진다면 이것 역시 잃어버린 시간에 포함되어야 한다.

잦은 회의로 잃어버린 시간

잘못된 회의는 참석한 모든 직원들의 근무 시간을 낭비하게 하는 것으로, 잃어버린 시간을 발생시키는 대표적인 원인 중의 하나이다. 회의는 필요하지만 적절히 관리되어야 한다. 너무 많은 사람들이 참여하는 회의는 결론을 내기가 어려우며, 때로는 제출되는 안건 자체를 위한 토론회로 끝나기도 한다. 때로는 회의를 주재하는 사람을 위해서 다른 참석자들이 모두 시간을 희생해야 한다. 또 안건에 대한 참석자의 이해 정도가 서로 달라 모든 참석자의 시간을 낭비하는 경우가 비일비재하다.

회의 진행을 위해 사람들이 참여하도록 유도하고 사전에 정보를 제공하는 것도 중요하지만 시간 낭비를 최소화할 수 있는 적절한 방법을 찾는 것이 더 중요하다. 팀장은 관리자로서 자신이 속한 팀의 활동은 물론 다른 조직의 많은 회의에도 참여할 것이다. 당신이 비록 타 조직의 회의를 통제하거나 계획할 수는 없을지라도, 당신 팀의 회의만큼은 효과적이고 능률적으로 계획해야 한다. 회의를 진행하는 11가지 원칙은 다음과 같다.

- 회의 목적을 정의하라.
- 안건을 정하되 유연성을 허락하라.
- 참가자에게 필요한 구체적인 준비 사항을 미리 알려줘라.
- 회의 목적에 기여하거나 회의 내용을 꼭 알아야 할 소수의 인원만 참가시켜라.
- 토론보다는 대화에 힘써라.
- 발표는 사실과 주장의 정당성에 중점을 두라.
- 모든 참석자에게 핵심적인 정보를 공유하게 하라.
- 이용 가능한 자료를 기초로 필요한 의사결정을 하라.
- 향후 계획과 과제에 관한 구체적인 실천 방법과 일정을 만들어라.
- 회의 결과를 문서화하라.
- 결과에 대해 알아야 할 지위에 있는 사람들과 대화하라.

시간 제약으로 인해 일련의 형식적인 단계를 거치지 않은 채, 회의가 즉흥적으로 개최될 수도 있다. 만약 어떤 제약 조건이 허락된다면, 되도록 일련의 단계를 따르고 회의 시간 전에 자료와 각자의 역할을 배부하라. 이를 통해 체계적이고 질서 있는 회의를 유도할 수 있게 되고 불필요한 회의 시간 낭비를 줄일 수 있다.

사람들이 슬금슬금 낭비하는 시간

한때 경영자들은 직원들이 사적인 용무로 소비하는 시간들에 대해 관심이 많았다. 개인적인 일로 회사 전화를 이용하거나, 회사 물품들을 사적으로 유용하거나, 탕비실 정수기 앞에서 수다를 떨면서 소비하는 시간 등을 통제하려고 했었다. 하지만 오늘날의 경영자들은 직원들이 사적인 이메일과 인터넷 서핑으로 낭비하는 어마어마한 시간들을 어떻게 관리할지에 대해 더 고민하고 있다. 어떤 조사에 의하면 직장인이 하루에 평균 한 시간 정도를 사적인 이메일과 인터넷으로 허비한다고 보고하였다. 그러나 이것이 하루에 1시간이냐, 30분이냐는 중요하지 않다. 이것 자체가 잃어버린 시간이다. 이 수치가 직원 수만큼 배가되면 이는 조직에서 심각하게 고려해야 할 문제이다. 10,000명의 조직이라면 하루에 10,000시간의 근무 시간을 허비하는 것이다. 현재 이런 일들은 대부분의 조직에서 일상적으로 일어나고 있는 것이 현실이다.

조직에 있는 모든 사람은 일정 부분 시간을 낭비하게 되는 것을 피할 수는 없다. 어느 누구도 하루 근무시간의 100퍼센트를 계속 집중해 일하는 것은 쉽지 않은 일이다. 물론 일정 부분은 이것이 용인될 수밖에 없겠지만 조직의 입장에서는 이러한 잃어버린 시간을 얼마나 줄이느냐가 문제이다. 이는 곧 생산성과 직결된다. 상당수의 낭비된 시간은 내부 규율의 미흡에서 발생하는 경우가 많다. 여기서 규율이란 반드시 엄격한 처벌이나 강제를 의미하지는 않는다. 규율은 상황에 맞는 균형과 자율에 의한 실행의 개념도 포함된다. 따라서 수용 가능한 목표를 정하고 수용 불가능한 한계를 설정해 지속적으로 개선할 필요가 있다.

내가 처음으로 14명의 엔지니어와 함께 감독자로 근무하게 될 때의 일이다. 나는 매번 프로젝트에 관한 월례 보고서를 작성하느라 많은 시간을 허비해야 했다. 한 명의 총 관리자에게 보고하는 8명의 감독관이 있었고, 전체 부서에는 150명의 엔지니어와 기획 담당자, 설계 담당자가 있었다. 8명의 감독관은 30명 남짓 되는 다른 관리자에게 특별한 고도의 공학기술 서비스를 제공했다. 지금과 같은 워드 프로세서와 개인용 컴퓨터는 단지 꿈에 불과했던 시절, 그 당시 모든 보고서는 타이프로 직접 쳐야 했다. 나는 공학 이사에게 보고하는 15명의 관리자 중 한 명이었다. 우리는 특정한 가치창출을 위한 프로젝트에만 월례 보고서를 제출하겠다고 제안했다. 그렇게 되면 우리는 보고서를 작성하는 데 소요되는 노력을 무려 85퍼센트 감소시키는 시간 절감 효과를 가져오기 때문이다. 처음에는 제안을 거부당했다. 그러나 나는 지속적으로 월례회의 때마다 이 문제를 제기했고, 마침내 나의 관리자는 동의해 주었다. 그래서 우리는 일정 수준이하의 프로젝트에는 보고 자료를 제출하지 않게 되었다. 우리는 그와 관련된 30명의 관리자로부터 어떠한 비평도 받지 않았다. 이로써

이 소규모 프로젝트를 위한 보고서 문제는 깨끗이 끝났다. 이처럼 보고서 제출 방법을 바꾸지 않았다면 우리는 얼마나 많은 시간을 소모적인 보고서 작성에 낭비해야만 했을까?

외부 요인에 의해 잃어버린 시간

외부와 연관된 많은 일들이 조직 내 잃어버린 시간의 원인에 다양한 영향을 미친다. 모든 조직은 외부와 연관이 있다. 재료나 물품을 조달받는 외부 공급자, 서비스를 제공받는 업체, 그 외에도 특별한 관련기관이나 이익단체와도 연관되어 있다. 그들 중 몇몇은 성가시고 피곤할 수도 있으나 어쨌든 그것들 역시 관리되어야 할 대상들이다. 외부 공급자는 자산과 부채, 두 가지 측면에서 모두 중요하다. 만약 그들이 약속을 이행한다면 그들은 우리의 자산이 될 것이고, 그들이 약속을 지키지 못한다면 우리는 그 문제를 해결하기 위해 많은 시간을 허비할 수밖에 없다. 정부 관청은 말단 직원에서부터 고위층에 이르기까지 우리에게 서비스를 요구함으로써 우리의 시간을 제약한다. 피터 그레이스Peter Grace[3]는 그의 보고서에서 미국의 경우, 36개의 대책본부와 161개의 주식회사 임원, 그리고 2,000명의 자원봉사자가 연방정부 업무와 관련되어 있으며, 연방정부의 비용 통제를 통해서 2,478가지의 비용 절감과 수익 개선 효과가 가능하다고 보고했다.

지역사회에서도 어떤 요구를 해 올 것이다. 이는 결국 회사의 운영이나 영업과 관련되는 사항이므로 무시할 수 없다. 경우에 따라서는 지역 사업을 지원하거나 어떤 지역사회의 조직에 참여해야 할 수도 있다. 이는 조직에게 어떤 이익이 있는지를 비용 대비 수익 측면에서 점검하여 판단할 일이다. 이러한 모든 외부 요인은 조직의 위상과 존립에 어떤 영향을 주게 된다. 따라서 그들과의 관계나 참여 여부는 조직의 입장에서 통제할 필요가 있다.

잃어버린 시간 되찾기

지금까지 설명한 여러 종류의 잃어버린 시간의 원인을 당신의 업무에 적용하고 싶다면 앞으로 10일 동안 잃어버린 시간에 대한 보고서를 작성해 보라. 여기에는 어떤 프로그램이나 컴퓨터도 필요 없다. 단지 종이와 연필만 있으면 충분하다. 이 보고서의 목적은 당신이 어떤 일에 시간을 할애하고 있는지에 대한 아이디어를 얻는 것이다. 절차는 매우 간단하다. 우선 당신이 해야 할 향후 10일간의 모든 일들과 대략적인 시간을 적어보라. 정밀함을 요하는 것이 아니라 추세를 보고자 함이다. 오직 당신이 어디에 주된 시간을 사용하고 있는지를 찾는 것이 목적이다. 당신의 시간 소비가 관리자로서 해야 할 일과 주로 일치하는지를 점검하라. 이것은 오직 당신 개인을 위한 것이다. 다음과 같이 업무를 작은 단위로 쪼개고 거기에 사용되는 시간을 분석해보자.

- 전화 통화 시간
- 웹사이트 검색 시간

- 이메일 송수신 시간
- 회의에 소비하는 시간
- 생산적인 일에 투자하는 시간
- 업무활동 수행 시간
- 관리자로서 직원들을 위해 일하는 시간
- 미래에 대한 계획이나 필요조건을 점검하는 시간
- 사무실을 떠나 있는 시간
- 전문가 또는 다른 관리자와 상호 교류하는 시간
- 조직의 어떤 특별한 임무 활동 시간

이러한 항목에 대한 검토는 당신이 어디에서 얼마만큼의 시간을 쓰고 있는지에 대해 스스로 재평가할 수 있게 해준다. 그뿐 아니다. 몇 가지 활동들은 다른 사람에게 위임하는 방법도 생각할 수 있게 해준다. 예를 들어, 만약 관리자로서 당신이 팀원들과 많은 시간을 보냈다면 왜 그런지 그 이유를 찾아보자. 혹시 팀장으로서 능력이 부족하기 때문인가? 아니면 그들의 불평과 투쟁에 대해 대화하기 위한 것인가? 아니면 부서의 향후 방향에 대한 명확한 비전을 제시하지 못하고 있기 때문인가? 등을 생각해보자.

효과적이고 능률적으로 일하는 법 배우기

조직의 목표를 달성하기 위해서는 많은 제약 조건을 극복해야 한다. 그러한 결과는 조직 내에서 금전적인 보상으로 연결되어야 한다. 직원은 제때 월급 받기를 원하며, 공급업체들은 제때 대금 결제가 되길 원한다. 또 정부 조직 내의 다양한 위치에 있는 직원들은 그들에게 부여될 업무 할당량을 원할 것이다. 어떤 조직이든 관리자에게 있어서 효과적이고 능률적으로 일하는 방법을 연구하는 것은 매우 중요하다. 우리 주변에 새로운 업무 방법은 많지만 그중에서 어떤 것이 올바른 방법이고 어떻게 이용해야 하는지는 깊이 생각하고 결정해야 한다.

시대의 변화와 함께 업무 방법은 계속 새롭게 변화하고 있다. 서류 작성 방법은 타자기에서 컴퓨터로 변했고, 의사소통도 이메일이나 메신저가 대면 대화를 대신하고 있다. 유용한 정보의 개념도 점차 바뀌어 자료도 문장으로 된 문서보다는 엑셀이나 스프레드시트로 된 숫자 중심 자료로 바뀌고 있다. 어떤 업무에서 그동안 강조되어 오던 포인트가 이제는 무의미해지고 다른 새로운 체크 포인트가 등장한다.

일하는 법을 구체적이고 자세하게 설명하라

지금까지 살아오면서 당신에게 일하는 법을 자세히 설명해주는 사람이 있었는지 생각해보라. 아주 세세한 부분까지 효율적으로 일하는 법을 가르쳐준 누군가가 있었는가? 아마도 대부분은 그렇지 않을 것이다. 언젠가 학창시절, 나는 아르바이트로 이중창문에 페인트칠하는 일을 한 적이 있다. 나는 집에서 수없이 이중창문을 페인트칠 해왔고 내가 잘한다고 생각했었다. 나는 첫 번째 일거리를 잡았고, 정상적으로 끝마치고 돌아왔다. 그 다음날 내가 학교에서 돌아왔을 때, 주인은 나에게 무척 화가 나 있었다. 그는 면도칼을 주면서 내가 작업했던 부분 중 울퉁불퉁하게 페인트칠을 한 부분을 제거하라고 말했다. 그렇지 않으면 임금을 줄 수 없다는 것이다. 3시간이 넘게 페인트 제거 작업을 했다. 그제서야 주인은 나에게 이 중창문의 페인트를 어떻게 칠하는 것인지, 전문적인 기술을 가르쳐 주었다. 그는 페인트가 담긴 접시에 페인트 붓을 적당하게 담그는 요령, 지나치게 울퉁불퉁한 것을 제거하는 방법, 페인트가 창문 유리에 안 닿게 칠하는 방법 등을 시범을 보이면서 설명해 주었다. 교육은 거기서 끝나지 않았다. 그는 내 손을 잡고 모든 순서를 계속 반복해주었다. 여러 번의 반복 교육 후에 내 스스로 직접 시도할 기회를 주었다. 그리고도 계속 지켜보면서 지도해주었다. 이것이 바로 내가 진정한 '가르침'이라 부르는 것이다. 이렇게 배운 이후부터는 나는 결코 창문 유리에 페인트를 떨어뜨리는 일이 없었다. 나는 생산성이 향상되었을 뿐만 아니라 진심으로 페인트칠하는 것을 즐기게 되었다. 그리고 그 분야의 전문가, 즉 프로가 되었다.

관리자는 팀원을 적극적으로 가르칠 의무가 있다

그 경험은 그 후 나의 업무에도 영향을 주었다. 어떤 관리자는 목표를 설정하고 사람들이 그 일을 할 수 있도록 문제점만을 제거해 주려고 한다. 그러나 이런 접근은 사람들이 업무수행에 필요한 능력과 기술, 태도가 충분히 있을 때에만 효과가 있다. 관리자로서 팀장은 팀원을 보다 적극적으로 가르칠 의무가 있다. 만약 당신에게 그 능력이 없다면 누군가 일하는 방법을 자세히 가르쳐 줄 수 있는 사람을 당신의 팀원들에게 찾아주어야 한다.

이제 당신의 팀으로 돌아가 보자, 페인트칠에 대한 나의 어린 시절 교육 사례는 전문적인 기술을 다루는 오늘 당신의 팀에도 적용할 수 있을 것이다. 당신 팀에 새로운 업무에 대한 제안을 제출하도록 지시가 내려졌다고 해보자. 당신은 잠시 업무 분담에 대해 생각해 본 뒤 팀원 중 적임자라고 생각하는 마이크에게 책임을 위임하고 업무 지시를 할 것이다. 비록 그가 신입 직원이지만 그 업무를 처리할 수 있을 것이라고 생각하기 때문이다. 따라서 당신은 이런 프로젝트가 마이크에게 새로운 기회가 될 것이고, 그 결과를 통해서 그의 능력을 평가할 수 있다는 결정을 하게 될 것이다.

주중에 당신은 "마이크, 어떻게 지내?"라고 안부를 묻는 말을 제외하고는 마이크와 제안에 대해 특별한 대화를 하지 않았다. 물론 마이크도 "좋아요." 라고 대답한 것이 전부다. 그러나 마이크가 제출한 초안을 읽은 다음에 당신은 그가 "좋아요." 라고 대답한 것이 당신과 다른 의미를 가졌음을 깨닫는다. 당신은 마이크가 제출한 보고서에 실망한 것이다. 그 보고서는 기존의 보고서와 거의 같은 수준이다. 제기된 주제에 대한 향후 대안이 없다. 그래서 마이크를 불러 그 신입직원에게 무엇이라고 말할 것인가? 문제와 관련된 당신의 관심사를 말할 것인가? 마이크에게 당신의 실망에 대해 직접적으로 말할 것인가? 아니면 간접적인 방법을 택할 것인가? 그것도 아니면, 당신의 기대와 실망을 마이크에게 솔직하게 말해줄 것인가? 혹시 대화하는 동안 마이크가 그의 방법론과 결론을 정당화할 기회를 줄 것인가? 불러서 실망과 비판을 말할 것인가 아니면 마이크에게 무엇이 더 필요한지 알려주는 기회로 활용할 것인가?

업무 지시를 명확히 하고 적절한 시간에 점검하라

대화로 인해 마이크의 자존심과 당신의 신뢰를 깨뜨려서는 안 된다. 사실대로 털어놓고 그리고 당신의 관심사에 대해 명확히 하라. 위의 사례에서 당신은 두 가지의 중요한 질문을 제기해야 한다.

첫째, 왜 당신은 처음에 마이크와 함께 앉아 더 세부적인 계획에 대해 논의하지 않았는가? 그저 단순한 지시만 했을 뿐, 사전에 서로의 생각과 기대치, 방법에 대한 내용들은 전혀 논의하지 않았는가? 업무에 있어 사람들이 사전에 고려해야 할 것은 마감 시간표가 아닌 연구해야 할 사항들이며, 마이크가 그동안 다른 관리자들로부터 받았던 것과는 차별화된 당신의 기대치에 대해 확실한 윤곽을 제시해야 한다. 당신과 마이크는 둘 다 제안된 요구 조건과 타이밍에 대해 충분히 인지하고 공유할 수 있도록 관련된 세부 사항을 검토하는 만남을 가져야 한다. 팀장은 마이크에게 질문할 수 있도록 기회와 제안에 대한 요약을 해주고, 명백히 해야 할 사항을 알려주어야 한다. 본질적으로 당신의 경영철학엔 실행이 뒤따라야 한다. 당신이 원하는 것이 무엇인지 정확히 전달하라. 그런 다음 비켜서라.

둘째, 당신은 적절한 시간에 그가 얼마만큼 진도가 나갔는지에 대해 왜 확인하지 않았는가? 관리자의 중요한 책임 중에 하나는 업무추진 과정의 진도 관리와 바른 방향으로 가고 있는지에 대한 진도 점검이다. 일이 진행되고 시간이 지나면 지날수록 잘못된 업무를 바로잡는 데 필요한 잃어버린 시간은 점점 더 커진다.

■ 조직에서 시간 낭비 요인은 반드시 제거되어야 한다. 잃어버린 시간의 원인을 찾고 제거하는 방법을 개발하는 건설적인 작업을 통해 생산적인 시간을 보다 확장시킬 수 있다. 앞 장에서 언급했듯이 시간은 회복 불가능한 자원이기에 소중하게 다뤄야 한다.

■ 오늘날 우리가 과로하고 있는지 아닌지는 그것을 수용하는 사람들의 인식 차이에서 비롯된 문제이다. 오늘날 우리는 너무 다양하고 너무 많은 것들을 하려고 한다. 만약 당신이 주당 60시간을 일한다 해도, 그것을 즐긴다면 그것은 이미 과로가 아니다. 하지만 당신이 싫어한다면, 주당 40시간을 일하면서도 늘 과로한다고 생각할 것이다.

■ 온켄Onken은 관리자에게 그들의 등에서 몇 가지 혹을 뗄 것을 강조하고 있다. 소위 '혹'은 통제 가능한 개수 범위에서 관리할 것을 권고하고 있다.

■ 우리가 그 혹을 극복하고자 한다면, 먼저 조직의 목표달성에 장애가 되는 '잃어버린 시간'의 원인을 확인할 필요가 있다. 우리 주변을 둘러싸고 있는, 즉 목표달성을 무력화시키는 잃어버린 시간의 원인을 밝혀보자.

■ 주기적으로 잃어버린 시간에 대한 자신의 보고서를 만들어 보자. 그것은 우리가 사용해야 할 시간을 잘 쓰고 있는지를 점검할 수 있게 해준다. 우리가 하는 부서 단위 업무는 조직의 가치창출에 기여하는 방향이어야 한다.

■ 지속적인 교육은 그것이 정규 학습이든 새로운 지식에 대한 개발 경험이든지 상관없이 조직의 성공에 도움을 주고 지속시켜 줄 것이다. 어떻게 생각해야 하는지, 그리고 어떻게 효과적이고 능률적으로 일해야 하는지에 대한 배움은 생산적인 작업에 이용 가능한 시간을 증가시켜 줄 것이다.

시간에 쫓기는 팀장을 위한 시간관리 요령

직장인들은 직급이 올라갈수록 시간이 부족하다는 것을 느낀다. 어떤 팀장들은 '시간 없다'는 말을 입버릇처럼 입에 달고 다닌다. 하지만 어떤 의미에서 시간이 부족하다고 말하는 것은 자신이 시간관리에 무능하다는 것을 입버릇처럼 말하는 것이나 다름이 없다. 정말로 시간을 잘 관리하는 사람은 누구에게나 부족한 시간을 자신만의 시간관리 기법으로 만들어내기 때문이다.

나는 하루 일과를 가능한 한 작은 시간 단위로 쪼개 계획을 세울 것을 권한다. 이 방법은 몇 년 전에 유행했던 시테크 기법의 아이디어를 그대로 원용한 것이다. 우선 일기장처럼 날짜가 표시된 수첩이나 공책을 준비하고, 거기에 하루의 시간을 24시간, 또는 보다 자세하게 30분 단위로 분할한다. 그리고 자신의 하루 일과를 30분 단위로 계획하고 매일, 매시간 단위로 자신의 결과를 기록하는 것이다. 3일만 진행하다 보면, 내가 어디에서 시간을 낭비하고 있는지, 어떤 일에 얼마만큼의 시간을 할당해야 하는지에 대한 자신만의 노하우가 생긴다.

어쩌면 이것은 매우 번거로운 일이다. 이론적으로는 쉬워도 실천하기란 그리 쉬운 일이 아니다. 하지만 내 주위에는 이런 방법으로 자신의 시간관리에 성공한 직원이 실제로 있다. 그는 자신의 하루 일과를 10분 단위로 쪼개서 계획을 세우고 한 시간 단위로 그 계획대로 진행되었는지를 점검하고 기록한다. 하루의 목표가 있고 일주일의 목표가 있고 그것이 모여서 한 달, 1년의 목표를 만드는 것이다. 이러한 생활 습관은 자신의 개인 목표는 물론 회사의 업무 목표 달성에도 무척 유용하다. 소위 성공한 사람들과 혹시 만나본 적이 있는가? 또 CEO들과 점심을 같이할 기회가 있었는가? 소위 성공했다는 사람들은 대부분 양복 안주머니에 길다란 수첩을 가지고 다닌다. 그들은 누구와 약속할 때면 그 수첩을 꺼내서 촘촘하게 기록하고 시간 날 때마다 그 수첩에 하루의 일과며 해야 할 일과 만난 사람들의 특징을 기록하는 습관이 있다. 성공하는 사람들과 그렇지 못한 사람들의 차이는 그 수첩을 얼마나 꼼꼼하게 기록하고 얼마나 자주 들여다 보는가에 있다고 해도 과언이 아니다.

이제부터는 한번쯤 실천해 볼 일이다. 단순하고 쉽게 할 수 있는 '수첩 쓰기' 하나가 자신의 성공적인 삶을 보장해 준다는데 그 정도야 가능하지 않겠는가? 지금부터 실천해 보자.

NOTES

1. Julia A. Welch, Rachel K. Elbert, and Gretchen M. Spreitzer, "Running on Empty: Overworked People in Demanding Environments," Chapter 3 in Pressing Problems in Modern Organizations, Robert E. Quinn, Regina M. O'Neill, and Lynda St. Clair, editors (New York: AMACOM, 1999), pp. 59–76.
2. William Oneken, Jr., and Donald L. Wass, "Management Time: Who's Got the Monkey?," Harvard Business Review, November–December 1974. Reissued November–December 1999.
3. J. Peter Grace, Executive Committee Chairman, President's Private Sector Survey on Cost Control (Washington, D. C.: Superintendent of Documents, Document No. S/N 003-000-00616-6, 1984)

조직에 필요한
유능한 팀장을
키워내는

팀장 제조 매뉴얼   Manual for Changing Manager

✱ 팀장은 직책이 아니라
이제 브랜드다!

제7장 | 커뮤니케이션과 리더십

Leadership and Communications

관리에 관한 다양한 기법들을 실무에 적용하기 위해서는 리더십과 대화술, 직책에 맞는 전문 지식과 목표를 향한 적극적인 태도, 그리고 조직과 조화를 이룰 수 있는 개성 등이 필요하다. 이 장에서는 관리자에게 꼭 필요한 리더십에 대해 알아보자. 다만 여기서 말하는 리더십은 조직의 최고경영자가 아닌 새로 임명된 관리자인 팀장의 입장에서 필요한 것이다. 똑같은 이론을 적용하더라도 각각의 관리자 지위에 따라서 실무에 다르게 적용될 수 있기 때문이다. 또한 이 장에서 우리는 의사소통communication에 대해서도 생각해 볼 것이다. 주로 어떤 것들이 커뮤니케이션 되어야 하며, 실제로 어떤 것들이 실천되고 있는지도 논의하게 될 것이다.

리더십의 필요성

리더십을 다루는 책들을 읽다 보면 많은 모순을 발견하게 된다. 우리가 보통 '리더십'이라 일컫는 활동에는 200가지 이상의 정의가 있다. 하지만 일반적으로 책에서 말하고 있는 정의는 현실에서 조직을 이끌어가는 관리자의 행위나 절차를 모두 수용하지 못하고 있다. 그것은 어떤 정의도 사람과 환경에서부터 발생하는 모든 딜레마를 일관되게 포함할 수 없기 때문이다.

일반적으로 리더십이라 하면 거창한 고위 정치나 글로벌 기업 CEO의 의사결정을 연상하게 된다. 제2차 세계대전 때 영국의 처칠 수상Winston Churchill이나 미국의 루즈벨트 대통령Franklin D. Roosevelt, 또는 미국 GE의 전 CEO였던 잭 웰치Jack Welch와 IBM의 CEO, 인권운동가인 마틴 루터 킹Dr. Martin Luther King의 리더십을 생각하게 된다.

하지만 초급 관리자의 리더십은 이런 것들과는 거리가 멀다. 당신은 지금 제2차 세계대전을 수행하는 것이 아니다. 당신은 휴렛패커드Hewlett Packard와 콤팩Compaq을 합병하여 혁신을 추구하는 피오리나Carly Fiorina도 아니다. 초급관리자인 당신에게 지금 당장 필요한 리더십은 적게는 3~4명, 많게는 10~15명 미만의 사람들의 활동을 관리하는 것이다. 그 정도의 규모에 눈높이를 맞춰야 한다. 더 나아가 다른 많은 부서들과 상호협력하여 조직 전체의 목표를 달성하고자 하는 소규모 부서나 팀이 당신의 리더십 대상이다. 여기서 필요한 리더십은 오늘 현재 팀에 부여된 임무를 완수하는 리더십이며, 더 나아가 부서의 미래 생존을 위해 해야 할 일들을 솔선수범하는 리더십이다.

리더십에 관한 연구

크리에이티브 리더십 센터Creative Leadership Center[1]는 750명의 기업체 경영자를 대상으로 "리더십과 관련하여 기업에서는 어떤 활동을 하고 있는가?"를 묻고 다음과 같은 응답 결과를 얻었다.

- 다수의 응답자(79%)들은 리더십을 개발하는 것이 조직의 경쟁력을 높이는 5대 요소 중 하나라고 생각한다.
- 대부분의 경영자(90%)들은 기업의 규모와 상관없이 리더십 개발을 위해 노력하고 있다.
- 사람을 관리하는 기법은 인간의 개인적 특성을 다루는 것으로 가장 중요하게 다루어져야 한다. 오늘날 이는 최고경영자의 전략적 경영기법이나 프로세스 관리기법 보다 더 중요한 관리기법으로 평가되고 있다.
- 인간의 개인적 특성은 직급이 올라갈수록 발전한다.
- 절반 이하의 응답자(42%)들은 리더십 전략에 대해 고려하고 있거나 내부적으로 추진해본 적이 있다.
- 절반 이하의 응답자(49%)들은 리더십 기법 개발을 지원하는 인사관리(HR)프로그램을 가지고 있다.

이 통계는 리더십에 대한 관심을 나타내고 있지만 한편으로는 현실적이지 못한 면도 보여주고 있다. 경영자들은 보다 많은 리더십을 끊임없이 추구하고 있다. 79퍼센트의 응답자가 리더십을 개발하는 것이 경쟁력 강화를 위한 5가지 요소 중 하나라고 생각하면서도 실제로는 오직 42퍼센트의 응답자만이 리더십 전략에 대해 구체적으로 고려하거나 추진해 보았고, 49퍼센트의 경영자만이 리더십 기법 개발을 위한 인사관리 HR 프로그램을 가지고 있다고 응답했다. 이것은 그들의 생각과 현실과의 괴리를 보여준다. 기업에서 리더십 기법을 개발한다는 것은 단순히 직원들을 편하게 한다거나 조직의 목표 관리를 위한 단기 교육에 직원들을 참여시키는 것보다는 분명 의미가 있을 것이다. 대부분의 리더십 프로그램은 이론적으로 설명할 뿐, 조직에서 리더가 어디에 위치해 있어야 하며, 무엇을 위해서 있어야 하는지를 구체적으로 설명해주지 못하고 있기 때문이다.

1980년대 중반 미시간 대학에서 수행된 연구에서는 성과 중심의 관리자와 인간관리 중심의 관리자를 비교 분석했다. 그 결과, 높은 성과를 지향하는 관리자가 직원들의 미래에 대한 관심이 더 높은 것으로 나타났다. 이것은 성과 중심의 관리자라고 해서 반드시 사람에 대한 관심이 낮지는 않는다는 것을 보여준 것이다.

비슷한 시기에 오하이오 주립대학에서도 이와 유사한 연구결과를 발표했다. 그들은 두 가지 축, 즉 높은 성과와 낮은 성과, 인간 중심과 그 반대의 관리자 유형에 대해 연구했다. 그 결과 높은 성과를 추구하는 관리자라고 해서 반드시 사람에게 낮은 관심을 보이는 것은 아니라는 결론을 얻었다.

대표적인 리더의 유형, 기인과 괴짜 리더

리더십에 대한 일반적인 차이에 관해 베니스Warren G. Bennis와 토마스 Robert J. Thomas[2]는 역사적, 시대적 원인에서 오는 세대 간의 몇 가지 공통점을 찾아냈다. 그들은 리더의 유형을 괴짜Geezers와 기인Geeks으로 분류했다. 괴짜들은 대공황과 제2차 세계대전에서 살아남은 세대들로 안정성, 충성, 그리고 재정적인 안정을 추구한다고 설명하고 있다. 괴짜들은 고전great books을 읽었다. 기본적으로 명령을 통해 관리하며, 제2차 세계대전의 영웅적인 장군들을 모델로 하는 관리 기법을 사용했다. 그들은 문서 관리실mailroom의 말단에서부터 하나씩 경력을 쌓아가는 것이 사장까지 될 수 있는 경력관리의 시작이라고 믿었다. 이를 위해 필요한 것은 오직 부지런한 노력, 헌신, 그리고 충성이다.

　반면 기인들은 평화와 풍요의 시기에 태어나고 성장했으며, 균형 잡힌 생활방식을 추구한다. 그들은 텔레비전을 보면서 자랐다. TV에서 나오는 것들을 현실에 요구하면서 말이다. 학교 숙제를 하는 것은 번잡스런 일이라고 생각하기 때문에 인터넷 서핑을 통한 표절로 해결하려 했다. 그들은 잘 교육받고 맞벌이를 하는 부모님 세대 덕분에 더 이상 물질적인 것이 아쉽지 않은 세대라는 것이다. 이들 기인들(Geeks)은 단숨에 사장이 되려고 조급해하는 특징이 있다. 최근 닷컴 기업(IT계열 회사)의 소멸과 더불어 그러한 행동이 급속히 약해지고 있지만 아무튼 그러한 성향은 계속되고 있다. 조직에 대한 충성은 미심쩍은 가치이고, 그들은 금전적인 보상을 요구한다(참고로 이러한 진술은 대상 모집단의 특성에 따라 과장되거나 거짓일 수도 있다).

　베니스와 토마스는 이 두 가지 세대에서 보여주는 성공적인 리더십에서 4가지의 공통적인 특성을 찾아냈다.

1. 환경 변화에 대한 적응 : 어떠한 상황에서도 적절한 회복력을 통해 상황에 적응하는 능력. 대부분의 조직은 새로운 환경에 적응하는 능력이 뒤떨어지기 때문에 실패를 경험한다.
2. 일에 대한 집중 : 할당된 목표를 달성하는 능력. 사람들로 하여금 위험을 감수하고 업무에 매진할 수 있도록 동기부여하는 능력. 인지적 불협화를 유도하는 능력.
3. 인간에 대한 이해와 원만한 인간관계voice : 감성적인 사고력과 관점을 이해하는 능력을 말한다. 사람을 근엄과 존경으로 대하는 능력. 사람들의 가능성과 한계성을 파악하는 능력.
4. 고결하고 높은 윤리적 가치관Integrity : 높은 윤리적 가치관을 가지고 있다. 여기에는 야망과 적성, 그리고 윤리적 행위 등이 포함된다.

베니스와 토마스는 양 세대가 '인생을 정의하는 시기life-defining moment'에 각각의 심오한 경험을 통해서 그들의 리더십 기법을 습득했다고 말하고 있다. 괴짜들은 대공황과 제2차 세계대전을 통해서 그것을 배웠고, 기인들은 그보다 다양하게 인생을 정의하는 시기를 보내면서 이러한 특성을 익혔다. 결국 이들 두 세대는 시대적 환경은 달라도 공통된 특성을 통해 리더십을 갖게 되었고 각각의 세대에서 리더가 될 수 있었다. 에디스 와톤Edith Wharton[3)의 다음 말은 환경이나 시대에 관계없이 리더가 공통으로 배워야 하는 특성을 잘 암시해주고 있다.

만일 어떤 이가 변화를 두려워하지 않고, 지적 호기심에 열의를 보이며, 어떤 큰일에 관심이 있되 작은 것에도 기뻐할 수 있다면, 그는 질병이나 인류의 대립, 어떠한 슬픔에도 불구하고 분열이라는 오랜 시간 속에서도 살아남을 수 있다.

리더십 모델

리더십에 관한 많은 연구 중에서 어떤 것도 정확하지 않다. 하지만 그것들을 일반적으로 다음과 같은 몇 가지 유형으로 분류해 볼 수는 있다. 라우어 3세Edward E. Lawler III[4]는 새로 임명된 관리자가 리더십 기법에 따른 관계를 쉽게 파악할 수 있도록 다음과 같은 표를 정리했다.

<표 7-1>은 2행 2열의 매트릭스 안에 성과와 사람들에 대한 리

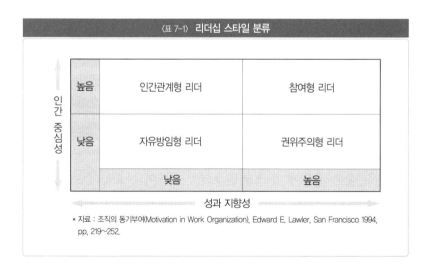

〈표 7-1〉 **리더십 스타일 분류**

	낮음	높음
인간 중심성 높음	인간관계형 리더	참여형 리더
낮음	자유방임형 리더	권위주의형 리더

성과 지향성

* 자료 : 조직의 동기부여(Motivation in Work Organization), Edward E. Lawler, San Francisco 1994, pp. 219~252.

더의 태도에 따라 분류한 것이다. 이 매트릭스는 리더의 유형을 다음 4가지 스타일로 쉽게 구분할 목적으로 사용된다.

<도표 7-1>의 매트릭스는 단순히 참고만 하라. 한 관리자의 모델을 계속해서 사분면 중의 하나로 정의하지는 않는다. 매트릭스는 단지 총체적인 분류를 제공할 뿐이다. 만약 매트릭스의 중심선을 각각 10단계로 더 깊이 있게 나눈다면 보다 더 좋은 결과를 얻을 수 있을 것이다. 성과와 사람들에 대한 관심은 단순히 높고 낮은 두 단계로 존재하는 것이 아니라 낮은 단계에서부터 높은 단계까지 광범위하게 분포되어 있기 때문이다.

- **자유방임형 리더** : 근본적으로 수동적인 사람이다. 개인적인 독창성이나 모험 정신은 없다. 이런 그룹에 속한 직원은 리더에게 너무 많은 것을 기대하지 말라. 아마도 상위 10위권 내 그룹으로 인정받지 못할 것이다. 아니 어쩌면 이러한 그룹에서 승진해서 떠나는 것조차 어려울지도 모른다. 이러한 정해진 사각형의 틀 속에 있는 리더들은 조직에 아무런 영향을 미치지 못한다. 현상 유지만으로도 충분하다.
- **권위주의형 리더** : 일반적으로 권위적인 리더는 그룹 내 직원들의 정보가 없이도 중요한 결정을 내린다. 이러한 결정은 매우 중요하고 특별한 기술을 가진 전문가를 다룰 때는 문제가 된다. 물론 경우에 따라 권위주의적 접근이 필요할 수도 있지만 상황에 따라 현명하게 사용되어야 한다. 이런 유형의 리더십은 빠른 의사결정을 하게 된다. 이런 리더십이 때로는 필요할 때도 있다.

- 인간관계형 리더 : 이 리더는 사람들의 관심에 최대한 중점을 둔다. 사람들의 관심에 초점을 맞추다 보니 때로는 성과와 관련 없는 것이나 불합리한 것에 집중할 때도 있다. 조직은 불이행보다 오히려 불합리한 것을 추구하는 데서 더욱 큰 실패를 경험한다. 인간관계를 지향하는 리더는 자주 불이행을 정당화하고, 그러다보면 상황을 더 심각하게 만들 수도 있다.

- 참여형 리더 : 그룹 내 직원들로부터 정보를 얻도록 독려한다. 흔히 민주주의형 리더라고 일컫는 참여형 리더는 그룹 내 모든 직원들에게 참여할 수 있는 기회를 제공한다. 그러나 리더가 실무에 너무 깊숙한 부분까지 접근하는 것은 주의할 필요가 있다. 이런 유형의 리더는 모든 사항에 대해 타협을 하려고 한다. 그러다 보면 조직의 목표달성뿐만 아니라 모든 일에 직원들의 참여를 유도하기 때문에 비현실적인 접근이 되기도 한다. 조직이 모든 사람의 욕구를 만족시킬 수는 없다. 이런 유형의 리더는 80/20 법칙을 다시 한 번 검토해 볼 필요가 있다. 필요로 하는 것의 80퍼센트는 전체 20퍼센트 정도의 시간 투자만으로도 이루어 질 수 있다는 점을 잊지 말라.

새로운 관리자로서 팀장은 매트릭스 내에서 참여형 리더의 범주 안에 포함될 수 있도록 노력해야 한다. 여기서 참여란 '중요한 것'에 대한 '참여'를 뜻한다. 모든 사항에 대해 합의를 이끌어내자는 것이 아니다. 이는 직원들에게 요구하는 정보의 양과 질에 관한 것이다. 이는 마치 대학교 조직처럼 직원들과 함께 일하라는 것이며, 사람들이 적극적인 업무 수행을 통해 회사와 직원에게 이익을 주는 업무환경을 조성하자는 것이다. 이러한 기회는 특별한 업무나 조직이 아니라 일상적이고 반복적인 일을 하는 바로 당신의 조직에 필요하다. 수행되고 있는 작업이 어떻게 개선되어야 할지를 항상 다양한 관점으로 고민해야 한다.

브럭과 고샬의 모델

이 연구는 한 조직에서 오직 10퍼센트의 관리자만이 회사를 발전시키고 있다는 것을 보여주고 있다. 이러한 통계는 관리의 오용에 대한 주의가 필요함을 주지시킨다. 브럭Heike Bruch과 고샬Sumantra Ghoshal의 연구[5]는 관리자가 그들의 시간 중 90퍼센트를 비효과적인 활동으로 낭비하고 있다는 현실을 보여준다. 오직 10퍼센트의 시간만이 가치를 창출하는 활동인 것이다. 좀 더 구체적으로 보면, 이 연구는 관리자의 40퍼센트가 정신이 산만한 자들이고, 30퍼센트는 지연시키는 자들이며, 20퍼센트는 쉬고 있고, 단지 10퍼센트만이 목적이 있는 자들임을 보여준다. 소니Sony, LG전자LG Electronics, 루프트한자Lufthansa 같은 10여 개 대기업들과 함께 10여 년에 걸쳐 연구한 이것은 너무 많은 관리자들이 정작 중요한 일에 집중하기보다는 이메일, 회의, 쓸데없는 대화들로 시간을 보내고 있음을 보여준다. 여기서 '정작 중요한 일'이란 새 제품, 새 공정, 새로운 시장, 경쟁, 전략, 효과와 능률, 조직의 미래에 관한 것을 생각하고 추진하는 것을 말한다.

브럭과 고샬은 관리자를 4가지 유형으로 분류했다. 지연시키는 관리자, 쉬는 관리자, 정신이 산만한 관리자, 목적이 있는 관리자 등이다. 이들의 특징에 대해 간단히 살펴보자.

1. 지연시키는 관리자(30%) : 낮은 활동력과 집중력으로 고생한다. 그들은 의무적으로 할당된 업무를 수행하지만 창조성이 떨어져 목표가 너무 멀리 있는 것으로 느껴질 뿐이다. 다른 사람들이 추진하고 있는 업무 결과를 여러 가지 측면에서 고민하는 동안 지연시키는 자들은 아예 시작조차 못하고 있다. 당신은 아마도 당신의 동료 중 어떤 사람이 '지연시키는 자'의 유형에 해당하는지를 알 수 있을 것이다. 또한 이 연구는 지연시키는 것이 전적으로 한 사람의 개성에 달려있는 것은 아님을 보여준다. 이것은 조직의 여러 요소들에 의해 영향 받는다. 체계적이지 못한 업무는 이런 유형의 관리자 수를 증가시키는 반면, 업무 정의가 잘된 형태의 일들은 반대로 관리자가 무엇인가 일하고 있다는 것을 보여줄 목적으로 업무를 지연시키려는 기회를 감소시키는 경향이 있다.

2. 쉬는 관리자(20%) : 활동력이 떨어진다. 이러한 그룹은 매우 복잡하다. 그들 중에는 자신에게 활력을 불어넣어 줄, 스스로의 에너지조차도 가지고 있지 못하다. 어떤 사람은 할당된 일이 그들과 조직에 있어 무의미한 것이라 느낀다. 이러한 관리자들은 업무를 거절하는 태도를 보일 수도 있다. 그들은 항상 아무 문제가 없다고 쉽게 생각한다. 다른 사람들이 이미 어떤 행동을 취하고 있을 때에도 이런 유형의 사람들은 아무런 조치도 취하지 않는다. 그들 자신만의 영역을 보호하는 것이 최고 우선순위인 것이다. 그들은 지나치게 긴장할 수 있다. 항상 걱정과 불신, 분노, 좌절, 소외로 괴로워한다. 조직의 업무처리 절차가 이러한 쉬는 관리자들에게 영향을 주는 경우도 있다.

3. 정신이 산만한 관리자(40%) : 하고자 하는 의지가 강하고 매우 활동적이나 집중을 잘 하지 못한다. 그들이 신봉하는 주문(만트라)이 있다면 그것은 "무엇이든 하자. 그것이 무엇이든지 일단 하고 보자"로 요약될 수 있다. 이들은 활동을 적극적인 행위와 동일시하는 그룹이다. 멈추지도 숙고하지도 않고, 단지 무언가를 한다. 그들은 '비생산적인 분주함'을 추구한다. 그들은 어떤 것이든 지나치게 파고드는 경향이 있다. 너무 많은 프로젝트에 관련되어 있으며, 대부분의 시간을 단지 싸우는 데에 소비한다. 사람을 바쁘게 만드는 것이 가치를 창출하는 것이라고 생각한다. 불필요한 일거리를 만들어 내는 사람들이다. 이러한 정신이 산만한 관리자 그룹은 매우 적극적인 성격의 관리자들에게서 주로 나타난다. 또 자신의 행위가 업무에 적절하게 반영되지 않을 때 발생한다.

4. 목적이 있는 관리자(10%) : 활동적이고 집중력이 뛰어나다. 그들은 다양한 관점에서 자신의 업무에 접근한다. 그들의 가장 큰 특징은 업무처리 목록을 만드는 능력이 뛰어나다는 것이다. 그들은 자유롭게 활동할 수 있는 업무 영역을 확보하고, 경영자의 기대에 잘 부응하며, 자원을 확보할 방법을 모색하고, 영향력 있는 사람과의 관계를 발전시키고, 체계적으로 일할 수 있는 능력을 쌓는다. 그들은 경영진이나 다른 관리자, 또는 직무명세서나 월급과 같은 외적인 힘이나 영향에 구애 받지 않는다. 다른 동료보다 더 많이 노력하는 이러한 관리자들은 자신의 업무에 대해 국제적 표준과 업무 환경을 파악하고, 그들이 몸담은 곳에서 경쟁을 선택하고, 새로운 목표를 이룰 수 있는

기회를 받아들이고, 시간의 가치를 충분히 이해한다. 그리고 그들은 충분히 생각할 시간을 갖는다.

연구 결과의 활용

<표 7-2>는 '리드하기Taking the lead'와 관련된 사항을 요약한 것이다. 이는 당신이 어떤 곳에 위치하고 어떠한 관리 철학을 수용했는지, 어떤 관리자형이 되고 싶은지를 결정해 줄 것이다. 리더십은 관리자의 여러 기능 중에 어떤 하나에만 국한되는 것이 아니다. 그렇다고 다른 기능들과 분리되어 독립적으로 행해질 수 있는 것도 아니다. 관리자는 남을 지도하기 위한 별도의 시간을 내기가 쉽지 않다 '리드하기'란 잡다하게 많은 행정 업무를 수행하고 조직의 방향을 제시하는 과정에서 동시에 일어난다. 이 말은 길라잡이, 공상가, 개척자, 비전을 만드는 사람, 연합 세력을 만드는 사람, 행동가, 업무 수행자의 역할을 해야 하는 것으로, 때로는 영향력을 행사하기 위해 당신이 사용하는 권력과 수단을 의미하기도 한다. 관리자로서 당신은 자신만의 원칙을 설정해야 한다.

<표 7-2>를 살펴보면, 브럭과 고샬이 제시한 것처럼 효율적인 관리자는 반드시 목적을 가지고 있다는 알 수 있다. 당신은 지연시키는 자, 쉬는 자, 정신이 산만한 자의 범주에 있는 자신을 생각할 수 있겠는가? 또 라우어Lawler가 제시한 자유방임형과 권위주의자형. 그리고 인간관계형 범주에 속해 있는 당신 자신을 생각할 수 있는가?

참여형 관리자란 라우어가 말했던 것처럼 지식이 포함된 자료를

가지고 가치 있는 정보를 만들어 내고 이를 활용할 줄 아는 사람이다. 여기서 '지식이 포함된 자료'라는 것은 어떤 주제에 대해 분석하고 통합하여, 그 효과를 이끌어내는 능력으로서, 이는 교육받지 못한 자로부터 나온 의견이나 자료를 말한다. 예를 들면 어떤 주제에 대해 아무것도 모르는 누군가가 중요한 안건을 제기할 수도 있지만 그것은 문제를 해결할 능력을 포함하고 있지 않으므로 그냥 '지식이 포함된 자료'일 뿐이다.

베니스와 토마스의 리더십 기법

베니스와 토마스는 리더십 기법이란 사람들이 '인생을 정의하는 시기'에 어떤 깊이 있는 경험에서 얻어지는 것으로, 우리는 이러한 '인생을 정의하는 시기'를 인지하고 그 기간을 통해 배워야 한다고 주장한다. 참여형 관리와 실행 원리를 적용하고 다른 환경 조건에

〈표 7-2〉 리더십에 대한 다양한 연구 결과를 현실에 적용하기

리드하기가 지향하는 모습	브럭과 고샬의 연구
• 개척자	• 지연시키는 관리자
• 비전을 주는 사람	• 쉬는 관리자
• 연합 세력 구축자	• 정신이 산만한 관리자
• 행동가	• 목적이 있는 관리자
• 업무 수행자	
• 영향력을 행사하는 힘	

라우어 3세의 연구	베니스와 토마스의 연구
• 자유방임형 리더	• 변화에 대한 적응
• 권위주의형 리더	• 일에 대한 집중
• 인간관계형 리더	• 인간관계의 이해
• 참여형 리더	• 고결한 가치관

적응하는 능력을 개발하고, 공유 목표를 설정하고 동기부여를 한다. 그리고 모든 이들을 위엄과 존경으로 대하며 높은 도덕적 가치관을 유지할 때, 당신은 '목적이 있는 관리자' 가 되는 것이다. 경력관리 목표는 목적이 있는 관리자로서 다른 사람을 리드하고, 참여형 접근법을 사용할 때 앞서 언급한 리더의 특성을 갖춘 사람이 되는 것이다.

리더와 추종자

리더십에 관한 모든 논의에서 추종자follower를 빼놓을 수가 없다. 나는 오늘날과 같은 지식 중심 사회에서 추종자라는 단어는 시대착오적 발상이라고 생각한다. 리더는 자기 대신 추종자가 책임을 떠맡게 되는 그런 명령을 내리지 않는다. 만약 그런 리더가 있는 곳이라면 추종자는 자신의 안정된 미래를 위해 다른 직장을 찾아야 할 것이다. 그런 조직은 머지않은 미래에 사라질 것이기 때문이다. 진정한 리더십이란 어떤 프로젝트나 그룹에서 각 개인이 팀의 성공에 자신이 전적으로 기여하고 있다고 느끼고, 행동할 수 있도록 하는 실질적 통합력을 말한다. 팀에 대해 더 깊이 알고 싶다면 제4장을 참고하라.

리드하는 사람은 선구자이며 개척자요, 연합세력 구축자이며, 불가능을 가능케 만드는 신념가이고, 행동가이자 업무 집행자이다. 그들은 푸른 하늘을 보며 꿈만 꾸는 몽상가가 결코 아니다. 그들은 개인의 포부와 팀의 성과를 위한 각종 요구사항 사이에서 균형을 잡아준다. 그들은 조직 내에서 구성원들이 리더를 믿고 서로 협력할 수 있는 분위기를 조성한다. 또 조직 구성원들의 관심과 흥미를 일깨워준다. 관계라는 것은 함께 책임지는 동지 의식이다. 그들의 가치체계는 최고가 되는 것을 지향한다. 그러므로 그들에게 '추종자'라는 단어는 더 이상 존재하지 않는다.

리더십과 관련된 신화들

리더십에 관한 많은 신화가 있다. 리더는 특별한 성격을 가지고 태어난다고 어떤 이는 말한다. 또 어떤 사람은 모든 사람은 리더가 될 수 있다고 말한다. 혹자는 리더는 "카리스마가 있어야 한다."라고 말하고, 어떤 이는 리더의 요건으로 '변화의 선도자change agent'를 강조하기도 한다. 또 리더를 '독선적'이라고 말하는 이도 있고, '문제가 생길 때 가장 앞장서는 사람'이라고 정의하기도 한다. 이 모든 말들은 리더의 요건을 정의하는 것으로, 어떤 경우는 옳고 어떤 경우에는 옳지않다. 그렇지만 대부분의 신화에는 작은 진실이 숨어 있다. 예를 들면, 몇몇의 사람들은 리더의 자질을 가지고 태어났다고 한다. 하지만 이런 성향을 타고난 어린 아이가 다른 아이들을 리드하는 그 무언가가 있다는 것은 확실치 않다. 또 모든 사람은 리더가 될 수 있으나, 모든 이가 리더가 되려고 노력하는 것은 아니다. 비록 일부 리더가 카리스마적인 성격이 있다고 해서 모든 리더의 요건으로 카리스마가 필요한 것이 아닌 것처럼, 리더의 요건으로 어떤 특정한 성격이 필요한 것은 아니다. 비슷한 개념으로, 모든 리더가 사회 변화의 선도자도 아니다. 몇몇 리더는 본래 독선적이지만 다른 리더들도 필요할 때는 독선적일 수 있다. 따라서 누구든지 리더십을 위한 기회가 생겼을 때, 그 기회를 적극적으로 받아들일 필요가 있다.

커뮤니케이션

지금까지는 리더십에 대해 논의했다. 지금부터는 조직 내의 커뮤니케이션에 대해서 논의해 보기로 하자. 커뮤니케이션은 꼭 필요하다. 그러나 의사 전달자가 전달하고자 하는 메시지에 대해 충분한 지식이 없다면, 그 커뮤니케이션은 아마 효과적이지 않을 것이다. 여기서 우리는 의사 전달자가 전달하고자 하는 내용의 요점을 이해하고 주제를 파악한다는 것을 전제 조건으로 시작한다. 갓 입문한 새내기 관리자로서, 당신에게는 의사소통을 명확히 해 줄 업무를 보조해줄 비서가 제공되지 않을 것이다. 커뮤니케이션 문제는 오직 팀장인 당신 혼자만이 처리해야 한다.

우리는 흔히 무엇을 말할 때 그것의 전체 의미를 이해했다고 생각하는 경향이 있다. 만일 우리가 무엇을 기록하고 읽었다면, 그것으로 자신의 의사와 기대치를 충분히 전달했다고 생각한다. 모든 직업에서는 전문 용어와 약자를 많이 사용한다. 특히 머릿글자로 된 약자는 같은 업종에서도 서로 의미를 모를 정도로 많다. 또한 인터넷의 출현으로 우리는 듣는 이가 얼마나 이해했는지를 알지 못한 채 그냥 짧게 말한다. 그뿐인가. 우리 자신의 언어 영역 밖에 있는 것을 다룰 때, 우리는 의미의 차이를 설명하지 못한다. 전문가

로서 자신의 행동을 돌이켜 보고 얼마나 많은 문제가 의사소통의
부족과 오해에서 생겼는지 생각해보라.

바른 판단을 이끌어내는 피드백

피드백이란 누군가의 이론, 문제 해결책, 계획, 제안, 그 외에 다른
많은 요청에 대답하기 위해 판단하는 것을 포함한다. 오늘날의 많은
비즈니스 관련 서적들은 판단을 피해야 한다고 제안한다. 그러나 나
는 앞에서 '관리management'와 '판단judgment'이란 단어가 현대에 와서는
'동의어'로 쓰인다고 말한 바 있다. 관리자들은 항상 부분적인 사실
을 근거로 판단한다. 올바른 판단과 논리적인 결론을 이끌어내는 능
력이 바로 관리자 개인의 경쟁력이다. 어떤 활동에 대한 평가와 최적
의 판단을 위한 공식은 없다. 어떤 판단을 위해 1부터 10까지 자로
재고, 평균을 내보는 것은 무의미할 수도 있다. 우리 인간은 복잡한
동물이다. 판단이 없는 피드백은 아무런 가치가 없다. 피드백은 긍정
적일 수도 있고 혹은 부정적일 수 있다. 긍정적인 피드백을 하는 것
은 매우 쉽다. 모든 상하 관계가 긍정적일 때, 관리자로서 당신은 현
재의 직원과 계속 일하고 싶을 것이다. 계획대로 일이 잘 되고 있을
때, 그 일의 세부 사항을 담당하고 있는 직원을 평가한다는 것은 즐
거운 일이다. 직원이 기대치를 만족시키거나 목표를 초과달성하고,
프로젝트 팀이 기대치를 초과하고, 그 부서가 기대치를 초과달성했
다면 이러한 성과로 함께 일하는 것이 더욱더 행복해진다.

부정적인 피드백을 적절히 제공하라

그러나 프로젝트 팀의 성과나 각 개인의 업무성과가 기대에 미치지 못할 때에는 무슨 일이 일어나는가? 반드시 부정적인 피드백이 뒤따를 것이다. 대부분의 인사 부서 사람들은 부정적인 피드백은 비생산적이며, 그런 이유로 없어져야 한다고 말한다. 나는 그와는 반대의 제안을 한다. 부정적인 피드백도 적절하게 제공되어야 한다. 만약 그렇지 않으면 해결해야 할 문제가 계속 남아있게 된다. 여기서 잠깐 당신이 지금까지 경험했던 사람들을 돌이켜보자. 어떤 관리자들은 업무성과가 없음에도 실패한 이유와는 상관없이 부하직원을 칭찬하는 습관이 있다. 이런 관리자들은 아마도 업무 실패가 성공한 것으로 잘못 인식되는 조직 환경에서나 승진할 수 있을 것이다. 이것은 마치 사람들을 어린 아이처럼 다루고 있는 것으로 직원들로 하여금 개인의 개성을 확립해주지 못할 것이다. 이러한 행동은 성인들이 일하는 직장 분위기에서는 용납될 수 없다.

관리자인 당신은 미흡한 성과에 대해 긍정적인 평가를 함으로써 혼란을 주어서는 안 된다. 반대로 훌륭한 결과를 만든 사람이나 팀에게 실망을 주어서는 안 되며, 노력한 사람에게는 모두 'A'를 주어야 한다. 우리는 현실 세계에 살고 있으며 더 이상 초등학생처럼 어린애도 아니다. 당신이 효과적인 피드백을 제공하지 못하는 것은 부하 직원에게 대단히 큰 불공정 행위를 하는 것이다. 오래 전에 나는 어떤 중견직원으로부터 이런 말을 들은 적이 있다. 그는 자신의 상사가 프로젝트를 체크할 때마다 그를 좌절하게 했다는 것이다. 그가 담당했던 프로젝트 진행은 계속 늦어지고, 해결할 문제도 산적해 있는데 상사는 팀이 수행한 일 중에서 잘한 일만 매번 칭찬하고 간다는 것이다.

관리자의 이러한 행동은 현존하는 문제를 악화시킬 뿐이다. 나는 당신이 관리자로서 다음에 제시하는 지침을 잘 활용하기를 제안한다.

실패로부터 적극적으로 배워라

팀이 목표달성을 하지 못했고, 각 개인의 성과도 미흡한 상황에서 당신의 상사가 그것을 알았을 때, 그의 입에서 "당신 팀이 훌륭하게 그 일을 잘 했다."라고 말해 주길 원하는가? 만약 실패한 이유와 원인도 충분히 설명되지 않은 채 그런 기대를 했다면 그것은 실패를 인정하지 않고 허위로 과장되게 꾸미려 하는 것이다. 그냥 진실하게 우리가 실수했지만 다음번에는 실패를 경험 삼아 더 잘해낼 것이라고 말하는 것이 보다 발전적인 방향이다.

부정적인 피드백을 어떤 식으로 표현하느냐는 매우 중요하다. 비록 실패의 원인이 개인의 불성실에서 발생한 것일지라도 그것을 절대 개인적인 것으로 표현해서는 안 된다. 하지만 실패의 원인이 누군가의 부적절한 태도나 개인적인 나태함에서 발생한 것이라면, 단지 성과에만 초점을 맞추는 피드백은 현실적으로 쉬운 일이 아니다. 그럼에도 불구하고 리더는 부정적인 피드백을 할 때에는 개인적인 사항으로 몰아가는 것을 피해야 한다. 이는 개인과 그룹에게 잘못된 메시지를 보내기 때문이다. 그 개인에게 했던 부정적인 말은 모든 사람들에게 전달되고, 인신 공격은 리더로서 당신의 권위를 실추시킬 뿐이다. 관리자로서 당신이 자아 통제력을 잃게 되면, 말하는 과정에서 논점을 잃어버릴 수도 있다.

성과의 변화는 긍정적이든 부정적이든 일정한 기간을 두고 발생한다. 관리자의 책임은 성과에 대한 변화를 인지하고 필요한 조치를 취하는 것이다. 이 변화는 다양하고 많은 원인으로부터 기인한다. 건강과 가족 문제, 업무 분담의 문제, 혹은 직원들에게 직접 영향을 미칠 수도 있는 몇 가지 다른 쟁점들이 원인이 되기도 한다. 성과의 장애물로 부각되기 전에 이러한 변화를 인지하고 처리하고 해결할 때, 큰 근심거리를 줄일 수 있는 것이다. 이러한 장애물의 원인에 대한 빠른 대응 또한 관리자가 노력해야 할 중요한 항목이다. 불이 크게 번지도록 놓아두는 것보다 작은 불일 때 끄는 것이 훨씬 쉬운 것과 같은 이치이다.

우리가 회의를 할 때는 말뿐만 아니라 우리의 전신을 이용해 대화한다. 우리는 동의, 좌절, 불신, 지루함, 집중하지 못하는 것 등을 우리의 육체적인 모습을 통해 여러 가지 면으로 전달하게 된다. 웃음, 혹은 고개 끄덕임, 올라간 눈썹, 펜이나 연필을 만지작거리고 두드리는 것, 연설자보다 컴퓨터 화면에 더 집중하는 것 등이 그것이다. 이러한 행동들은 대화 중에 있는 사람들에게 어떤 종류의 피드백을 준다. 특히 일대일 면담에서는 동의, 반대, 수용, 거절 등에 대한 이러한 우리의 행동이 더 확실하게 전달된다. 그러므로 커뮤니케이션에 있어 피드백은 매우 중요하다.

피드포워드

피드백이란 기본적으로 지나간 일을 연구해 개선할 점을 발견하고 이를 통해 조직이 앞으로 발전할 수 있도록 하는 중요한 역할이다. 피드백은 과거에 무슨 일이 일어났는가를 말해주고, 이를 바탕으로 올바른 행동과 개선점에 대한 대안을 제시해 준다. 반면, 현대의 '관리'에서는 '피드포워드Feed-forward'라는 개념도 자주 활용된다. 그러면 피드포워드란 어떤 개념인가? 피드포워드는 최근의 성과를 근간으로 미래의 바람직한 결과를 예측해 보는 것이다.

어떤 화학제품 공장에서 공정을 설계할 때, 산출된 결과물에 대한 피드백 장치와 더불어 많은 자동제어 장치들을 도입하게 된다. 이러한 자동제어 장치들, 즉 현대의 공정 자동화시스템과 같은 장치들은 현재 공정을 기초로 향후 발생할 결과를 예측해 그것이 기준에 미달하게 되면 현재의 공정을 변경하게 된다. 즉 현재의 상태를 바탕으로 미래 결과를 예측하고 그것이 기대하는 방향으로 가도록 현재의 과정을 조정하는 것이 바로 피드포워드이다. 이것의 핵심은 미래 예측에 달려있다. 피드포워드 장치는 오랜 시간에 단계적으로 확대되는 시스템 내에서 몇 가지 예측되는 결과를 기초로 변화를 예측한다. 이러한 처리는 단지 특정한 한계 범위 내에서는 동일하게 작용하지만 만일 처리결과가 연속해서 어떤 특정한 조건을 필요로 한다면 환경 수정을 위한 현재의 작은 변화가 자동으로 일어나게 된다. 기본적으로 피드포워드는 미래지향적인 것이다. 가령, 사람과 관련된 문제들을 해결하는 데 있어서 피드포워드를 어떻게 활용할 수 있는지에 대해 명확하게 설명해 줄 것이다.

피드포워드는 긍정적이고 미래지향적인 것이다

당신이 직원 중 한 사람인 마이크가 최근에 한 일을 평가하고 있다고 가정하자. 마이크의 업무는 지난 몇 달 동안 만족스럽지 못했다. 관리자로서 당신은 마이크와 함께 앉아 그의 성과에 대한 면담을 시작하게 될 것이다. 마이크의 성과는 당신이 기대했던 단계보다 낮으며 칭찬받을 만한 어떠한 것도 해놓은 것이 없다고 치자. 만일 당신이 마이크의 성과에 대해 직접적인 불만을 표시한다면, 마이크는 아마도 방어적이 될 것이고 당신은 당신의 입장을 주장하게 될 것이다. 그렇게 된다면 이 면담은 이 상황에 대한 아무런 해결책도 내놓지 못한 채 끝나게 될 것이다. 보다 나은 접근법은 과거보다는 미래를 조망하는 것이다. 마이크를 정상 궤도에 올려놓기 위한 올바른 조치를 찾아보자.

첫째, 당신은 일정 기간 마이크에 대한 당신의 반응을 주의 깊게 관찰해야 한다. 그런 다음에 어떻게 당신과 마이크가 이 어려운 상황을 이겨 나가야할지 생각해볼 필요가 있다. 당신은 마이크와 대면하기 전에 몇 가지 가능한 해결책을 생각해야 하며, 그와 함께 해결책을 찾는 것에 집중할 필요가 있다. 당신이 마이크에 대해 정말로 아는 것이 무엇인가? 지난 몇 달 동안 얼마나 자주 그에게 관심을 가졌는가? 마이크는 보다 세밀한 감독이 필요한 데 반해 혹시 그런 감독을 그가 제공받지 못한 것은 아닌가? 마이크가 그의 목표를 이루기 위해서는 어떤 지식과 기술이 필요하며, 태도는 어떻게 개선되어야 하는가? 이러한 질문에 대한 대답은 이 면담을 성공시키기 위해 당신이 전적으로 준비해야 한다.

만일 당신이 피드포워드 접근법을 사용한다면, 당신은 마이크와의 면담에서 그에게 조직에 기여하는 것이 너무 부족하다는 말로 사기를 죽이면서 면담을 시작해서는 안 된다. 피드포워드는 미래에 관한 것이다. 마이크의 업무량을 그의 능력 범위로 구성하고 그러한 능력 내에 가능한 목표를 설정해줌으로써 당신과 마이크는 새로운 관계를 시작 할 수 있다. 마이크가 과제를 받아들일지는 모르는 일이다. 만약 그가 과제를 받아들인다면, 그는 보다 생산적인 직원이 되는 과정에 있는 것이다. 만일 그가 거부한다면 당신의 대안은 제한될 수 밖에 없다. 충분한 증거 문서 작업과 함께 그를 퇴직시켜야 한다. 당신이 마이크에게 투자하고 있다는 것과 모든 것이 그를 생산적인 직원으로 만들기 위해서 하는 충고라는 것을 그에게 이해시킬 필요가 있다.

커뮤니케이션의 5가지 유형

리더십의 많은 부분은 효과적인 커뮤니케이션에 달려있다. 다음에 나오는 커뮤니케이션의 5가지 유형은 당신을 의사소통의 달인으로 만들기 위해서라기보다 이를 통해 당신이 커뮤니케이션 기법의 필요성을 깨닫게 하는 데에 그 목적이 있다. 실천은 당신의 몫이다.

1. 말로 하는 커뮤니케이션
2. 글로 하는 커뮤니케이션
3. 그래프와 그림으로 하는 커뮤니케이션
4. 커뮤니케이션 수단으로서의 듣기
5. 커뮤니케이션 수단으로서의 읽기

말로 하는 커뮤니케이션

말(구두)로 하는 효과적인 의사소통 기법을 책을 통해 얻는 것은 쉽지 않다. 이를 위해서는 꾸준한 연습이 필요하다. 기본적으로 올바른 문법을 이해하는 것이 중요하다. 말로 하는 효과적인 의사소통이란 말로 의견을 충분히 전달하고 의사결정과 관련된 대화를 할 때 직위를 알리고, 질문을 명확하고 정확하게 전달하고, 어떤 주제와 관련해 의도를 전달하기 위한 어휘를 향상시키는 것을 말한다.

앞서 말했듯이, 모든 종류의 커뮤니케이션은 피드백에 달려있다. 말하고 있는 두 사람 사이의 피드백은 내용뿐만 아니라 신체적인 반응에 대한 관찰까지도 포함된다. 대부분의 커뮤니케이션은 말로 전달되기 때문에 우리는 이러한 숨겨진 메시지에 민감할 필요가 있다. 우리는 날마다 여러 형태의 말로 커뮤니케이션을 한다. 지적인 피드백은 보고하는 사람들에게 업무와 연관된 모든 사항에 대해 효과적으로 합의할 수 있게 해준다. 토론하지 못한 주제와는 상관없이 반드시 해명해야 할 잘못된 오해나 그릇된 설명이 있을 수도 있다.

글로 하는 커뮤니케이션

우리는 어려서부터 작문법을 배웠다. 이처럼 우리는 읽기가 아닌 쓰기를 통해 의사소통을 하기도 한다. 글로 하는 커뮤니케이션은 매우 다양하다. 보고서, 프로젝트 제안, 절차, 기록 보존, 운영 지침, 스프레드시트 정보, 공표, 각종 문서, 프레젠테이션 등 다양한 형태가 있다. 일반적으로 기술직에 종사하는 사람들이 이 부분에서 수준 낮게 생각되곤 하지만 어떤 경우에는 회계사나 금융업 종사자들도 작문 실력이 형편없는 경우를 볼 수 있다. 글로 하는 커뮤니케이션은 모든 업종의 모든 직급에서 필요하다. 전문직 인력들도 아주 단순한 프로젝트 보고서 때문에 고생하는 경우가 많다. 최근에는 컴퓨터의 발달과 더불어 그 많던 문서 담당 비서가 줄어들어 전문가들에게는 불행하게도 이제 더 이상 문법을 교정하거나 대필해 줄 사람이 없다. 이런 문제를 해결할 간단한 해결책은 어떻게 명확하고 간결하게 쓰는지에 대해서 배우는 것이다. 나의 오랜 경험으로 보면 나는 이런 제안을 받아들이는 직원을 결코 많이 보지 못했다.

이메일의 사용은 이런 문제를 더욱 악화시킨다. 최근 이메일은 잘못된 커뮤니케이션을 유발하는 주범이 되고 있다. 전보와 텔렉스를 사용하던 초기에는 글자당 돈 계산을 했기 때문에 모든 단어가 계산되었다. 그래서 한 마디 한 마디를 간결하고 철저히 준비해야 했다. 하지만 지금의 이메일은 불행하게도 글자당 비용이 없는 무제한 무료이기 때문에 정확한 문장을 쓰기보다는 보다 많은 단어를 쓰기 쉬워졌다. 이메일이 나쁘다는 것이 아니다. 내가 강조하는 것은 인터넷을 사용하게 된 이후에도 우리는 올바른 커뮤니케이션을 하기 위해 정확한 문장을 쓰도록 노력해야 한다는 것이다. 나의 의도는 도형을 사용하는 과거 문장으로 돌아가자는 것이 아니라 "보기 좋은 떡이 맛도 있다."라는 속담처럼 좋은 글로 된 커뮤니케이션의 기본을 배우자는 것이다.

그래프와 그림으로 하는 커뮤니케이션

그래프와 그림은 쓸데없는 말을 많이 하는 것보다 생각이나 개념을 더욱 효과적으로 전달해준다. 그러나 그래프와 그림 역시 다른 형태의 커뮤니케이션처럼 명확하게 표현되어야 한다. 프레젠테이션 그래프는 맨 뒤부터 읽을 수 없기 때문에 뒤쪽에 어떤 강점이 있다 해도 앞부분이 좋지 않으면 묻혀 버리기 일쑤다. 또한 대부분의 프레젠테이션 자료는 대상이 되는 청중이 그 주제에 대해 조예가 깊다는 것을 가정한다. 그래프와 그림은 의사소통의 수단을 제공하기는 하나, 축약된 형태로 제공되는 정보이다. 따라서 주제에 대한 전문 지식이 부족한 청중의 경우에는 추가적인 설명이 필요하다.

관리자로서 당신은 최상의 프레젠테이션을 하고자 할 것이다. 그렇다면 당신 자신이 아닌 청중들과 의사소통 해야 한다. 어떤 도표와 스프레드시트는 발표자에게만 의미가 있을 뿐 청중에게는 의미 전달이 되지 않거나 무의미한 경우도 있다. '하나의 그림이 수천 마디 말보다 가치가 있다' 는 격언은 분명히 맞지만, 전제 조건은 그것이 올바른 그림이어야 한다는 것이다. 관리자로서 최상의 프레젠테이션을 하고자 한다면 반드시 올바른 그림으로 표현해야 한다.

커뮤니케이션 수단으로서의 듣기

관리자들은 듣기 실력을 개발할 필요가 있다. 이는 메시지를 듣고, 메시지에 대한 깊은 이해 없이 결론을 내려서는 안 된다는 의미이다. 가끔 어떤 사람의 의견을 듣고 자신의 견해를 정당화하려는 마음에 조급해지는 경우가 있다. 어떤 연설자는 이미 한 말을 계속해서 반복하는 바람에 청중이 엄청난 인내심을 가지고 들어야 하는 경우도 있다. 만약 대화를 계속할 이유가 없다면 정중하게 경청하는 것을 중단할 필요가 있다. 하지만 그 전에 혹시 우리가 경

청하지 못해서 잃어버리거나 감춰진 진주가 있지는 않은지 한 번
더 조심해서 판단하라.

관리자는 담당 부서 이외의 업무활동이나 어떠한 상황을 모두
통제할 수 없다. 마찬가지로 관리자는 소속 직원들이 부서 외의 일
을 처리할 때 이와 유사한 문제점을 겪지 않도록 해야 한다. 메시
지를 전달할 때에는 상대방이 듣기 쉽게, 그리고 정확하게 전달해
야 한다. 바람직한 듣기는 바람직한 의사 전달자를 전제로 한다. 시
간에 민감한 회의에서 주제와 상관없는 발표로 시간을 끌거나 준
비 부족으로 일관성 없는 발표를 듣는 것은 괴로운 일이다.

커뮤니케이션 수단으로서의 읽기

대학에서 대학원생을 가르칠 때, 나는 늘 그들이 무엇을 읽고 있
는지에 대해 관심을 가지곤 했다. 그러나 매번 그들의 응답에 매우
실망하곤 했다. 그들은 이미 경영학을 학부에서 전공하고 최고경
영자 학위 과정을 밟고 있는 사람들인데도 불구하고 경영 관련 책
들을 전혀 읽지 않고 있었다. 심지어 몇몇은 전공 분야의 변화조차
따라가지 못하고 있었다. 그들은 조직의 경쟁사와 관련해 매일 일
어나는 새로운 동향에 대해서도 잘 알지 못했다. 항상 그들은 시간
이 없다느니, 예전에 익히 들어서 알고 있다느니, 그런 정보들이 자
신에게 도움이 되지 않는다는 식의 변명과도 같은 대답만 되풀이
했다.

읽기는 관리자의 책임 중에서도 매우 중요한 부분이다. 이것은
관리자가 미래지향적인 조직을 만드는 데 필요한 정보와 창조적
사고를 가능하게 하는 자극제이다. 관리자는 그러한 것들을 뉴스

기사에서도 배울 수 있다. 타사의 동향이 우리 회사의 경영에 어떤 영향을 줄지도 배울 수 있다. 존슨앤드존슨 사의 '타이레놀 독극물 사건'에 대한 대응과 같은 현대 경영의 대표적인 성공사례 또한 읽기를 통해 그 지식과 경험을 배울 수 있다. 또한 우리 회사의 경영에 직접 접목시킬 수 있다.

1982년 타이레놀을 먹은 몇 사람이 사망하는 사건이 발생했었다. 존슨앤드존슨 사는 생산과 광고를 전면 중단하고 천문학적인 비용이 드는 수백만 병의 타이레놀 제품을 수거했다. 이런 조치를 통해 존슨앤드존스은 위기를 극복하고 다시 소비자들에게 신뢰를 회복했다. 존슨앤드존슨의 이러한 결정은 모든 조직과 모든 관리자들에게 의사결정의 중요성에 대한 교훈을 준다. 즉 기업의 도덕적 행위와 기업의 사회적 책임, 그리고 위기에 대한 관리자의 대응을 보여주는 좋은 사례인 것이다. 이러한 사례 역시 읽기를 통해서 후대에 계속 교훈으로 전달 될 수 있다.

그렇다면 날마다 쏟아지는 수많은 정보의 홍수 속에 관리자는 어떻게 정보를 처리하고 필요한 정보를 얻을 수 있을까? 단순하게 말하자면 속독 기술이 필요하다. 우리는 모래 속에서 보석을 찾아내야 한다. 무엇이 유용한 정보이고, 어떤 방법으로 불필요한 정보를 처분해야 하는지를 그때그때 신속하게 결정해야 한다. 어떤 방법의 속독이라도 좋다. 많은 정보를 한눈에 파악하고 그 중에서 필요한 정보만 골라내는 기술은 훈련을 통해서만 가능하다. 이런 속독의 필요성은 이메일과 전자 커뮤니케이션의 도입 이후에 그 필요성이 더욱 커지고 있다. 우리가 요청하지도 않은 수많은 정보를 매일 접하고 있는 요즘 속독은 그 중요성이 더욱 커지고 있다. 물론 속독에 대한 반론도 있지만 유용한 정보를 찾고 판단하기 위해서는 속독만한 대안도 없다.

요약 | Summary

■ 리더십과 커뮤니케이션 능력은 관리자에게 가장 중요한 2가지 기술이다. 그것들은 서로 밀접하게 연결되어 있다. 리더십은 훌륭한 의사소통 기술만으로는 부족하다. 일반적으로 리더십에 대한 이론은 조직의 최고경영자에 초점이 맞춰지기 때문에 일반적으로 교육되는 것들은 새로운 관리자에게 적용되기 어렵다.
새로운 관리자인 당신은 리더십보다는 '리드하기'란 주제로 실천하라. '리드하기'란 말에서 오는 뉘앙스처럼 당신이 실천적 입장에서 리더십을 수행한다면 모든 것을 적절하게 리드할 수 있을 것이다. '리드하기'란 것은 단어 자체가 말해주듯이 현재 상태를 유지하는 것만으로는 계속 생존할 수 없음을 의미한다.

■ 커뮤니케이션의 5가지 유형은 관리 개념뿐만 아니라 인간의 생활에서 절대적이고 필수적인 것이다. 말과 글로 하는 의사소통, 이것 없이는 생각이나 아이디어, 개념, 제안과 문제해결 방법을 전달할 수 없기 때문에 가장 중요하다. 반면 그래프와 그림은 생각이나 아이디어, 또는 개념이 무엇을 포함하는지를 간단히 전할 수 있는 기회를 제공한다. 만일 우리가 듣기를 배우지 않았다면 문제를 해결하고 새로운 기회를 발굴하는 것과 관련된 어떠한 성공적인 대화도 할 수 없게 된다.
읽고 또 읽어라. 우리는 읽기를 통해 대부분의 정보를 획득한다. 우리가 더욱 빨리 읽을수록 더 많은 것을 이해할 수 있다.

NOTES

1. Peter Hapaniemi, "Leading Indicators: The Development of Executive Leadership," Cevter for Creative Leadership, Chief Executive Magazine. October 2002.

2. Warren G. Bennis and Robert J. Thomas, Geeks and Geezers: How Era, Values, and Defining Moments Shape Leaders (Boston: Harvard Business School Press. 2002)

3. Comment by Edith Wharton shown on Wharton Center for Leadership and Change Management Website, hppt://leadership.wharton.upenn.edu/digest/1002.shtml and presented by Kate Feber at kfabr@wharton. upenn.edu

4. EdwardE. Lawler III, Motivation in Work Organizations (San Francisco: Jossey-Bass. 1994), pp. 219–232.

5. Heike Bruch and Sumantra Ghoshal, "Beware the Busy Manager," Harvard Business Review. February 2002, pp 5–11.

조직에 필요한
유능한 팀장을
키워내는

팀장 제조 매뉴얼 Manual for Changing Manager

＊ 팀장은 직책이 아니라
이제 브랜드다!

제8장 | 상자 밖에서 생각하는 변화관리

Thinking Your Way to Success

우리는 살면서 행동이 생각보다 앞서는 경우를 종종 경험한다. 그만큼 사고Thinking는 어려운 작업이다. 하지만 사고는 조직이 목표 달성에 필요한 통합된 행동을 하기 전에 반드시 거쳐야만 하는 과정이다. 사고 자체가 어떤 결과물을 가져오는 것은 아니다. 그러나 그 과정을 통해 전체 계획 중에서 특정한 문제를 깊이 생각하고, 다양한 시나리오 접근법을 검토할 수 있다. 이런 일련의 과정은 임시 대안보다 확실하게 목표달성을 할 수 있게 해주는 선행 작업이라고 할 수 있다.

사고 과정은 어려운 작업이다. 잘 정형화된 방법이나 특별한 해법도 따로 없다. 다만 사고를 보다 쉽게 하기 위한 기법들은 여러 가지가 있다. 예컨대, 어떤 것을 검토할 때 전체를 통째로 검토하기보다는 부분적으로 접근하는 방법이라든지, 최종 계획보다는 시작 단계에서부터 '순차적으로 검토하기' 등의 기법들이 그것이다. 이러한 기법들은 대개 기존의 '사고의 틀'을 바꿀 것을 요구한다. 우리가 말하는 소위 '발상의 전환'이 그것이다.

사고의 틀을 바꾸는 방법 중의 하나가 지금부터 소개할 '조직 밖에서 생각하기' 방법이다. 한 조직의 업무활동 결과를 검증해 줄 사람들은 언제나 그 업무활동이 이루어지는 시장의 범위 내에 있다. 따라서 한 조직이 시장의 요구와 관련된 외부 환경에 대응하려면 관리자들이 그 조직 밖의 입장에서 생각해보는 것이 중요하다. 이는 조직 외부에 있는 시장 참여자들의 행동이 조직 활동에 영향을 미치기 때문이다. 이것은 관리자의 업무에도 그대로 적용된다. 전문가든 관리자든 우리는 모두 상자 밖out of the box에서 사고하는 습관을 길러야 한다. 그것을 통해 조직의 활력과 변화를 추구해야 한다. 팀장으로서 당신은 사고의 패턴을 바꾸는 것이 조직의 성공을 위한 핵심 요소라는 것을 인식해야 한다. 우리는 이것을 '상자 밖에서 생각하기thinking out of the box'라고 부른다. 이 장에서는 우리가 어떻게 상자 안으로 들어가게 되었으며, 어떻게 하면 상자 밖으로 나올 수 있는지에 대해 다음의 주제를 중심으로 살펴볼 것이다.

- 조직에서의 사고 상자
- 상자 밖에서 생각하기
- 미래를 향한 실천
- 변화하는 업무 환경
- 상자에서 나오기
- 상자 밖 사고를 위한 방법과 기법들
- 상자 밖 사고에 대한 부정적인 것들

조직에서의 사고 상자

조직은 어떤 아이디어를 바탕으로 다소의 노력을 통해 이익을 창출할 수 있는 사업 기회를 개발했을 때 만들어진다. 초기 단계의 조직은 그들의 순수한 열정과 에너지만으로도 성장곡선을 그리며 순항하게 된다. 하지만 조직이 점점 커지게 되면 보다 많은 사람을 필요로 하게 되고, 결국 '제대로 일하는 방법the right way to do things'에 대한 정책과 전략, 그리고 신념이 벽에 부딪치게 된다. 그때가 되면 조직은 내부 업무표준best practice을 만들고 다른 조직의 좋은 절차를 도입benchmark하게 된다. 좀 더 지나면 언젠가는 이런 규정과 절차들이 반대로 조직의 사고력을 방해하게 된다. 게임의 룰 자체가 제도적 틀 안에서 획일화되는 것이다. 그렇게 되면 그동안 조직을 바로 세우기 위해 만들고 쌓아왔던 조직의 핵심 역량들이 조직의 생산성에 장애가 된다.

조직은 과연 어떻게 상자 안으로 들어가는 것일까? <그림 8-1>은 우리가 어떻게 상자 안으로 들어가고, 어떻게 상자 밖으로 나올

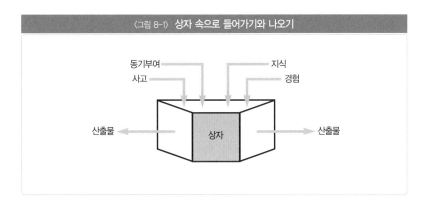

〈그림 8-1〉 상자 속으로 들어가기와 나오기

수 있는지를 설명하기 위한 모델이다. <그림 8-1>의 사고, 동기부여, 지식, 경험, 이 4가지는 어떤 산출물에 대한 기대치를 상자에 공급한다.

조직은 몇 가지 단순한 사고 단계에서 시작하여, 이 목표를 성취하기 위한 동기부여를 하게 된다. 그리고 다양한 규정과 절차를 통해 조직이 필요로 하는 대부분의 지식을 축적해 간다. 그 조직은 구성원들의 활동을 통해 경험을 축적함으로써 산출물을 생산해낸다. 이런 산출물output은 긍정적일 수도 있고 부정적일 수도 있다. 다양한 과정들이 이 상자 안에서 혼합되고, 더 이상 가치를 창출할 수 없을 때까지 절차는 지속된다. 대부분의 경우, 낡은 업무절차는 조직의 경쟁력을 떨어뜨린다. 비록 새로운 지식과 경험이 더해지지 않더라도 업무절차process는 동일한 사고 패턴thinking pattern을 반복한다. 획일화된 절차가 조직의 성과에 장애가 될 때까지 사람들은 획일화된 사고와 절차에 대해 불편을 느끼지 못하며, 아무런 문제점도 인식하지 못할 것이다. 이는 조직의 미래에 대한 창조적인 생각과 질문이 받아들여질 수 없는 철옹성comfort zone을 만들어 버린다.

상자 밖에서 생각하기

경영학 책의 어디에나 등장하는 '상자 밖에서 생각하기'란 문구와 그와 유사한 단어들의 진정한 의미는 무엇일까? 이것은 '다르게 생각하기thinking differently', 우리의 '사고 유형을 바꾸는 것'을 의미한다. '상자 밖에서 생각하기'는 창조적인 사고를 위한 은유법으로 주로 사용된다. 더불어 '상자 밖에서 생각하기To think out of the box'는 그보다 더 창조적인 사고를 포함하는 말이다. 그러나 안타깝게도 '상자 밖에서 생각하기'는 대부분 상자 안에서 이루어진다. 그 중 일부는 상자를 탈출하려고 하지만 곧바로 상자의 안락함으로 되돌아온다. '상자 밖에서 생각하기'는 기존의 틀 안에서 볼 때 이것은 변혁이고 기존의 사고에 대한 거부이며 매우 위험한 생각이다. 따라서 '상자 밖 사고'를 할 때, 현실에서 너무 멀리 앞서 나갈 필요는 없다. 변화는 늘 오고 있다. 어제까지 실험적인 아이디어였던 것이 신성불가침의 고전이 되는 때가 되면 조직은 자연스럽게 상자를 열고 현실에 맞서야만 할 것이다. 지금부터 우리를 상자 안으로 집어넣고 있는 4가지의 상황들을 점검해 보자. 어쩌면 우리는 이 상황들에 대한 점검을 통해서 다시 상자 밖으로 나올 수 있을 것이다.

사고하기

생각하는 능력이란 문제에 접근하고 해결책을 모색하는 방법을 말한다. 실패한 경험을 돌이켜보면, 문제점을 정확히 정의하지 않은 채 모든 참가자들이 희망찬 예상 결과만을 공유하는 경우가 많다. 성공에 필요한 수많은 원칙과 그 원칙 간의 조화는 자주 무시되었다. 구체적인 확인이나 평가 없이 통찰력이나 직관에 의해 가정이 수립된 경우도 많았다. 어떤 것은 왜 되고, 어떤 것은 왜 안 되는지, 언제, 어떻게, 어디서, 누구에 의해 추진되어야 되는지에 대한 기본적인 질문이 무시된 경우도 있었다. 사고하기thinking에는 어떤 원칙이 바뀌어야만 할 정도의 큰 변화나 획기적인 돌파구가 필요한 것이 아니다. 다만 새로운 구조나 형태에 대해 서로 알려진 것을 제안하는 기술이 필요하다. 혹시 직장에서 다음과 같은 말들을 들어본 적이 있는가? 함께 생각해보자.

- 그건 우리가 일하는 방식이 아니야!
- 당신은 전통적 방법과 반대로 가고 있는 거야!
- 왜 잘 되고 있는 것을 바꾸려고 하지?
- 당신이 그 길로 간다면 직장생활하기 힘들어질걸?
- 아마 그 방법은 경영진이 십중팔구 싫어할 텐데.

이러한 말들은 우리의 사고를 제한시킨다. 또한 모든 행동에서 안전 지향적인 태도를 갖고 변화를 거부하도록 만든다. 이러한 환경 속에서는 기존에 알고 있던 다음과 같은 사고방식만을 고집하게 된다.

- 아주 폭 좁게 생각하기
- 새로운 사고 깎아 내리기
- 하나에 집중하지 않고 모든 것을 동시에 생각하기
- 다음 단계에 대한 생각 거부하기
- 유연성 거부하기
- 기존 회사 방식 주장하기
- 목표달성보다는 엄격한 절차만 강조하기
- 가장 적절한 해결책보다는 성과 위주의 대안 모색하기
- 창조적이고 모험적인 업무추진 방해하기

어떤 사람은 자신의 경험에 비추어 여기에 다른 항목을 추가할 수도 있을 것이다. 이러한 사고의 규칙들은 사람들로 하여금 그들의 능력을 충분히 발휘하지 못하도록 방해하는, 일종의 '정신적 감옥'과 같은 어떤 상자 안에 가두는 것이다. 그 속에서 사람들은 점점 상자에 규격화되고 상자의 룰에 의해 활동하게 된다.

4가지 사고의 유형

케프너Kepner와 트레고에Tregoe[1]는 사람들이 무의식적으로 항상 사용하면서 또한 관리자들이 의사결정을 할 때마다 떠오르게 되는 사고의 4가지 기본 단계에 대해 설명했다.

1. 무슨 일이야? 이것은 발생한 사건에 대해 사실을 명확히 정의하고 평가하기, 자세히 분류하기, 당면한 문제나 향후 기회에 대한 순서와 우선순위 정하기 등을 말한다. 일어난 사건이 아무리 복잡하더라도 관리할 수 있는 단위로 세분화해야 한다.
2. 왜 이런 일이 일어났을까? 이 단계는 문제의 원인과 그 영향을 분석함으로써 발생한 문제 속으로 직접 들어가는 과정이다. 이 질문에 대한 대답들은 우리로 하여금 미래를 향해 전진하게 한다.
3. 어떤 조치를 취해야 하는가? 우리는 대안을 선택해야만 한다. 어떤 목적을 가지고 선택해야 하는가? 어떤 선택이 그 목적을 최고로 가능케 하는가? 어떤 선택이 가장 생산적이면서 최소한의 위험이 따르는가?

4. 앞으로 어떻게 될 것인가? 이 질문은 미래에 대한 전망과 의사결정에 따른 결과에 대해 분석하는 것이다. 문제에 대한 대안 선택의 결과로 우리 앞에는 어떤 것이 기다리고 있을지 생각해보자. 현재 상황이 다급해서 미래를 걱정할 여유가 없을지도 모르지만 이 과정이 무시되어서는 안 된다. 오늘의 행위가 내일 또 하나의 문젯거리가 되어선 안 된다.

어떤 사람은 매우 심각한 문제를 극단적으로 단순화시킨 것이라고 말할 수도 있다. 그러나 그렇지 않다. 또한 4가지 사고의 유형은 문제 해결의 직접적인 처방전이 아니라 단지 문제해결을 위한 논리적 사고 전개 방법일 뿐이다.

첫 번째 질문에 대해 생각해보자. "무슨 일이야?"라고 당신이 간단한 질문을 할 때, 이 질문은 이미 사건 전반에 대한 범위와 깊이를 함축하고 있다. 사고 유형의 첫 단계인 이 질문에 대한 범위와 깊이는 이러한 질문을 하는 사람들의 지위와 입장에 따라 다르다. 비즈니스 업계에서 이런 질문을 한다면 그것은 기업의 경쟁력에 직접 영향을 주는 어떤 재무적 고려사항을 누락시켰을 때 나올 수 있는 질문이다. 반면 학계에서 이런 질문이 나왔다면 그것은 지금 어떤 일이 발생했으며, 그로 인해 향후 학교가 어떤 모습으로 변화할 것인가를 포함하는 질문일 것이다. 어쨌든 사고 유형의 첫 단계는 문제를 인식하는 것으로부터 출발한다.

두 번째 질문인 "왜 이런 일이 일어났을까?"는 어떻게 우리가 여기까지 왔는지에 대한 단계적 검증과 현재 상황에 대한 동의에 활용될 수 있다. 이 질문은 구체적이고 명확한 대답을 필요로 한다.

이 질문을 통해 문제의 원인을 파악함으로써 향후 똑같은 실수를 피할 수 있는 유용한 정보를 얻을 수 있다.

세 번째 질문인 "어떤 조치를 취해야 하는가?"는 주어진 문제에 대한 해결책을 제시하고, 모든 제약 사항을 고려한 가장 적절한 대안을 그 중에서 선택하고자 하는 것이다. 세 번째 질문에 대한 해답은 반드시 네 번째 질문인 "앞으로 어떻게 될 것인가?"에 대해 답을 줄 수 있어야 한다.

일반적으로 '사고'한다는 것은 이러한 4가지 간단한 질문에 응답하는 것만을 말하지는 않는다. 하지만 조직에서 이루어지는 모든 활동들은 이 4가지 질문 중 하나에 대한 답을 찾는 과정으로 볼 수도 있다. 이러한 질문은 간단하지만 그 질문에 대한 답은 대개 복잡하다.

동기부여

'상자 밖에서 생각하기'를 실천하려면 뛰어난 사고력과 더불어 많은 지식과 경험을 필요로 한다. 또한 여기에는 동기부여Motivating가 필요하다. 동기부여가 없다면 사람들이 왜 시간과 노력을 들이면서 생각하기에 몰두하겠는가? 동기부여 중에서도 자발적인 동기부여, 즉 스스로 동기를 부여할 때 열정과 충성도가 가장 높다. 특히 동기부여의 본질이 금전적 보상이 아니라고 주장하는 사람들일지라도 사람들에게 어떤 일을 장기적으로 전념하게 하려면 금전적 보상이 반드시 따라야 한다는 말에는 동의할 것이다. 장기간의 업무 집중은 개인적인 시간의 희생을 필요로 한다. 며칠 또는 몇 주는 어떻게 가능할지 모르지만 몇 달씩 어떤 일에 전념하는 것은 개인의 가정사에 영향을 줄 수도 있다. 만일 이런 헌신적인 노력에도 불구하고 그에 합당한 금전적 보상이 따르지 않는다면, 그 사람은 그 이후로 정규 근무 시간에만 일하려고 할 것이다. 그러므로 모든 일이 완전히 마무리된 후에 격려하는 것만으로 동기부여를 하는 것은 부족하다. 팀장으로서 당신은 결과로 나타나는 성과뿐만 아니라 업무처리 과정에 대해서도 적절히 평가를 해야 한다. 당신은 팀원에게 적절한 기준을 바탕으로 보상과 기회를 제공해야 한다.

동기부여는 복잡한 주제이다. 사람들이 어떻게 동기부여가 되며, 그들 사이의 상호작용이 그룹의 동기부여에 얼마나 시너지를 주는지 분석할 필요가 있다. 하지만 그룹의 모든 구성원이 동일한 수준의 보상이나 동기부여를 받을 수는 없을 것이다. 열 명으로 구성된 그룹이 있다면 아마도 두 명 정도가 매우 좋은 대우를 받게 될 것이다. 물론 나머지 사람들도 성과에 공헌을 했지만 동기부여는 본질적으로 소수에 대한 차별적 대우를 전제로 하기 때문이다. 문제는 거기에 있다. 동기부여를 하는 대부분의 조직은 경쟁적인 분위기 속에 있게 된다.

어떻게 하면 모든 사람들이 항상 최선을 다할 수 있게 할 수 있을까? 그룹에 동기부여를 할 수 있는 소위, 손쉬운 7가지 비법은 어디에도 존재하지 않는다(한 때 유행했던 '~하기 7가지 방법' 등의 책을 빗대어 하는 말). 사람들은 각기 다르게 반응을 한다. 동기부여를 이끌어내는 방법은 관리자의 창의성과 사람에 대한 지식에 의존한다. 즉 다양한 혜택, 칭찬, 잘한 업무에 대한 조직의 인정, 승진 가능성, 업무활동의 재량권, 정보 접근, 관리자에 의한 격려, 두려움 등이 동기부여 요인과 직접 관련이 있다

앞에서 열거한 동기부여 요인 중 '두려움$_{fear}$'을 지적한 것에 대해 의문이 들 수도 있을 것이다. 두려움의 종류는 경쟁자로부터의 두려움, 자격 상실의 두려움, 임기 만료나 해임에 대한 두려움, 성과목표를 달성하지 못하는 데 대한 두려움 등을 들 수 있다. 두려움은 업무를 보다 적극적으로 추진하도록 하는 동기요인이 될 수 있다. 적절한 두려움은 둔감한 사람들을 자극시킨다. 그러나 이러한 동기부여 요인들은 어떤 사람들에게는 반대로 동기부여를 감소시킬 수도 있다. 각각의 동기부여 요인에 대해 모든 사람들이 똑같은 방식으로 반응하지는 않기 때문이다.

지식

특정한 업무에 필요한 지식$_{Knowledge}$을 제공하는 것은 팀장의 일반 업무이다. 팀장은 부서나 팀 내에서 필요한 지식의 종류와 수준을 결정하는 능력이 있어야 한다. 이는 수시로 발생하는 관리자의 중요한 업무다. 우리는 흔히 소속 직원과 그들이 갖고 있는 지식의 깊이를 잘 안다고 생각하지만 실제는 제대로 파악하지 못하고 있는 경우가 많다.

팀원의 지식의 깊이를 파악하는 일반적인 방법은 직원이 보유하고 있는 지식에 대해 대략 전체적으로만 파악하는 접근법$_{broad-brush}$ $_{approach}$으로 대부분의 상황에서 이 방법은 유용하게 통한다. 하지만 어떤 경우에는 직원들의 기본적인 지식이 이용 가능한 것인지를 보다 구체적으로 파악하는 데 또 다른 시간을 소비해야만 한다. 지식은 학문적인 지식뿐만 아니라 조직과 비즈니스 환경에 관한 지식도 포함된다.

예를 들어보자. 이스트만 코닥Eastman Kodak은 디스크 카메라 장치를 개발하기 위해 수많은 자원을 쏟아 부었다. 그 기술은 복잡했다. 다른 사진기 회사들도 코닥과의 다양한 로열티 계약 아래 디스크 카메라 장치를 생산했다. 코닥은 고객의 욕구를 만족시키기 위해 세계 각국에 동시 보급했다. 신제품 카메라를 보급했다. 비슷한 시기에 일본계 회사들은 거대한 노력을 들여 고객에게 보다 좋은 사진을 제공하면서도 저렴한 35밀리미터 카메라를 출시했다. 디스크 카메라가 결코 그 기술을 따라가지 못했음은 말할 필요도 없다. 그당시 코닥은 카메라에 관한 기술과 마케팅, 제조공정, 고객관리, 유통에 대한 모든 지식을 가지고 있었기 때문에 그들은 카메라 시장에서 일어나고 있는 변화의 흐름을 무시했다. 그러는 동안 우수한 성능과 저렴한 가격으로 무장한 일제의 35밀리미터 카메라가 시장을 점령한 것이다. 이처럼 요구되는 지식을 파악하기 위해서 우리는 학문적인 지식을 뛰어 넘어야 하고, 우리가 살고 있는 환경을 올바르게 이해해야 한다.

경험

경험은 다양한 업무환경에서 얻어지며 다양한 형태로 나타난다. 관리자는 우리에게 어떤 종류의 경험이 어떤 수준으로 필요한지를 결정한다. 서로 다른 유형의 수많은 경험은 어떤 그룹에나 필요하다. 하지만 보다 중요한 것은 우리 조직이 가지고 있는 경험의 정도와 유용성을 완전히 이해하는 것이다. 아마도 5년 전에 얻어진 경험은 새로 교육받지 않는다면 현재 유용하지 않을 것이다. 만약 어떤 프로젝트에서 핵심 인력이 새로운 경험 부족으로 추가 교육을 받아야만 한다면 그 프로젝트는 즉시 연기되거나 외부에서 자원을 찾아야 할 것이다. 이처럼 특정 분야에서 수년간 경험이 있는 사람이 필요하다고 막연하게 말하는 것은 적당한 표현이 아니다. 필요한 경험은 반드시 구체적으로 정의되어야 한다.

미래를 향한 실천

최근에는 '상자 밖에서 생각하기'란 말도 다른 경영학 용어들처럼 진부해졌다. 그동안 수많은 조직에서 유행처럼 '상자 밖으로 나와서 생각하기'를 추구해 왔으나 그 결과는 대부분 만족을 주지 못하고 끝났다.

'상자 밖에서 생각하기'에 실패한 인터넷 기업들

몇 년 전 소위 '닷컴.com으로 불리던 인터넷 기업들이 '상자에서 나와서 생각하기'를 주장하고 시도했지만 성공한 기업은 거의 없었다. 그 이유는 그들이 관리의 기본 원칙들을 모두 상자 안에 남겨둔 채 형식적인 부분만 시도했기 때문이다. 결국 그들은 '상자 밖에서 생각하기'에서 제안하는 기본 원칙들을 그들의 업무에 접목시키지 못했다. 만약 인터넷 기업들(닷컴)이 진정으로 '상자 밖에서 생각하기'에 성공했다면 그들의 상승 추세는 현재까지도 꺾이지 않았을 것이다. 새롭고 빠른 컴퓨터를 산다고 해서 반드시 우리를 보다 여유 있고 생산적인 전문가로 만들어 주는 것은 아니다. 도구와 기술은 우리의 사고력이 더해질 때 성과개선으로 나타나는 것이다.

'상자에서 나와 생각하기' 실천하기

'상자에서 나와 생각하기'를 실천하기 위해서는 우리가 그동안 해왔던 방식을 우리 마음속에서 깨끗이 지우고 우리가 다년간에 걸쳐 새롭게 터득한 진보된 지식과 경험을 바탕으로 향후에 할 일을 생각해야 한다. 깨끗한 백지 상태에서 다시 시작한다고 생각하자. 텅 빈 종이에 우리의 생각을 안에서 밖으로, 위에서 아래로, 좌측에서 우측으로, 그리고 그 역순으로, 기타 여러 가지 방법으로 그려야 한다. 새로운 것에 대한 구체적인 능력은 우리의 전문적인 훈련과 현실 세계에 대한 관찰에다가 다른 경험에서 얻은 다른 지식과 관찰 경험을 적절하게 통합하고 조화함으로써 얻을 수 있다.

이는 외국어를 배우는 것, 넓은 외국을 여행하는 것에 비유해 볼수 있다. 당신은 새로운 언어와 새로운 관습, 그리고 새로운 문화와 직면하게 된다. 당신만이 세계에서 가장 훌륭한 생각과 전략을 가진 주인이 아님을 빨리 깨우쳐야 한다. 당신은 그들이 사생활과 조직 생활을 구분해 다르게 생각하고 있다는 것을 배워야 한다. 심지어 같은 미국 내에서도 동부에서 서부로, 남부에서 북부로 여행을할 때 우리는 다른 사고방식을 경험한다. 그러한 새로운 경험은 우리로 하여금 다른 사고방식을 가능케 해준다.

그렇다면 다르게 생각한다는 것은 무엇을 의미하는가? 앞서 우리는 다른 사고방식을 위해 '백지blank sheet of paper'에서 생각을 시작하기로 했다. 그렇다면 이제 어디서부터 시작할 것인가? 시작 단계는 어떤 특정한 문제나 개선의 기회를 중심으로 시작하면 된다. 추상적이거나 명확하게 정의되지 않은 문제들에 집중해서는 안 된다. 내가 만난 많은 교수들은 어떠한 마찰도 없거나 저항이 무한대라는 가정 아래 어떤 의견을 말하곤 했다. 그것은 진정한 현실 세계가 아니다. 어쩌면 '다르게 생각하기thinking differently'란 개념을 정의하는 것은 정말 불가능한 것인지도 모른다. 하지만 자주 접하게 되는 '다르게 생각하기'에서 얻어진 결과를 보면서 그것이 가능함을 깨닫게 된다.

제록스의 전사적全社的인 '상자에서 나와 생각하기'

지금으로부터 60년 전 체스터 칼손Chester Carlson[2]은 '건식 인쇄 방식' 복사기를 발명했다. 이는 기존의 복사용 인화지 수요를 대체하게 되었다. 칼손Carlson은 기존에 사용하던 복사용 인화지의 품질을 개선하려는 노력 대신에 그 시간을 '다르게 생각하기'에 투자한 것이다. 기존의 방식보다 더 나은 방법을 개발하고자 했다. 수년에 걸친 연구와 여러 차례의 자금조달을 통해 그 발명품은 제록스Xerox 사를 탄생시켰다. 제록스는 복사기 분야에서 으뜸가는 선두주자가 되었고, 오랜 기간 동안 선두 지위를 잃었다가 다시 찾기를 반복했다. 경쟁사들이 그 자리에 올라설 때마다 제록스는 건식 인쇄 복사 방식에 대한 품질을 개선시켜 시장을 주도했다. 최근에는 디지털 기술이 도입되어 다시 건식 인쇄 복사기를 대체하기 시작했다. 체스터 칼손이 상자에서 나와 생각했다고 보는가? 판단은 당신의 몫이다.

제록스의 예는, 기술의 발전에 대해 말하려는 것이 아니다. 핵심 기술이 성공하기 위해서는 조직 내 다양한 원칙의 통합이 반드시 뒷받침되어야 한다. 이것은 조직 내 보유하고 있는 모든 자원을 조직의 목적을 위해 최적화시키는 작업을 말한다. 비록 제록스의 기술이 중요할지라도 이는 전달 도구에 불과한 것이다. 고객, 마케팅, 재무, 그리고 그 외의 조직 내 모든 지원 기능들이 없었다면 제록스의 건식 인쇄 방식은 꿈에 불과했을 것이다. 마케팅 분야에서도 제록스는 혁신적인 마케팅 기법을 도입했다. 그들은 제품을 팔지 않고 제품을 임대한 후 모든 복사기에 대한 임대 및 관리 수수료를 받는 방법을 선택했다.

드릴과 드릴 구멍에 대한 '다르게 생각하기'

문서작성 기술을 예로 들자. 이는 시대의 변화에 따라 혁신적인 발전을 거듭해 왔다. 고대 상형문자를 돌로 새기던 시대로부터 펜으로 발전되었고, 타자기 시대를 지나 인쇄기 시대를 거쳐 최근에는 컴퓨터를 이용하는 기술로 발전했다. 이런 발전 과정에서 핵심 기술의 개발은 언제나 '상자 밖에서 생각하기'를 통해 개발되었을 것이다. 하지만 핵심 기술 외의 모든 조직 기능들이 상자를 나와서 생각하는 노력을 하지 않았다면 이러한 발전과 성공도 불가능했을 것이다.

테오도르 레빗Theodore Levitt은 《마케팅 모드The Marketing Mode[3]》란 책에서 '다르게 생각하기'에 대한 좋은 사례를 소개하고 있다. 레빗Levitt은 1968년 이전에 1/4인치 드릴이 팔렸던 이유에 대해 사람들이 1/4인치 드릴을 사기 원했기 때문이 아니라, 그들에게 1/4인치 구멍이 필요했기 때문이라고 말하고 있다. 수요의 원천은 드릴이 아닌 구멍에서 나왔고, 그것은 기존의 1/2인치 구멍과 대비되는 또 다른 많은 수요가 있었기 때문에 새로운 수익을 얻게 되었다고 설명하고 있다.

잭 웰치(Jack Welch[4])가 GE사(General Electric)의 CEO가 되었을 때, 그는 GE의 목표를 다음과 같은 매우 간단한 말로 표현했다. "우리는 모든 시장에서 1, 2위가 될 것이고, 그렇지 않은 시장에는 아예 우리가 없을 것이다." 그 이후 GE의 크로톤빌 워크아웃 회의(Crotonville workout session), 실질적으로는 GE대학교에서 잭 웰치는 자신이 정했던 그 목표가 GE의 성장목표 달성에 방해가 되었다고 말했다. 시장에 대한 전략이 한때는 통했지만, 이제는 그 전략이 GE 내에서도 논란거리가 된 것이다.

GE의 '발상의 전환'을 통한 상자에서 나와 생각하기

GE 파워 시스템 그룹(Power System Group)은 새로운 목표를 설정했다. 그들은 27억 달러 규모의 저성장 시장 내에서 시장의 63퍼센트를 점유하고 있는 자신의 시장 지위를 고성장 시장으로 재분류하고 170억 달러 규모의 고성장 시장 내에서 자신이 10퍼센트의 시장 매출을 점유하고 있다고 자신의 위치를 재정의하고 새로운 목표를 설정했다. 웰치는 이 아이디어를 '발상의 전환'으로 받아들였다. 그는 이것을 그 해 연례 임원회의에서 '사고의 전환(new thinking)'을 주제로 모든 그룹사가 하나 이상의 사례를 발표하도록 지시했다.

대부분의 조직은 그들의 사고방식과 그것이 조직의 경쟁력에 미치는 영향에 대해 점검해 볼 필요가 있다. '상자에서 나와 생각하기'에는 수천 가지의 기회와 다양한 방법들이 있다. 다만, 처음에 시작할 개혁가와 같은 어떤 사람이 필요할 뿐이다. 우리는 일상의 업무활동 속에서 늘 새로운 사고, 즉 '어떻게 하면 상자 밖으로 나와서 생각할 것인가?'를 연구해야 한다. 새로운 변화를 추구하거나,

어떤 것에 대한 명확한 정의 내리기를 통해 사고전환의 기회를 만들어야 한다. 그렇다면 상자에서 나와서 생각한다는 것은 무엇을 의미하는가? 또한 '상자 밖에서 사고하기'가 조직에 얼마만큼의 이익을 주었는가? 수많은 연구에서 관리자가 혁신을 추구하기 위해서는 상자에서 나와서 생각하는 것이 필요하다고 역설하고 있다.

어떤 보고서는 그런 행동이 너무 잦을 경우, 관리자의 지위를 지탱하기 어렵다고 말한다. 대부분의 경영자는 직접 또는 간접적으로 틀에서 벗어나는 절차를 억압하거나 그런 혁신적인 사람을 제거하려 할 것이다. 실제로 '상자 밖에서 생각하기'가 1년 365일 내내 필요한 것은 아니다. 그것은 오히려 조직에 혼란을 가중시킬 수 있음을 명심해야 한다. 이렇듯 '상자 밖 사고'와 관련한 지나친 사고와 행동은 오히려 당신의 명성을 위태롭게 할 수 있다. 이에 대한 리스크는 스스로 평가하고 고려해야 한다. 극단적으로 가장 안전한 방법을 찾는다면 두말할 것도 없이 누군가가 먼저 앞에 나설 때까지 혹은 다음 번 인원 감축이 있을 때까지는 상자 안에서 사고하는 것이 개인적으로 편안할 수는 있다.

변화하는 업무 환경

대부분의 직원들이 비슷한 모양의 책상과 의자, 파일, 캐피닛, 사람으로 가득 찬 작업장에서 일하던 때가 있었다. 연구실에서 일하는 관리자나 과학자, 엔지니어들을 제외하고는 대부분의 직장인들이 비슷한 환경에서 근무했다. 개인 간에는 직접 얼굴을 맞대고 하는 대면 의사소통이 대부분이었으며, 조금 떨어진 곳이라도 소리쳐서 의견을 교환했다. 직장 내 규칙과 원칙은 모두에게 공통으로 적용되었다. 이런 환경에서는 작업장 안에서 서로 대화하고 생활하면서 서로 간에 무슨 일이 생겼는지 자세히 알 수 있었다. 사무실 안을 한 번 돌아보는 것 자체에서 많은 정보를 얻을 수 있었고, 공유할 수 있었다. 그러다가 점차 개인용 칸막이 시대가 시작되었다.

처음에는 개인용 칸막이가 어느 정도의 사생활을 제공한다는 면에서 이용되었지만, 시간이 지나면서 이는 '사유지 침범 금지'라는 푯말을 세워야 할 정도의 불가침 영역으로 변하게 되었다. 사람들은 오전 9시부터 오후 6시까지 자신만의 진정한 안전지대를 구축했다. 사람들 간에 대면 의사소통이 극히 적어진 것이다. 개인용 칸막이를 떠날 필요가 없이 단지 이메일만 보내면 되었다. 과거 근무환경에서와 같은 개인 간의 상호작용은 모두 사라졌다. 개인용 칸막이는 고립된 전화 부스처럼 변했고, 개인용 칸막이 내에서 생각하는 것이 곧바로 업무활동으로 이어졌다. 아무도 서로 다른 칸막이에서 무슨 일이 일어나고 있는지 관심을 가질 필요가 없어졌다.

톰 페터[5]는 '주변을 돌면서 관리하기Management By Walking Around' 이하 MBWA아이디어를 제안했다. 이후 MBWA는 '주변을 돌면서 필요한 부분을 관리하기'로 발전되었다. MBWA는 모든 사람이 개인용 칸막이에 고립되었을 때 그 적용이 더욱 힘들어진다. 모든 사람이 각자 개인용 칸막이로 고립된 업무환경에서 관리자들이 실무 그룹과 팀 정신을 공유하거나, 사람들이 서로 협력하여 일하는 방법을 모색하는 것은 점점 어려워진다. 다행스럽게도, 최근 몇몇 조직은 프로젝트에 따라 작업 공간을 개방하려는 새로운 시도를 하고 있다.

이런 접근법은 그룹에 속한 사람들이 한 곳에 모여 공통의 관심사를 공유할 수 있게 해준다.

다음은 지금까지 설명한 업무환경 변화에 대한 내용을 가상으로 만든 사례다.

딜버트Dilbert는 개인용 칸막이에 대해 할 말이 많았다. 전형적으로 완고한 사람인 딜버트는 그의 개인용 칸막이가 2인치 줄었다는 사실에 대해 어느 날 그의 상사에게 불평했다. 그 상사는 이렇게 대답했다. "우리는 개인용 칸막이에 실시간으로 상태를 조절하는 장치를 설치했다. 이 센서는 당신의 업무를 모니터하고 당신의 업무 부가가치에 따라 칸막이의 높이가 자동 조절된다." 결국 딜버트와 그의 동료들은 모두 작은 상자 안에 들어가게 되었다. "당신들이 그렇게 빨리 이 시스템에 적응하다니 너무 놀랍군."

개방된 작업장으로부터 개인용 칸막이로 옮겨짐에 따라 사람들은 그들의 지식과 전문성이 증가되었으나 그 이외의 모든 기회를 상실하고 말았다.

상자 밖으로 나오기

사람들의 근본 속성은 상자에서 나오기를 원하지 않는다. 팀장은 사람들이 상자에서 나오도록 밀어부쳐야 하며, 이를 위해서는 일시적으로 새로운 다른 작업환경을 만드는 것이 필요하다. 20세기 후반 이후 조직의 업무활동을 위해 개인 시간을 희생하는 사람들이 점점 적어지고 있다. 계속되는 인원 감축과 인터넷 회사들의 붕괴,

느린 경제 성장이 이런 상황을 더욱 악화시키고 있다.

<그림 8-1>은 기대되는 산출물output을 도출하기 위해 투여되는 4가지 투입 요소input, 즉 사고와 동기부여, 지식, 그리고 경험의 통합 유형을 보여준다. 사고와 동기부여는 핵심적인 2가지 요소라고 할 수 있다. 이들 없이는 지식과 경험이 정체될 것이다. 상자로부터 나오도록 하는 이 4가지 요소들은 우리가 상자에서 나올 수 있도록 그때그때 조금씩 변형되어야 한다. 이 4가지 요소를 통합하기 위해서는 사람, 관리, 그리고 태도의 통합이 필요하다. 상자는 새로운 아이디어와 개념을 만들고 그것을 실천하기 위한 방법을 찾는 과정까지도 포함하고 있다. 상자에서 벗어나려면 한 분야에서 문제를 해결하거나 새로운 기회를 찾는 전문성도 필요하다. 직원들이 상자 밖으로 나가길 바라는 팀장이라면 상자 밖에서 생각하는 사람들이 제 기능을 발휘할 수 있도록 개방된 기업 문화를 만들어야 한다.

조직에서 가장 중요한 자산은 사람이다. 그러므로 개인은 각자에 맞는 대우를 받을 필요가 있다. 현재로선 다소 엉뚱한 아이디어를 가지고 있는 사람일지라도 그들에게 조직의 미래를 지고 나갈 리더의 역할을 맡기고, 관리자가 진취적이고 미래지향적인 팀을 만들어 나가도록 안내하는 그런 문화를 만들어야 한다. 이러한 조직문화에는 높은 성과 기준의 설정, 목표달성을 위한 직무 요건의 정의, 높은 신뢰성과 창조성, 통합을 위한 개발과 유지, 조직의 비교우위 확보, 개인에 대한 인정과 조직의 팀워크, 책임감 등이 포함된다.

관리자는 그들의 행동을 통해 적합한 조직문화 개발을 위한 방향을 제시해야 한다. 이러한 그들의 행동은 관리자 개인 차원의

'상자 밖으로 나와서 생각하기'를 통해 시작될 수 있다. 여기서 말하는 관리자의 행동이란 구체적으로 목적, 목표, 조직의 전략을 정의하는 것, 조직 단위의 산출물에 관심을 집중하는 것, 모든 직급과 적절하게 의사소통 하는 것, 업무활동에 중점을 둔 리더십을 발휘하는 것, 관리 지침을 개발하는 것, 언제, 어디서 변화가 필요한지 감지하는 것, 수용 가능한 위험을 감수하는 것, 시기적절한 의사결정을 하는 것, 미래를 예측하는 것 등을 말한다. 이러한 행동을 실천하는 관리자는 '상자 밖으로 나와서 생각하기'에 중점을 둔 문화를 개발하고 장려하는 데 아무런 어려움도 느끼지 않을 것이다.

사람은 일에 접근하는 태도에 따라 그 성과가 크게 달라진다. 사람과 관리 요소는 서로 긍정적인 태도도 연결되어 있다. 무관심하고, 열정이 없고, 마지못해 일하는 태도는 적극적으로 상자에서 나와서 생각하는 문화를 개발하는 데 방해가 된다. 문화를 정의하는 몇 가지 중요한 태도는 다음과 같다.

1. 그룹 활동에 대한 관심 정도
2. 운영자의 유연성과 자율
3. 능력과 성과에 근거한 임명
4. 관리자의 동기부여
5. 사전에 정의된 목표를 근거로 한 성과평가
6. 창의성을 발휘할 수 있는 기회

만약, 성과평가가 무의미하고, 행동의 자유도 없고, 명확한 목표도 없고, 개인이 창의성을 발휘할 기회도 없는 시시한 환경에서 일한다고 상상해 보라. 아무리 좋은 원칙과 업무절차를 구비하고 있다 하더라도 그것은 구성원들에게 어떠한 영감도 주지 못하는 문화가 될 것이다.

생각하는 조직으로 전환하기 위해서는 변화의 과정이 필요하다. 그러한 변화에는 개개인의 창의성과 인내심을 필요로 한다. 목표 달성을 위한 추진력과 인내력이 뒷받침되지 않는 꿈은 그것이 아무리 원대하다 해도 아무런 가치도 창출할 수 없다. 기존의 생각과 행동을 무효로 만들 수 있는 새로운 아이디어의 실행만이 이런 변화를 주도해 나아갈 수 있다.

상자 밖 사고를 위한 방법과 기법들

우리들을 상자 밖으로 나오게 하는 3가지 중요한 기법이 있다. 그것은 창조성에 중점 두기, 효과적인 브레인스토밍 활용하기, 실행 가능한 시나리오 개발하기이다.

창조성

창조적인 사고를 한다는 것은 마치 게임을 푸는 것과 같다. 평면 위에서 9개의 점을 연결하되 선이 서로 교차되어서는 안 되며, 분할하면 모두 정사각형이 되는 게임 말이다. 이러한 게임을 할 때에는 흥미와 간단한 원리를 생각하게 하는 데엔 도움이 될지언정 복잡한 문제를 풀거나, 창조적인 해결책을 찾는 데는 도움을 주지 못한다. 우리는 멀리 내다보며 창조성 훈련을 해야 한다.

창조적 사고의 대가인 에드워드 드 보노Edward de Bono[6]는 그의 저서 《창의력 사전》에서 '수평적 사고'는 3시간의 회의 시간이 주어질 때면 1분당 한 개의 아이디어를 낼 수 있다고 주장하고 있다. 하지만 그런 아이디어는 대부분의 상황에서 전혀 도움이 되지 않는다. 회의에서 복잡한 주제를 이해하지 못한 사람이 제시한 아이디어는 소음을 만들뿐, 실질적인 대안을 제시하지 못하는 것과 같은 이치다. 특히 전체 시스템의 입장에서 의사결정 과정을 생각해보면 이러한 회의는 좀처럼 문제 해결에 도움이 되지 못한다.

그렇다고 에드워드 드 보노의 견해를 폄하할 필요는 없다. 그는 창조적 사고와 수평적 사고를 구분했다. 창의성은 가치 있는 판단으로 다방면에서 나타날 수 있을 것이다. 어떤 사람에게 창조적인 것이 다른 사람에게는 그저 평범한 것일 수도 있다. 창조적인 사람은 어떤 것은 표현을 잘하며, 어떤 문제나 일을 다른 이들로 하여금 새로운 관점에서 바라보게 하는 특별한 통찰 능력이 있다. 하지만 많은 사람들은 그런 특별한 인지 능력을 발휘하지 못한 채 잠재되어 있는 경우가 허다하다. 그래서 사람들은 비슷하게 창조적이며 동시에 완고한 것처럼 보이게 된다.

수평적 사고는 인식을 변화시키는 힘과 그 변화된 인식을 유지하는 능력을 가지고 있다. 에드워드 드 보노는 수평적 사고를 '패턴화 되는 시스템 안에서 변경되고 대체되는 패턴pattern switching within a patterning system'으로 정의했다. 이것은 기존과 다른 방법으로 사물을 관찰하고 그런 과정을 계속 반복해 나가는 능력을 말한다. 여기서 반복하는 횟수는 각각의 사건이나 일에 따라 다르다. 사람들은 한쪽 방향으로만 생각하려는 경향이 있다. 우리는 어떤 특정한 한계를 설정해 놓고 마치 이것이 절대 변경될 수 없는 것처럼 신봉하는 경우가 있는데 이제는 그 생각의 방향을 자주 바꿀 필요가 있다. 이제 제한적인 A궤도를 버리고 B궤도에서 이용 가능한 것을 찾아 보자. 어쩌면 주어진 문제에 대한 장단기 해결책을 찾을 때까지 새로운 궤도를 계속 탐험해야 할 수도 있다.

조직의 성공은 혁신을 이끌어 가는 창조성이나에 달려있다. 혁신은 아이디어에 관한 것이 아니다. 혁신은 아이디어를 모으고, 이를 이용 가능한 개념으로 발전시키고, 발명품이 되도록 조각을 모아서 그 작품을 실천에 옮기는 것을 말한다.

혁신 = 발명 + 실행

발명이란 반드시 특허를 받은 것만을 말하는 게 아니다. 이는 잃어버린 부분을 채우기 위한 연구를 말하며, 주로 잘 알려진 어떤 것들을 독특한 방식으로 조합하는 것을 뜻한다. 그러나 창조성은 특별한 사고방식에서 시작한다. 우리는 발명과 모방을 구분할 필요가 있다. 어떤 조직의 성공사례를 벤치마킹하는 것과 벤치마킹을 통해 그들을 모방하는 것은 발명이 아니다. 이것은 모방에 불과하다. 이것은 같은 방향의 궤도를 타고 내려오는 생각일 뿐이다. 발명은 보다 나은 어떤 것을 찾는 일이다. 즉, 많은 이익을 내는 방법, 또는 완성도가 조금 떨어지더라도 뭔가 유용한 특징이 추가된 방법 등을 우리는 발명이라고 부른다.

브레인스토밍

'상자 밖에서 생각하기'는 브레인스토밍Brainstorming을 추천하는 사람들과 더불어 시작되었다. 브레인스토밍은 대개 어떤 '위기 상황Panic button'이 닥쳤을 때 진행된다. 이는 어떤 목표나 특정한 목적을 계획하지 않는다. 이렇게 위기에서 시작된 단기적 브레인스토밍은 비록 빠른 문제해결 방안을 제공해 줄 수는 있지만 '상자에서 나와 생각하기'를 활성화시키는 조직문화로 발전시키기에는 역부족이다.

조직이 미래에 필요로 하는 것들을 토론하기 위해 소집된 브레인스토밍 회의라면, 조직의 미래 목표를 먼저 설정하고 그 목표에 도달할 수 있는 방법을 도출하는 과정을 거치게 될 것이다. 하지만 단 한 번의 회의로 목적했던 모든 방법과 요건을 이끌어 낼 수는 없다. 제한된 장소에서 두세 시간 동안 진행되며 일부 팀원만 참여하는 브레인스토밍 회의는 제안된 안건이 아무리 중요한 것이라 할지라도 많은 효과를 주지 못한다.

중요한 안건을 놓고 브레인스토밍을 해야 한다면, 내가 개발한 방법, 즉 가이너 접근법(Gaynor approach, 자신이 개발한 접근법에 자신의 이름을 붙여 가이너 접근법이라고 이름 붙임)을 추천한다. 가이너 접근법은 외부 방해나 시간 제한이 없는 장소에 격리되어, 주제에 대한 다양한 대안 제시와 대안별 시나리오에 대한 깊이 있는 분석이 가능해야 한다. 브레인스토밍의 목적은 문제해결을 위한 계획을 만들어 내는 것이다. 실현 가능한 최종 계획을 얻기 위해서는 여러 번의 회의를 해야 할 것이다. 이 장 앞에서 설명한 바 있는 케프너와 트레고가 제시했던 4가지 질문과 답변 과정은 브레인스토밍에서 사람들이 서로 관심사에 대한 문제를 인식하고, 부족한 정보를 찾는 능력을 갖추게 해줄 것이다. 브레인스토밍은 어떤 특정한 안건을 강하게 주장하는 사람들에게는 어울리지 않는다. 그것은 목적에 맞는 질문과 목표를 달성하기 위한 새로운 방법을 개발하는 것이다. 이를 위해 당신은 적정한 사람과 사전 준비를 할 필요가 있다.

실행 가능한 시나리오의 개발

'상자에서 나와 생각한다'는 것은 어떤 의미에서는 새로운 시나리오를 생각하는 것을 의미한다. 어떤 문제의 해결책을 찾는 과정에서 우리는 결과에 대한 충분한 검토 없이 눈앞에 보이는 해결책에 뛰어드는 경우가 있다. 몇 가지 시나리오를 개발하는 과정은 가능한 대안들을 다각도로 생각할 수 있게 해준다. 시나리오 개발은 어쩌면 단순한 과정이다. 하나의 문제를 해결하기 위해 다양한 관점에서 접근해보는 것이다. 모든 관리자가 준비 중인 시나리오에 동의하지 않을 수도 있다. 몇몇 관리자들은 시나리오의 현실 적용 가능성에 대해 먼저 고려할 것이다. 그들의 판단은 오랫동안 그들을 지켜온 경험에서 나오기 때문에 존중되어야 한다.

당신의 조직에 어떤 새로운 제품이나 업무, 또는 새로운 업무 절차를 도입한다고 가정해 보자. 아마도 먼저 조직 내 몇몇 사람의 저항에 부딪칠 것이다. 만약 새로 도입한 것에 뭔가 미흡한 부분이 있다면 누군가는 그것을 찾아서 지적할 것이다. 반면, 도입하고자 하는 아이디어가 장기적으로는 효과적인 해결책일지 몰라도 단기적으로는 그렇지 않을 수도 있다. 새로운 것에 대한 이런 저항들은 어쩌면 당연한 것이다. 이는 사전에 대안을 충분히 검토하지 않았기 때문에 발생하는 저항들이다. 이에 대한 점검 방법으로 시나리오 접근법을 활용해 보자. 도입하고자 하는 대안에 대해 먼저 예측 가능한 모든 시나리오를 분석해 보자. 이 접근법은 도입 초기에는 조금 번잡하고 일거리가 많아질지도 모르나 도입에 대한 승인 과정이나 도입 후 실행 과정에서 매우 큰 이점을 줄 것이다.

시나리오를 작성하는 과정은 대안을 분석하는 것보다는 덜하지만 그래도 매우 체계적인 절차가 필요하다. 그러나 시나리오들이 고위 경영진을 위해 준비되어서는 안 된다. 그들은 당신이 가장 적절한 선택을 했음을 확인해주는 수단일 뿐이다. 그들은 시나리오가 작성되고 분석된 후에 선택하는 과정을 도와주는 사람들이다. 문서화되고 분석된 후에 선택을 하도록 당신에게 절차와 기회를 제공할 뿐이다. 따라서 단기간에 급조된 시나리오가 있다면 그것들은 잠시 우리의 길 밖으로 내놓았다가 다음 번에 시간과 노력을 들여 다시 검토해야 한다. 시나리오는 다양하다. 문제의 핵심을 개선하는 단기적 시나리오가 있고, 반면, 단기 시나리오지만 조직의 미래를 준비하는 밑그림을 그리는 시나리오도 있을 수 있다. 우리가 선택해야 할 시나리오는 단기적인 개선책을 제시하면서도 조직에 장기적인 니즈를 제공해줄 수 있는 것이 가장 좋은 시나리오이다. 내가 언급했듯이 시나리오는 당신의 선택을 위한 도구일 뿐이지 시나리오 자체가 관리의 대상이 아니다. 하지만 만약 누군가 당신에게 어떤 대안을 고려했느냐고 묻는다면, 그 질문에 적절히 대답할 수 있도록 충분한 시나리오를 검토해야 한다.

시나리오는 조직 내 여러 기능들을 보다 유기적으로 협력하게 할 뿐만 아니라 조직의 현실을 고려한 실질적인 대안을 제시할 수 있도록 도와준다. 어떤 연구팀이 신제품을 개발하기 시작할 때, 그들은 제조 시설에 대한 영향 평가를 사전에 해야 한다. 그들의 연구는 현재의 시설을 이용하거나 새로운 시설의 도입을 가정해야 하며, 이에 따라 그들의 연구 접근법도 크게 달라질 것이다. 만약 회사에서 새로운 시설을 도입한다면 연구개발 기간도 크게 단축될 것이다. 기존 시설을 이용해야 한다면 오랜 시간이 더 소요될 수도 있다. 잘 개발된 시나리오는 이러한 질문에 적절히 응답할 수 있어야 한다.

시나리오를 개발하는 절차는 기존에 우리가 어떤 형태로든 해왔던 것과 크게 다르지 않을 것이다. 이러한 절차는 어떤 지침이나 문서의 형태로 정형화될 필요가 있다. 유능한 관리자라면 이런 절차들을 반드시 문서화할 것이다. 그 절차에 포함될 내용은 다음과 같다.

- 1단계 : 문제 나열하기
- 2단계 : 인식된 문제해결을 위한 적절한 시나리오 찾기
- 3단계 : 제시된 시나리오 분석하기
- 4단계 : 다양한 시나리오로부터 공통 요소를 찾아내고 평가하기
- 5단계 : 가능한 모든 사항이 포함될 수 있도록 여러 번 반복하여 수행하기
- 6단계 : 최적의 시나리오 선택하기
- 7단계 : 시나리오를 선택한 이유와 이론적 근거 만들기

시나리오를 만드는 절차는 간단하다. 문제를 진술하는 1단계를 제외한다면 어떤 추가 설명도 필요하지 않다. 이런 노력들이 불행하게도 우리의 기대에 못 미치는 경우가 많다. 그 원인은 1단계에 있다. 시나리오를 만드는 과정은 문제가 정확히 이해될 때까지 다음 단계로 넘어가서는 안 된다.

로렌스 깁슨Lawrence Gibson[7]이 제시하는 다음의 예는 적절한 문제 정의가 되어있지 않을 경우, 얼마나 많은 일들이 잘못 처리되고 있는지를 생생하게 보여주고 있다. 이러한 예는 우리 주변에 얼마든지 있다. 그가 예로 든 것은 제너럴 밀스GMGeneral Mills 사의 프랑스 자회사인 BNBiscuiterie Nantaise 사에 대한 얘기다. BN은 아이들이 방과 후에 즐겨먹는 초콜릿 크림이 가득 들어있는 고우터Gouter라는 과자로 유명한 회사다. 거기에는 몇 개의 경쟁사가 있었지만 BN은 그 중에서 가장 유명한 회사였다. 그러던 중 프린스Prince라고 불리는 경쟁사의 제품과 몇 개 지역에서 첨예하게 경쟁하게 되었다.

그 제품은 고우터보다 값도 비싸고 더 화려한 과자였다. 경쟁 결과, BN의 판매량은 2년 연속 감소하였고 매출도 심각하게 떨어졌다. BN의 경영진은 BN의 매출 하락과 프린스 사의 성장 원인을 '광고의 부족'으로 결론내렸다. 그들은 해결책으로 광고 예산에 대한 확대를 추진했다. 하지만, 광고비의 증액에도 불구하고 상황은 나아지지 않았다. 그들이 미처 파악하지 못한 진짜 문제는 BN 사의 가격이 경쟁사에 비해서 상대적으로 낮다는 점이었다.

BN의 상황 대응방식은 다음과 같다.

- 질문 : 생산 단가를 낮추기 위해 무슨 일을 했는가?
- 대답 : 우리는 조각난 쿠키를 재활용하기 시작했고, 과자 재료를 좀더 값싼 재료로 교체했다. 그 결과 과자의 품질이 떨어졌다.
- 분석 : BN은 현재 상황이 광고 문제가 아닌 제품의 문제라고 인식했다. 다시 시장을 지배하기 위해서는 제품의 변화가 필요했다.
- 대안 : BN은 다양한 향신료와 여러 종류의 초콜릿을 실험하고, 그 결과를 제품에 반영했다. 쿠키는 다양한 종류의 향신료와 초콜릿으로 만들어졌다.
- 결과 : 아이들은 기존의 과자 대신에 새로운 향을 넣은 과자를 선호했다. 그 결과 BN은 '색다른 향'이라는 차별화 전략으로 수익을 증대시킬 수 있었다. BN의 판매량 감소는 다시 증가 추세로 역전되었다. 시장 점유율이 높아졌으며, 높은 생산 단가에도 불구하고 이윤이 증가되었다.

이 이야기의 교훈은 '잘못된 문제를 풀려고 악순환을 계속 반복하지 말라'는 것이다. 그들이 정의한 문제의 1차 진술은 정확한 것이 아니었다. 문제의 핵심은 판매 목표를 달성하기 위해 가격을 낮추고 비용 절감을 강요함으로써 오는 제품의 품질 저하에 있었다. 광고비 증액은 좋은 전략이 아니었다. 진정한 문제를 먼저 파악하는 것이 이 과정에서 가장 중요한 절차라는 것을 보여주는 사례이다.

상자 밖 사고의 부정적인 것들

지금까지 나는 '상자 밖에서 생각하기'에 대해 강조했다. 그렇다면 상자 밖 사고의 부정적인 면은 없는가? 이것은 상황에 따라 다르다. 어떤 한 분야에서 선도적 위치에 있으며 시장을 리드하는 조직은 나름대로 '상자 밖에서 생각하기'에 대한 차별화된 사고방식 built-in thinking out of the box을 가지고 있다. 하지만 그들은 이것을 강요하지는 않는다. 그런 조직들은 시장에서 선도적 위치에 있다는 사실만으로도 계속 선두주자로 나갈 수 있는 힘이 있기 때문이다. 그들사전에는 '자기만족'이라는 단어가 없다. 그럼에도 불구하고 그들이 모든 부분에서 항상 선두주자인 것은 아니다. 그들 자신의 위치를 지키기 위해서는 현재에 만족하지 말고 항상 새로운 입장에서 생각하고 또 생각함으로써 이러한 개념들이 삶의 방식이 되도록 끊임없이 노력해야 한다.

토마스 쿤Thomas Kuhn[8]은 "우리는 상자가 완전히 부서지기 전까지는 상자 밖 사고를 고려하지 않는다." 라고 말하고 있다. 이러한 접근법으로 본다면, 우리가 '상자 밖 사고'를 생각할 때는 "이미 회생하기엔 너무 늦었다."는 말이 될 수도 있다. 마이클 레위스Michael Lewis는 그의 책[9]에서 '새로운 회사의 언어란 사람들로 하여금 자신의 일이 어떤 본질을 위한 끝없는 연구 대상이란 것을 믿게 하기위해 개발된 것'이라고 말하고 있다. 우리가 모든 가치 있는 것들을 '상자 밖 사고'에서 왔다고 생각하기 전에 우리는 다음과 같은 그의 말을 먼저 깊이 생각해야 한다.

'상자 밖 사고'와 현재 우리 시대와의 관계는 플라스틱과 1960년대의 관계와 같다(현대 사회의 '상자 밖 사고'는 마치 1960년대의 플라스틱처럼 누구나 쉽게 언급하고 유행처럼 일반화되었다는 의미이다). 다만 한 가지 확실한 것은 '상자 밖'이란 말을 사용하는 사람은 이미 남들보다 더 깊이 상자 안에 들어가 있다는 것이다.

  레위스Michael Lewis[9]는 매우 적절한 지적을 했다. 모든 것을 '상자 밖 사고'를 통해 생각함으로써 우리는 그 개념을 평범하고 진부한 것처럼 느끼게 만들고 있다.

■ 사고, 동기부여, 지식, 그리고 경험은 산출물을 이끌어내기 위한 필수 요소이다. 하지만 이러한 것은 우리를 상자 안에 머물게 하는 것들이다. 만약 어떤 사고방식이 오랫동안 동일하게 유지되었다면 이것은 동기부여를 감소시키고 새로운 지식과 경험을 얻고자 하는 노력을 감소시킬 것이다.

■ 케프너와 트레고에는 우리에게 조직의 목적과 목표 달성에 필요한 4가지의 기본 사고 유형을 제시했다. 다음의 질문을 통해 질문들을 분석해보자. 무슨 일이 일어났지? 왜 이런 일이 일어났는가? 어떤 조치를 취해야하나? 앞으로 어떻게 될 것인가?

■ '상자 밖에서 생각하기'의 일반적인 정의는 없다. 어쩌면 이것은 정의가 불가능할지도 모른다. 그러나 우리는 이것을 통해 확실하게 어떤 효과를 얻을 수 있다

■ 모든 사람이 '상자 밖에서 생각하기'에 능숙한 것은 아니다. 만일 당신이 어떤 문제에 대한 열정이 있고 주변의 비판과 상사의 업무 질책을 견뎌낼 용기만 있다면 '상자 밖에서 생각하기'는 얼마든지 가능하다. 당신을 비판했던 사람들이 당신의 '상자 밖 사고'로 인해 개선되는 어떤 신호를 보는 순간, 그들은 당신이 운전하는 '생각 버스'에 동승하게 될 것이다.

■ 상자에서 나와서 생각하는 방법과 기법들은 매우 중요하다, 그러나 이것들이 사고, 동기부여, 지식, 경험의 통합으로 대체될 수는 없다.

■ 상자에서 나와서 생각하는 것은 특별한 능력이다. 이것을 일상의 모든 활동에 적용함으로써 평범화시키지는 말자.

NOTES

1. Charles H. Kepner and Benjamin B. Tregoe. The new Rational Manager(Princeton, N.J . : Princeton Research Press, 1997), p. 9.
2. M. F. Wolff, "Carlson's Dry Printer," IEEE Spectrum, December 1989, p. 44.
3. Theodore Levitt, the Marketing Mode (New York: McGraw-Hill, 1969), pp. 1-27.
4. Robert Slater, Jack Welch and the GE Way (New York: McGraw-Hill, 1998), pp. 59 - 67
5. Thpmas J. Peters and Robert H. Waterman, In Search of Excellence (New York: Harper & Row, 1982), pp. 121 - 125.
6. Edward D. Gibson, "DefiningMarketing Problems," Marketing Research, Spring 1998.
8. Thomas S. Kuhn, the Structure of Scientific Revolution, 2nd edition (Chicago: University of Chicago Press, 1970).
9. Michael Lewis, "the Artist in the Gray Flannel Pajamas," New York Times Magazine, March 5, 2000.

조직에 필요한
유능한 팀장을
키워내는

팀장 제조 매뉴얼 Manual for Changing Manager

✱ 팀장은 직책이 아니라
이제 브랜드다!

제9장 | 제대로 된 성과목표 설정과 공정한 성과측정을 위한 성과관리

Measuring Your Changes of Success

관리자의 직위는 매우 다양하다. 각각의 관리자에게 요구되는 조건과 책임 또한 단순한 것부터 복잡한 것 또는 일상적인 것부터 혁신적이거나 창조적인 것까지 매우 다양하다. 그러므로 관리자는 전문적인 부분부터 일반적인 업무까지 모든 경우의 수를 하나의 스펙트럼처럼 한 손 안에 파악하고 있어야 한다. 우리는 한때 유능하다고 평가받던 몇몇 관리자의 행동이 조직의 미래에 심각한 문제를 발생시킨 경우를 자주 보아왔다. 어제의 성공이 때로는 오늘의 문제가 될 수도 있는 것이다.

우리는 조직의 역사를 통해 조직의 성공과 실패에 대한 많은 정보를 얻을 수 있다. 역사를 면밀히 재조명하다 보면 성공을 위한 로드맵을 찾을 수도 있고 흔히 범하게 되는 실패를 피해갈 수도 있다. 관리자로서 당신의 성공은 당신이 소속된 조직의 성공에 달려 있다. 이러한 성공과 실패는 소위 우리가 매트릭스라고 부르는 성과측정 수단을 얼마나 적절하게 활용하는가에 달려있다.

실패는 성공의 필요조건

이상한 이야기로 들릴 수 있겠지만, 실패는 어떤 것을 성취하기 위한 필요조건이다. 만약 한 번도 실수를 해보지 않은 사람이 있다면 그 사람은 아무것도 성취하지 못한 사람이라고 봐도 좋다. 실수를 하고 실수로부터 배우는 것은 성공 방정식의 일부분이고, 피할 수 없는 과정이다.

그렇다고 집중력의 부족이나 되는 대로 대충하는 접근방법 때문에 일어나는 실수까지 용납해도 된다는 것은 아니다. 하지만 새로운 지식을 추가하거나 기존에 알던 것을 검증하는 과정에서 범하는 실수는 소중하게 다루어야 한다.

에디슨Thomas Edison은 "모든 실수는 원리를 이해하기 위해 시행되는 실험 과정이다."라고 말했다. 아이가 첫발자국을 걷기 위해서는 수없이 넘어지는 과정을 거쳐야 한다. 만약, 스키를 배우고자 한다면 스키를 타다가 넘어져서 생긴 타박상 정도는 견뎌내야만 한다.

지금까지 우리가 논의해왔던 '관리하기'란 것도 크게 보면 여기서 벗어나지 않는다. 다만, 그동안 관리자가 되기 전까지 부담했던 것보다 더 큰 책임이 따를 뿐이다. 팀장은 팀의 목표와 목적을 추구하는 데 있어 위험을 감수해야 한다. 이러한 위험에는 경영적인 판단에서의 실수까지도 포함된다.

먼저 성과목표를 설정하라

우리가 아무리 성과평가의 필요성을 부정하려 해도, 평가가 우리에게 자원을 어떻게 활용해야 하는지에 대한 대안을 제시해준다는 사실에는 변함이 없다. 각각의 팀은 특정한 활동에 할당된 자원을 사용해서 얻어진 결과를 등급화하고 점수를 매기는 합리적인 방법이 필요하다. 또한 이러한 자원의 사용이 조직의 가치를 증가시켰는지도 객관적으로 측정해봐야 한다. 하지만 성과측정의 기준이 되는 성과목표는 반드시 성과를 측정하기 전에 분명하게 정의되어야 한다. 안타깝게도 많은 경우에 있어 성과목표가 사전에 정의되지 않고 있다. 설령 목표를 사전에 정의했다 하더라도 대부분의 성과목표는 구체적이지 못하거나 명확하게 정의되어 있지 않아 측정을 제대로 할 수 없는 경우가 많다.

성과목표를 수립할 때는 앞에서 언급한 바 있는 소위 '대표 업무up-front work'로 분류해야 한다. 즉, 전체 업무를 몇 개의 조각으로 나누어서 관찰한 후, 각 업무 조각 간의 상호관계를 파악하고 조직의 목표에 대한 기여도를 고려해야 한다. 성과목표가 명확하게 정의되지 않으면 그것은 당신의 행동에 영향을 주고 결과적으로 당신의 목표달성에 방해가 된다. 성과목표를 정의하면 반대로 어떻게 그 기대치를 달성할 것인지에 대해 생각할 수가 있다.

다음의 질문들은 성과목표의 수립에 도움이 될 것이다. 정의에 도움이 될 것이다. 질문은 간단하지만 대답하기는 쉽지 않은 것들이다.

성과목표를 정의하는 몇 가지 질문

- 우리는 왜 이런 특정한 활동을 하고 있는가?
- 우리가 성공한다면, 조직에 어떤 이익이 있는가?
- 우리가 이것을 무시하기로 결정한다면 조직에 어떤 영향이 미치는가?
- 잠재적인 위험을 간과할 경우 조직에 어떤 결과가 미칠 것인가?

개인이나 특정 단위 조직이 목표를 달성했다고 해서 그것이 반드시 전체 조직의 가치창출에 기여하는 것은 아니다. 마케팅 부서가 새로운 제품을 위한 마케팅 계획을 성공적으로 추진했다고 해서 시장에서도 성공하는 것은 아니다. 조직의 다른 부서나 다른 기능의 지원과 조화도 중요하기 때문이다.

조직에서 모든 구성원이 각자의 성과목표를 달성했음에도 불구하고 그들의 팀이 목표달성에 실패하는 경우가 가능할까? 대답은 '그럴 수 있다.' 이다. 그렇다면 조직 내의 모든 팀이 성과목표를 달성했을 때, 전체 조직이 목표달성에 실패하는 경우도 가능할까? 이 대답도 역시 '그럴 수 있다.' 이다. 모든 팀이 자신의 성과목표를 달성했으나 전체 조직이 성과목표를 달성하지 못했다면 이는 조직의 목표와 조직 내 팀의 목표, 더 나아가 팀 내 개인의 목표가 유기적이며 일관성 있게 연결되지 못했다는 반증이다. 이런 조직은 개인과 부서와 전체 조직의 목표를 하나의 유기적인 틀로 통합해야 한다. 이를 통해 관리자는 자신의 업무 범위를 뛰어넘어 생각해야 하고, 조직 전체를 위해 일해야 하며, 그들의 부서가 조직의 목표에 기여하는 정도를 고려해야 한다.

그렇다고 조직의 성과측정을 위해 모든 활동을 측정할 수 있는 다양한 차트로 채워진 작전실war room을 따로 만들 필요는 없다. 알아두면 도움이 되긴 하겠지만 관련성이 적은 다량의 정보를 취합하다보면 그것이 오히려 직원들에게 부정적인 영향을 준다. 더구나 평가를 위해 전문적인 '작전실'을 만드는 것은 시간 낭비다. 따라서 측정방법은 조직 내에서 이용 가능한 정보를 기반으로 선택해야 한다. 대부분의 그룹에 대한 성과분석은 5~7개 정도의 측정기준이면 충분하다. 이 모든 성과측정 과정은 하나의 측정기법으로 설명할 수 있다. 그것은 바로 '하겠다'고 말했던 것을 '이행했는가?'이다.

성과목표 설정 방법

산출물output이란 특정 활동에 할당된 자원을 사용해 얻은 결과물을 말한다. 이것은 성과로 나타나고 측정이 가능하다. 측정 과제는 자원의 사용에 대한 성과를 측정하기 위해 '신뢰할 만한 측정법reliable matrix'을 찾는 것이다. 측정법은 현실에 중점을 두어야 한다. 많은 팀장들은 어떤 업무를 추진하면서 그 활동으로 인한 결과보다는 업무활동 자체에 중점을 두려는 경향이 있다. 예를 들어, 학교에서 등록생 수의 증가나 새로 개설된 과목의 수, 그리고 연구 성과 건수, 외부 수상 등은 할당된 자원의 기여도를 측정하는 데 있어 성과측정과 별로 연관성이 없다. 보다 적절한 측정법은 사회의 각 부분에서 추진되고 있는 새로운 활동들에 대한 교육 효과와 잠재적 교육 효과를 측정하는 방법이다. 여기서 측정을 잘하기 위해서는 직원을 증원하거나 비용을 추가로 투자하는 것도 필요하겠지만 적정한 측정 대상을 선정하는 것이 무엇보다 중요하다.

정부기관은 자금 조달의 증가, 새로운 관심 분야의 확장, 직원의 증가, 그리고 이를 통해 완성된 프로젝트의 수와 규모를 측정방법에 이용한다. 교통부는 새로 건설된 고속도로의 길이나 완성된 서비스 프로젝트를 성과측정의 한 방법으로 사용한다. 이것을 통해 설명할 수 있는 것은 얼마나 많은 콘크리트가 투여되었고, 얼마나 많은 철강이 도로 강화를 위해 사용되었는가이다. 그러나 이런 것들이 투자를 통한 교통 혼잡의 감소 효과를 설명해주지는 못한다. 적절한 측정법은 이러한 콘크리트 믹스를 투여함으로써 얻어진 결과와 효과가 무엇인지를 측정하는 것이다. 그 외에도 모든 운영의 효과와 효율성을 증진시키고, 더 이상의 가치창출을 못하는 프로젝트와 진부화된 것을 제거하기 위한 모든 과정의 평가가 포함되어야 한다.

기업에서는 성과측정법으로 '세후 순이익' 이라는 매우 간단한 측정법을 사용한다. 이 측정법은 어떤 특정한 부서에는 적용할 수 없는 경우가 있다. 성과측정은 특정한 상황과 더불어 조직이 지향하는 것이 장기 목표인가, 아니면 단기 목표인가를 고려해야 한다. 1970년대 중반을 지배했던 품질 지상주의를 기억하는가? 물론 품질 개선을 위한 노력이 필요하고 품질관리는 매우 중요하다. 그러나 몇몇 조직은 품질관리 분임조의 성과에 집중하기 보단 단지 품질관리 분임조의 개수만 세기 시작했다. 이는 적절한 측정법이 아니다.

양적 측정법과 질적 측정법

대부분의 성과측정은 양적인 요소와 질적인 요소를 모두 가지고 있다. 양적 요소는 명확한 숫자와 '네/아니오' 식의 의사결정을 포함한다. 반면, 질적 요소는 다양한 의사결정자의 각기 다른 반응과 판단을 근거로 평가한다. 성과측정에서 명확한 숫자는 분명하고 유용한 자료로 활용되지만 때로는 숫자로 표시할 수 없거나 여러 숫자에 걸쳐 있는 부분이 있어 정확한 기재가 어렵다는 측정의 한계를 가지고 있다.

많은 조직에서 성과평가의 수단으로 예산계획 대비 실적을 평가한다. 예산절차에 있어서 모든 조직은 일정한 양식과 원칙을 가지고 운영한다. 이러한 예산절차는 수입과 지출을 측정하고, 계획 대비 집행내역을 비교하며, 또 다른 재무적 기준에 따라 수치로 평가된다. 또한 회계 시스템은 조직에 무엇이 유입되었고 어떤 것이 조직으로부터 유출되었으며, 최종적으로 얼마나 남았는지를 측정할 수 있게 해준다. 성과측정의 기준은 사람 수와 일인당 수입, 일인당 투자, 수입에서 지출을 뺀 잉여금, 프로젝트의 정시 완료, 정신적 물질적 재작업의 규모, 조직 형태에 따른 다양한 기준들에 의해 측정된다.

조직과 부서의 성과를 적절하게 나타내줄 수 있는 표준이 존재하는 것은 아니다. 모든 조직은 저마다의 우선순위가 있고, 조직의 문화가 있고, 중점 추진 사항이 있다. 또한 각 조직은 나름대로 제한적이고 특수한 환경 아래 운영된다. 그럼에도 불구하고 이런 다양한 조직들 사이에도 공통되고 일반적인 요소들이 우리가 일반적으로 생각하는 것보다도 훨씬 많다. 만약 우리가 단지 성과목표를 달성했는가를 기준으로 측정한다면, 성과는 '네/아니오' 와 같은 양적인 측정법으로 평가할 수 있다. 우리는 또한 프로젝트 성과기준에 부합하는가, 시기적절하게 완성되었는가, 그리고 비용은 적정한가? 이 세 가지 기준으로 평가할 수도 있다. 일반적으로 '양적 성과측정' 에는 다음과 같은 것들이 포함된다.

양적 성과측정의 지표들

- 재무 목표를 충족하는가?
- 비용 절감 목표를 충족하고 있는가?
- 제품과 공정 개선으로 이익을 창출했는가?
- 할당된 자원을 효과적이고 효율적으로 사용했는가?
- 고객과 외부 공급자의 만족도는 개선되었는가?
- 신제품은 출시했는가?
- 불필요한 업무와 재처리 업무를 줄였는가?
- 일반관리와 지시 사항, 그리고 리더십과 관련된 요구 사항들이 충족되었는가?
- 판단과 의사결정은 적정하게 이루어졌는가?
- 자원의 적절한 공급과 기반구조가 잘 개발되고 있는가?
- 자회사 등 관련된 하부구조는 잘 관리되고 있는가?

이러한 각 활동의 결과는 측정이 가능하다. 이러한 양적 성과측정법은 '무엇이 적정한 성과인가?' 에 대한 조직의 정의가 변화될 때 함께 변경된다.

양적 지표는 과거에 무슨 일이 있었는지를 우리에게 말해준다. 이 지표는 우리가 향후 성과를 예측하는 데는 유용하게 사용할 수 있으나 현재 시점의 성과에는 도움이 되지 않는다. 모든 조직은 미래 계획을 실현하고자 희망한다. 조직이 이를 달성하기 전까지 그것은 단지 미래의 계획일 뿐이다. 우리는 과거의 성과가 미래에도 계속 좋은 성과를 내는 지표는 아니었던 사례를 많이 봐왔다. 이는 모든 업종, 모든 조직에 동일하게 적용된다.

누가 닷컴 기업의 종말을 예상했겠는가? 누가 세계무역센터의 붕괴를 예상했겠는가? 누가 엔론Enron과 월드콤WorldCom의 부도와 주식시장의 급락과 실리콘밸리의 인원 감축을 예상이나 했겠는가? 이러한 예상치 못한 사건들은 미래의 성과에 대한 예측을 어렵게 한다. 앞서 열거한 예와 같이 한 조직이 부진한 업무성과나 부정적인 미래의 결과를 초래했다면 여기에는 반드시 조직 내 각 부서에서 그러한 결과를 유발할 수밖에 없는 구체적인 일들이 장기간 일어나고 있었을 것이다. 다만, 평가 과정의 양적 측정이 그러한 요인을 적절히 발견하지 못했을 뿐이다.

성과측정에서 또 하나 중요한 것은 기회를 포착하고 진척도를 평가하는 것이다. 보다 구체적인 사항들을 살펴보자. 측정은 소수점까지 정확하게 할 필요는 없다. 우리는 어떤 사람을 달나라에 보내려는 계획을 세우는 것이 아니다. 양적으로 표시된 측정방법은 선호되어 마땅하다. 하지만 우리가 궁극적으로 측정하고자 하는 것은 그것이 어떤 가치를 창출했는가에 있다는 것을 명심해야 한다.

양적 측정법에만 의존한다면 현재의 목표는 충족되지만 미래의 기회는 상실될 수 있다는 점을 명심하라. 그럴 경우, 목표는 달성될 수 있으나 그 달성 과정에서 조직이 다양한 이기적인 개체로 분열될 수 있다. 목표는 충족되었지만 조직의 동료관계는 파괴될 수 있고, 목표달성을 위해 공급자와의 관계를 악화시키면서 비용을 축소해야만 하는 경우가 있을 수 있다. 단기 목표는 충족되었지만 정부기관과의 관계 악화로 장기적인 소탐대실의 경우가 발생할지도 모른다. 목표달성을 위해 비윤리적이거나 다소 부도덕한 행위가 행해질 수도 있다. 이러한 행위들은 분명 조직의 미래에 부정적이고 파괴적인 영향을 준다. 이런 경우, 질적 측정법으로 평가되어야 한다. 하지만 질적 측정법은 주관적인 판단이 문제이며 판단 기준도 문제이다. 질적 측정에 관해서는 업종마다 다양한 특성이 있으므로 여기서 모두 논의하기는 곤란하다. 다만 양적 측정방법과 더불어 질적 측정방법도 반드시 고려되어야 한다는 점을 다시 한 번 강조한다.

퀸 리스트 - 성과측정법을 개발하기 위한 경영과제 목록

성과측정에는 양적인 요소와 질적인 요소를 동시에 가진 측정법이 필요하다. 양적 측정법은 필수적이나 충분하지는 못하고 질적 측정법은 주관적이고 기준이 명확하지 않다. 퀸과 그의 동료들[1]은 117개의 조직에서 관리자에 대해 조사했고, 관리자가 직면하고 있는 21가지의 《경영과제 목록operational problem categories[1]》을 작성했다. 이에 대한 기본적인 정보는 매일 어떤 특정한 목표를 달성해야만 하는 실무 관리자급으로부터 도출되었다. 조직의 목적과 성과목표에 관련되는 '경영과제 목록'을 해결하는 것은 성과측정에 필요한 정보를 발굴하는 출발점이 된다. 목록에 작성된 사안들이 모든 조직에서 공통적으로 나타나는 것은 아니겠지만, 이 중에서 적용해볼 만한 것들을 선택하고 구체적 성과목표를 수립한다면 성과측정법을 개발하는 데 도움이 될 것이다. 나는 이러한 퀸 리스트에 성과에 지대한 영향을 미치는 4가지 문제점을 추가해 보았다.

<표 9-1>에서 보듯이, 퀸의 21가지 항목과 내가 추가한 4가지 경영 핵심 사안들은 양적인 면과 질적인 측면의 두 가지 입장에서 모두 고려될 수 있다. 양적인 입장에서 보면 측정 조건을 엄격하게 적용할 수 없는 주제들도 있을 것이다. 하지만 각각의 '과제 항목'

〈표 9-1〉 관리자들이 당면하고 있는 핵심적 경영 이슈

퀸의 목록

- 위협적인 외부 경쟁자
- 전략적 지휘의 부족
- 다양한 보고 책임
- 혼돈스러운 순환 보직 근무
- 무분별한 확장
- 문화적 이해 부족
- 무책임한 본사
- 혁신의 결핍
- 분석에 대한 과대 강조
- 실망스런 판매 성과
- 업무 파트너와의 어려움
- 과로와 스트레스
- 갈등과 협박
- 조직을 좀먹는 정치적인 분위기
- 충분히 활용되지 못하는 인적 자원
- 미흡한 재무 성과
- 비효율적인 업무처리 절차
- 질적인 측면의 불만족
- 자원의 부적절한 활용
- 정보에 대한 접근 제한
- 글로벌화에 대한 저항

가이너의 추가 목록

- 정신적 업무의 재작업에 따른 비용
- 조직의 기반구조
- 기술의 적절한 활용
- 시스템적 접근

중에는 팀에서도 관심을 가져볼 만한 직접적이고 구체적인 질문들이 있을 것이다.

위의 항목을 고려해 팀의 필요에 맞게 주제별 항목을 추가하거나 선택한 후에 0에서 10과 같이 어떤 측정 범위를 설정할 수 있다. 중요한 것과 중요하지 않은 것, 기대치를 충족하는 것과 그렇지 않은 것, 또는 기대를 넘어서는 것 등 어떤 것이든지 부서의 현실에 적용해 볼 수 있다. 부서 혹은 관리자 그룹에서 이런 카테고리에 대해 많은 질문을 할 것이다. 각각의 중요성과 상태에 대한 어떤 합의가 도출되기 전까지는 조직이 무엇을 지향하고 있는지에 대한 명확한 청사진을 얻기 어려울 것이다. 퀸 리스트는 조사에 기초한 것이다. 이는 실제 관리자들의 시각을 그대로 보여주는 것으로, 나는 퀸 접근법을 이용해 설명하려고 한다. 본 결과의 순서는 중요도 순으로 나열하고 있다. 우선순위는 사람마다 다를 수 있을 것이다.

1. 위협적인 외부 경쟁자 : 모든 조직은 자원, 재능, 시장 지위, 시장 점유율, 명성, 사회에 대한 봉사, 그 이상의 어떤 것들을 위해서 서로 경쟁한다. 관리자는 경쟁 수위에 대해 인식하고 그 결과를 예측할 수 있어야만 외부와의 경쟁에서 리드하고 조직의 미래에 대한 계획을 수립할 수 있게 된다.

Question:

- 당신이 책임지고 있는 팀이나 부서는 경쟁력이 있는가?
- 누가 당신의 경쟁자인가?
- 당신은 경쟁을 이끌어 가는가, 아니면 따라 가는가?

- 당신은 경쟁자의 전략과 경영 방법을 잘 알고 이해하고 있는가? 그들의 장점은 무엇인가?
- 경쟁을 유도하기 위해 당신은 무엇을 할 수 있는가?
- 당신은 조직 내에서 경쟁하고 있는가? 아니면 현 상태에 머물러 있는가?

2. **전략적 지휘의 부족** : 모든 조직은 조직의 사명과 비전이 무엇이며 그 목적과 목표를 달성하기 위해 어떻게 계획을 세우고 실천해야 하는가를 알아야 한다. 또한 조직은 내부 부서나 팀들이 조직의 목표달성을 위해 올바른 방향으로 통합될 수 있도록 잘 정비된 전략이 필요하다. 새로운 기회나 이익을 추구하는 행동보다는 희망을 낳는 전략적 계획에 더 집중하라.

Question:

- 당신의 팀 또는 부서에는 목표와 목적을 달성하기 위한 적절한 전략이 있는가?
- 그 전략은 경제적 조건, 즉 환경 변화와 새로운 기술의 출현, 그리고 시장 개발 등에 대한 급속한 변화 추세를 반영하고 있는가?
- 이러한 전략은 문서화되고 구성원 간에 공유되고 있는가?

3. **다양한 보고 책임** : 다양하고 복잡한 보고 체계를 없애는 이론이나 실무는 글로벌 비즈니스 환경에서 비현실적인 기대일지도 모른다. 우리는 다른 조직과의 보고 책임을 접목하는 기법 개발이 필요하다. 나의 직장 경험에서 보면, 항상 두 사람 이상에게 보고할 책임이 있었으나. 다행히도 나는 큰 문제가 없었다. 하지만 한 사람

이 둘 이상의 상사로부터 직접 통제를 받거나 직접 보고를 해야 할 때 자신의 능력을 효과적으로 발휘하지 못하게 된다는 것을 관리자는 알아야 한다.

Question:

- 다양한 보고 책임이 문제가 된다면 이런 환경 때문에 업무를 적절히 수행하지 못하는 사람들이 있는지 확인해 보았는가?
- 당신은 왜 사람들이 보고 라인이 두 명 이상일 때 보고 책임을 다하지 못하는지에 대해 이해하고 있는가?
- 다양한 보고 책임 시스템 때문에 생기는 문제를 해결하기 위해 당신은 무엇을 할 것인가?
- 관리자로서 당신은 다양한 보고 책임 시스템에 대해 만족하는가?

4. 혼돈스러운 순환 보직 근무 : 부적절한 시기에 사람들을 할당된 작업으로부터 빼는 것은 우리 부서 혹은 관련 부서에 혼란을 야기할 수 있다. 순환 근무가 절대적으로 필요할 때도 있지만 관리자는 그 결정에 따른 결과를 발 빠르게 예측할 수 있어야 한다. 긴급한 업무 처리가 순환 근무를 위한 판단 기준이 되어서는 안 된다. 부적절한 순환 근무를 피하기 위해서는 미래를 예측하는 것이 필요하다.

Question:

- 핵심 인재가 새로운 업무에 전환 배치될 경우, 부서 안팎에서의 인재 보충 계획은 있는가?
- 상사가 핵심 인재를 전근시키고자 한다면 어떻게 반응 할 것인가?

5. 관리되지 않은 무분별한 확장 : 기업이 성장함에 따라 관리 범위의 확장은 조직뿐만 아니라 부서 내에서도 중요한 사안이 될 수 있다. 이럴 경우, 부서 내에서 어떤 업무가 관리, 통제되지 않은 채 비대하게 확장되는 경우가 발생할 수 있다. 관리자는 직원 수 늘리기를 좋아하며, 이것이 그들의 직책을 강화시킨다고 생각한다. 이는 주로 신규 업무의 증가로 인해 조직의 입장에서 인재 수요 예측이나 업무를 통제하기 어려운 초기에 나타난다.

Question:

- 어떻게 직원을 충원하고, 전환 배치하며, 퇴직시킬 것인지에 대한 효과적인 인재관리 계획을 가지고 있는가?
- 새로운 사람을 그룹에 영입하는데 얼마나 많은 노력이 필요한가를 이해하고 있는가?
- 직원을 충원할 때, 더 이상 효과가 없는 불필요한 프로그램 제거에 대한 검토를 했는가?

6. 미흡한 재무 성과 : 조직의 재무 성과가 미흡하면 여기저기서 문제가 발생하고 소중한 시간을 갑론을박하며 문제를 해결하는 것에 소비하게 된다. 또 원인을 종합적으로 점검한다는 이유로 다른 중요한 사안들이 우선순위에서 밀린다. 종합적인 개선이 필요함에도 불구하고 부분적이고 단편적인 개선 프로그램들만 문제해결의 대안으로 제시된다. 이런 현상은 모든 부서와 모든 조직에 공통으로 적용된다.

- 팀장으로서 부서의 예산이나 실적이 미흡할 경우, 어떻게 대응하겠는가?
- 현재의 예산과 예상 실적이 부서의 목표달성을 위해 적정하다고 생각하는가?
- 예산과 손익 추정은 세부 프로젝트별로 구체화하고 있는가?
- 예기치 못한 불의의 사고에 대비하는 대안 계획이 있는가?

7. 업무처리 절차 : 조직의 업무처리 절차는 조직을 안정적으로 운영하는 데 중요한 역할을 한다. 제대로 된 업무절차는 조직이 그 목표를 달성할 수 있도록 유도하고, 특정한 업무수행에 일관성을 유지할 수 있게 하며 목표달성을 위해 할당된 계획을 추진하는 데 혼동을 최소화하고, 동일한 과정을 재작업 할 때 따르는 손실을 예방할 수 있게 도와준다.

Question:

- 부서의 업무절차와 부서에 영향을 미치는 타 조직의 업무절차에 대해 얼마나 이해하고 있는가?
- 부서의 업무처리 절차는 문서화되고, 최근의 상태를 적절히 반영하고 있는가?
- 부서의 다양한 업무절차와 관련된 복잡한 문제들을 어떻게 해결하고 있는가?

8. 질적인 측면의 불만족 : 모든 조직은 질적인 개선에 초점을 맞춘다. 제품과 서비스, 고객 지원, 관리자의 능력, 조직이 목표에 근접할 수 있게 해주는 많은 상호관계의 질이 바로 그것이다.

Question:

- 팀에는 원칙이나 기능을 모두 포함하는 품질관리 프로그램이 있는가?
- 팀은 질적 요건을 충족하지 못했을 때의 결과에 대해 충분히 이해하고 있는가?
- 팀은 품질이 정적 기준에 미달했을 때 생산 단가가 높아진다는 사실을 충분히 이해하고 있는가?

9. 자원의 부적절한 활용 : 자원은 항상 부족하다. 하지만 이용 가능한 자원을 효과적이고 효율적으로 사용하면 부족함을 보완할 수 있다. 더 나아가서 혁신의 기회를 만들 수도 있다. 시뮬레이션이나 모델링 기법과 같은 새로운 지식과 기술은 부족한 자원을 최적으로 활용할 수 있도록 정보를 제공해준다. '필요는 창조의 어머니'란 격언은 여기에도 적용된다. 여기서 중요한 한 가지는 자원이 오직 사람과 돈만을 의미하지는 않는다는 것이다. 자원은 지적 재산과 기술, 시간, 유통 구조, 고객, 외부 공급자와 기타 외부 자원을 모두 포함하는 개념이다.

Question:

- 관리자인 당신을 포함해서 팀원들은 조직 안팎의 이용 가능한 자원에 대해 얼마나 알고 있는가?

- 당신은 다른 사람이 발명한 것 NIH_{Not-Invented-Here}을 알기 위해 얼마나 노력하고 있는가?

  NIH(NIH 신드롬은 '자신이 최고' 라는 생각으로 외부의 것을 수용하지 못하는 성향을 말한다.)는 조직의 기술적인 면과는 관련이 없다. 이것은 조직의 상층부에서 시작해 조직 전체로 퍼져나간다.

10. **실망스런 판매성과** : 모든 조직은 무엇인가를 판매해 수익을 창출한다. 기업은 제품과 서비스를 팔고, 학교는 교육 프로그램과 교육 기회를 연장할 수 있는 프로그램을 판매한다. 정부는 국민을 위한 프로그램을 팔고, 비영리 단체는 기금조성을 통해 그들의 공익 활동을 판매한다. 전문직 종사자는 그들의 관리자에게 아이디어를 팔고, 관리자는 조직의 상사에게 그 아이디어를 판다. 모든 사람은 어떤 방식으로든 판매한다. 판매한다는 것은 더럽거나 나쁜 말이 아니다. 이러한 다양한 형태의 판매에서 가장 적절한 방법과 수단을 이용해 최선의 판매성과를 달성해야 한다.

Question:

- 당신은 자신과 당신의 부서, 그리고 소속된 직원들이 각자의 독립된 조직 내에서 다른 사람들에게 아이디어와 개념을 파는 것에 대해 어떻게 평가하고 있는가?
- 당신은 직원이 조직의 지시나 요구를 수용할 수 있도록 가르치고 그들이 자신의 아이디어를 보다 잘 팔 수 있도록 하고 있는가?
- 관리자로서 당신은 직원에게 부서의 환경에 적합한 판매기법을 익힐 것을 강조하고 있는가?

11. 업무 파트너와의 어려움 : 내부적인 것이든지 외부와 관련된 것이든지 제휴는 연관된 사람에 따라 성공과 실패가 좌우된다. 본래 제휴라는 것은 의사결정 과정에서 서로 어떤 것을 주고받는 과정이 필요하다. 그 어떤 것이란 평등한 업무량의 배분, 갈등을 신속히 해결하는 능력, 법률 문서에 덜 친화적인 것, 또는 유연성과 민첩성을 추구하는 특별한 상호관계 등을 말한다. 같은 프로젝트에서 일하는 사람이 바로 동료임을 기억하자.

Question:

- 팀원은 부서와 조직의 이익을 위해 대내외적인 제휴를 활발히 하고 있는가?
- 프로젝트에 참여하는 사람들은 서로 동료 의식을 가지고 일하고 있는가?
- 당신은 다른 사람과 적절한 제휴를 맺고 팀을 효율적으로 운영하고 있는가?

12. 과로와 스트레스 : 과로는 사람들의 일상적인 불평으로 보일 수도 있다. 하지만, 사람들이 진짜 과로하고 있는지 아니면 효율적으로 일하는 방법을 모르는 것인지는 한번쯤 파악해봐야 한다. 당신은 과로가 업무로 인한 것인지, 다른 요인 때문인지 명확히 판단할 수 있어야 한다.

Question:

- 당신의 부서가 모든 업무활동에서 자원의 효과성, 효율성, 경제적 사

용에 대한 스트레스를 받고 있지 않는가?

- 신기술 도입으로 얼마나 많은 이익을 얻었는가?
- 혹시 신기술을 도입해 놓고도 예전에 사용하던 오래되고 낙후된 프로세스를 적용하고 있지 않는가?
- 정보 과잉을 줄이기 위해 무엇을 했는가?
- 작업 지시가 명확하게 정의되지 않으면 많은 시간이 낭비된다는 것을 알고 있는가?

13. **갈등과 협박** : 갈등은 서로 다른 원칙들이 어떤 문제 해결을 위해 부딪치는 상황에서 발생한다. 크고 작은 것에서 심각한 것까지 다양한 갈등이 발생한다. 그 중에서도 의사소통 문제에서 발생하는 갈등은 단지 작은 문제에 불과하다. 갈등을 해결하는 유일한 방법은 모든 문제를 개방된 장소에서 토론하게 하는 것이다. 이런 경우에는 부득이하게 어느 정도의 감정이 개입될 수밖에 없다. 감정의 표출이 지나치지만 않으면 된다. 반면 토론 과정에서 결론이 나지 않고 두 가지 의견이 팽팽하게 대립되는 상황이라면 누군가가 그 속에 들어가서 결정을 내려야 한다.

Question:

- 당신은 일반적으로 나쁜 소식을 전하는 사람을 비난하는 편인가?
- 당신과 팀원은 공개적으로 갈등에 직면하거나 정직성의 결여로 그 대가를 치른 적이 있는가?
- 얼마나 자주 이런 심각한 갈등이 생기는지와 어떤 사안이 갈등을 유발하는지에 대해 고려하고 있는가?

- 만약 당신과 당신 팀원이 관리상의 문제로 갈등을 겪고 있다면 당신은 어떻게 평가하겠는가?

14. 조직을 좀먹는 정치적인 분위기 : 우리는 '심각한 정치적 분위기'란 말을 사용할 때 좀 더 주의할 필요가 있다. 인간이란 두 사람 이상만 모이면 반드시 정치적인 행위를 하기 마련이다. 하지만 그것이 지나쳐서는 안 된다. 지나치게 정치적 행위가 만연되면 신뢰 부족, 이기적 행동, 일관성 부족 등의 행동이 나타나게 된다.

이렇게 되면 관리자도 어떻게 할 수 없다. 결국 이를 해결하고자 노력해도 그룹 내에서 아무도 도와주지 않는 상황에 놓이게 될 것이다. 이런 때는 물리적으로 어떤 지시를 하거나, 혹은 명령과 통제를 통해 문제를 해결해야만 한다. 명령과 통제가 필요한 상황에서 취할 수 있는 대안에는 그런 사람들을 퇴출시키거나 더 이상 움직일 수 없는 자리로 전환 배치하는 방법도 있다.

Question:

- 당신은 부서 내의 정치적인 사안에 대해 민감한 편인가? 만약 필요에 따라 그러한 상황에 대해 어려워도 과감한 결단을 내릴 수 있는가?
- 당신은 파괴적인 정치적 행위의 영향을 피해가는 방법을 아는가?
- 부서에서 신뢰와 결속력을 증진하는 데는 수년이 걸리지만 이를 파괴하는 데는 단지 몇 초밖에 안 걸린다. 당신은 이런 심각한 분위기를 발생시키는 행위나 사안에 대해 민감한 편인가?

15. 충분히 활용되지 못하는 인적 자원 : 조직에 충분히 활용되지 못하는 인재나 기여도가 낮은 직원들이 있다면 그들은 본인의 시간 낭비뿐만 아니라 동료들의 시간까지도 낭비하게 된다. 조직에서 충분히 활용되지 못하는 인재는 스스로 동기부여 요인을 찾지 못할 뿐만 아니라 조직과 부서에 금전적, 감정적인 비용만 가중시켜 결국에는 쓸모없는 인재로 전락하게 된다. 이런 사람들에게는 그들 스스로가 충분히 생산적인 인재가 될 수 있도록 보다 도전적인 목표를 더 많이 설정해 줄 필요가 있다. 특히 단순 반복 작업이나 생각을 덜하게 하는 직업의 경우라면 더욱 그렇다.

Question:

- 팀에서 실제로 낭비되고 있는 인재나 기여도가 낮은 인재의 수와 그들의 낭비 시간을 측정할 수 있는가? 그들을 어느 정도나 허용할 수 있는가?
- 우리가 잃어버린 시간을 측정하는 방법이 있는가?
- 혹시 팀에서 낭비되는 인재나 기여도가 낮은 인재가 있다면, 그 원인은 무엇인가?
- 혹시 당신이 앞서 말한 계획을 실행할 용기가 없어서 그들을 그런 인재로 전락하게 만든 것은 아닌가?

16. 다른 문화에 대한 이해 부족 : 이미 제4장에서 언급한 것처럼 '문화' 란 부서의 성과를 결정하는 데 중요한 역할을 한다. 국가 간의 문화를 뛰어넘어 일하려면 그들 문화에서 요구하는 것들에 대한 이해가 반드시 필요하다. 이는 모든 문화에서 요구하는 것에 무

조건 복종하라는 뜻은 아니다. 다른 문화와 함께 일할 때, 그 문화를 조금만 더 이해하려고 노력한다면 업무활동에 아무런 문제가 없을 것이다. 개인적인 경험에 비춰 볼 때, 문화가 다른 사람들이 서로 어울리고 서로의 요구사항을 수용하다보면 자연스럽게 문화의 통합이 일어나 결국은 그것이 자신의 문화를 발전시키는 길임을 알았다. 그러나 조직과 조직에 속하는 사람이 효과적으로 의사소통하는 법을 배우지 못하면 오해가 발생하게 된다.

Question:

- 만약 해외근무를 해야 한다면 당신은 그 나라의 문화를 수용하고 그 나라의 언어를 배울 의사가 있는가?
- 잦은 해외근무를 하는 직원이라면 관리자로서 당신은 그들을 어떻게 리드할 생각인가?
- 업무상 해외근무를 한 적이 있는가?
- 만약 있었다면 당신은 무엇을 더 배워야 하고, 향후 무엇을 고쳐야한다고 생각했는가?
- 조직 내에 문화적 차이가 있을 수 있다. 당신은 그 차이를 인정하고 좋은 업무관계를 유지할 수 있는가?

17. 무책임한 본사 : 최근 들어 많은 조직에서 본사는 그들의 모든 지식과 지혜의 무한한 원천이 아님을 깨닫기 시작했다. 마주보고 대양을 건너는 두 사람은 서로 상대방에게 도움을 줄 수 있는 그 무엇인가가 있을 것이다. 이와 마찬가지로 본사(본점)와 자회사(지점)는 조직의 목표달성을 위해 각자의 역할에서 서로 도움을 주어야 한다.

하지만 소위 내가 모체라고 즐겨 부르는 본사는 어떤 상황에서나 최종 의사결정을 통제하려 들 것이다. 이것이 현실이다.

Question:

- 본사와 어떤 일을 처리할 때 조직과 부서의 태도는 어떠한가?
- 본사와 연계해 일하게 된다면, 당신은 어떤 것을 한번 시도해보고 싶은가? 아니면 얻을 때까지 계속 시도하고 싶은 것은 무엇인가?
- 본사 직원의 도움을 받기 위해 당신은 그를 위한 이벤트를 계획하고 있는가?

18. 혁신의 결핍 : 혁신은 조직의 가장 어려운 사안 중의 하나다. 기준은 일반적으로 높게 잡혀 있고 그곳에 도달하기 위해서는 상당한 위험과 불확실성이 따른다. 목표달성을 위해서는 긍정적인 반항아Constructive mavericks들의 말에 귀를 기울이는 통찰력 있는 관리가 필요하다. 때로는 그들로 하여금 혁신할 수 있는 자유를 허락하는 것이 필요하다. 혁신은 아이디어를 채택하고, 실행에 옮기고, 궁극적으로 결실을 맺을 수 있도록 유도하는 것이다. 혁신은 아이디어를 개발하고, 이를 상품화하고, 그것을 실행하는 것이다. 실천 없이는 혁신도 없다. 관리자는 직원이 혁신할 수 있도록 적극 유도해야 한다.

Question:

- 혁신 목록에는 어떤 것들이 있는가?
- 부서 내에 아무런 혁신도 없다면, 당신은 어떻게 이를 고쳐시킬 것인가?

- 관리자로서 당신은 모든 팀원들을 동등하게 대할 것인가 아니면 높은 성과를 달성한 팀원만을 우대할 것인가?
- 지금 당신의 팀에는 부서의 미래를 생각하는 생산적인 반항아가 있는가?
- 관리자로서 당신은 혁신을 이끄는 사람에게 그것에 필요한 자율과 업무지원을 제공해 줄 용의가 있는가?
- 혁신에 대한 추가 자료를 원한다면 나는 《혁신 계획Innovation by Design[2]》 이란 책을 권하고 싶다.

19. 분석에 대한 지나친 강조 : 분석은 필요하다. 그러나 분석 작업에 대한 조정과 통합 역시 필요하다. 과연 관리자는 얼마만큼의 깊이로 분석을 해야 할 것인가? 80대20의 법칙을 따라보자. 필요한 모든 정보의 80퍼센트는 20퍼센트의 시간으로 얻을 수 있다. 문제는 과연 올바른 80퍼센트를 얻을 수 있을까 하는 점이다. 먼저 무엇이 필요한지를 충분히 파악하라. 그 다음 당신의 판단력을 활용하라. 당신은 관리자이기 때문에 수많은 사안들을 판단해야 한다. 만약 컴퓨터가 대신 판단할 수 있었다면 당신은 판단에 있어 필요 없는 존재가 돼버리고 말 것이다.

Question:

- 당신은 어떤 방법으로 분석적인 연구에 접근하는가? 분석자들이 진정 자신이 분석하는 업무에 대해 충분한 지식을 가지고 있는가?
- 어떤 분석이 상위 경영진의 선호나 특정 경영진의 기호 때문에 타협되지는 않는가?

- 분석이 시스템적으로 접근되고 있는가?
- 각 분석이 개별 사안으로 다뤄지고 있지는 않은가?

20. 정보에 대한 접근 제한 : 조직은 많은 정보를 가지고 있게 마련이다. 그런데 왜 그러한 정보가 필요한 사람들에게 공유되지 않는 것일까? 일반적으로 정보는 유출되지 않도록 폐쇄적으로 보관되는 데 반해 사람들은 어떻게 해서든지 정보를 끼워 맞추려는 속성이 있다. 그런 이유로 꼭 필요할 때 얻으려는 정보엔 추가적인 비용이 든다. 나는 어떤 부본부장급 직원이 회사의 전략 계획에 필요한 어떤 정보를 상사에게 제공하는 것을 꺼려하던 것을 본 적이 있다.

Question:

- '알아야 할 필요성'에 근거한 정보 접근 원칙에 의해 어떤 정보나 지적 재산권의 접근을 제한 받아 본 적이 있는가?
- 정보의 자유로운 공유와 관련해 어떤 정책을 가지고 있는가?
- 팀과 조직에서 접근 가능한 정보의 접근 제한으로 어떤 손실이나 비용을 치른 적이 있는가?
- 팀의 정보는 공식적이고 표준화된 데이터베이스가 있어 접근이 가능한가? 아니면 필요할 때 찾기가 어려운 구조인가?

21. 세계화에 대한 저항 : 대부분의 조직은 세계화 추세에 따를 수밖에 없다. 모국mother country은 더 이상 지식의 원천이 아니다. 모국만으로는 확장되는 모든 시장을 커버할 수도 없다. 그러나 세계화

로 가는 것은 조직에 매우 큰 불확실성을 초래한다. 다른 나라의 경쟁자들이 어떻게 사업을 하는지 알 필요가 있다. 필요한 조건은 나라마다 다르다. 자국에서 매우 성공적인 어떤 제품이 다른 나라에 판매될 때는 상품을 변경해야 할 경우도 있을 수 있다. 정부 규제도 나라마다 다양해 승인을 필요로 하는 경우가 많다. 많은 문제점이 제기되고 해결될 필요가 있음에도 불구하고, 세계화를 거부하는 선택을 할 때에 조직은 정체되어 궁극적으로는 자멸하게 될 것이다.

Question:

- 조직이 세계화 추세에 동참하지 않음으로써 조직의 성과에 부정적인 영향을 주지는 않았는가?
- 현재 우리 조직은 세계화 추세에 맞춰 활동하고 있나? 아니면 향후 언젠가 활동할 수 있도록 준비하고 있는가?
- 세계화에 대해 직원들은 관심을 가지고 있는가?
- 세계화를 위해서는 다양한 자원 투자가 필요하다. 관리자로서 당신은 이러한 자원 투자를 지원할 것인가?

지금까지 말한 21가지 중요 사안에 대한 우선순위는 조직의 종류와 형태에 따라 각각 다르다. 당신은 관리자로서 조직을 위해 우선순위를 정하고 관리하고 보고해야 한다. 이런 목록을 간과하거나 조사하거나 조직과 부서에 적용되지 않는 항목을 일일이 찾아내는 것은 어려운 작업이다. 중요성의 순서는 각각 다를지라도 위의 항목들은 대부분의 조직에 존재하는 것들이다.

앞에서 소개한 퀸 리스트에 내가 수년의 경험을 통해 찾아낸 몇 가지 항목들을 추가해보았다.

가이너의 추가 목록

1. 정신적 업무의 재작업에 따른 비용 : 재작업이라는 용어는 어떤 일부분이나 한 단위, 혹은 장비나 그 밖의 어떤 기술 형태에만 국한되지는 않는다. 우리는 '정신적 업무의 재작업mental rework' 이란 용어에 의문을 가질 수도 있을 것이다. 이 시대의 지식근로자들은 불행하게도 '정신적 업무의 재작업' 을 당연한 개념으로 받아들이고 있다.

수개월에 걸친 작업이 의사소통 부족으로 쓰레기통에 버려질 수도 있다. 프로젝트 제안서가 필요한 요건을 정의하는 훈련 부족으로 수없이 재작업을 해야 할 수도 있다. 글쓰기 기술 부족으로 보고서를 다시 작성하는 경우도 있다. 또한 법률 문서는 쉽게 이해되지 않아 혼동을 주는 경우가 많아 수정해야하고 어떤 경우에는 시기적절한 의사결정의 부족으로 많은 문서를 재작성하는 경우도 있다. 이러한 모든 정신적인 작업은 사고思考를 포함하며, 사고는 정신적 업무의 재작업을 줄이기 위해 잘 정비된 형태의 사고 절차가 필요하다.

정신적 업무의 재작업 때문에 발생된 손실을 측정할 방법은 따로 없다. 그러나 관리자는 정신적 업무 개선의 필요성을 인식하고, 그 정신적 재작업에 근거해 얼마나 많은 문서가 변경되었는지를 관찰한 후 그에 대한 개선책을 제시해야 한다.

- 관리자로서 당신은 팀의 정신적 업무의 재작업 비용을 계산하고 있는가?
- 정신적인 업무의 재작업을 줄이기 위한 어떤 제대로 된 프로그램을 가지고 있는가?
- 정신적인 업무의 재작업이 좌절이나 동기부여를 저하시키는 원인이 되었는가?
- 관리자로서 당신은 막연한 기대와 지연된 의사결정으로 재작업을 한 경우가 있는가?

2. **조직의 기반구조** : 한 부서가 전체 조직의 변화를 주도할 때, 조직 전체의 기반구조가 부족해 한계에 부딪칠 때가 있다. 조직의 '기반구조는 목적, 목표, 전략, 조직구조, 지도 원칙, 정책과 전략, 관리자의 태도, 경영진의 전문성, 혁신에 대한 지원, 리스크 감수 정도, 조직 내 의사소통, 사회적 책임 등을 모두 포함한다. 조직의 목적, 목표, 전략이 명확하게 정의되지 않거나 조직 내에서 의사소통이 되지 않는다면, 각 부서는 아마도 자원만 낭비할 수도 있다.

당신은 목적Purpose, 목표Objective, 전략Strategy을 하나의 묶음 단위POS로 취급할 필요가 있다. 개별적으로 떨어져서는 의미가 없다. 전체 조직의 POS에 의해 승인된 어떤 프로그램을 일관성있게 추진하기 위해서는 각 부서가 다른 프로그램보다 우선해서 전체 조직에 이익이 되는 POS 프로그램에 자원을 투자해야 한다. 이는 각 부서가 특정한 프로그램을 추구하지 말라는 뜻이 아니라 기반구조 속에서 각각의 요소가 전체의 이익을 위해 지원되어야 한다는 뜻이다.

- 관리자로서 당신은 전체 조직의 기반구조를 어떻게 평가하는가?
- 부서의 원칙과 목적에 근거해 부서의 기반구조를 평가하는가?
- 부서 내 기반구조는 직원들의 업무활동을 적절하게 지원하고 있는가?

3. 기술의 적절한 활용 : 최근 몇 년 사이, 우리의 업무 환경은 생산성 향상을 위한 각종 경이로운 기술로 넘쳐나고 있다. 그중 일부는 성공적으로 개선되었지만 다른 일부는 기대에 못 미치는 결과를 낳았다. 어떤 기술은 다시 종이와 연필로 대체되었다. 즉, 기술의 실패로 인해 이전 방식으로 회귀했다. 막대한 정보를 전산으로 저장하는 능력 때문에 불필요한 정보까지 저장되고 있으며 기술적인 면에서 많은 투자를 필요로 한다.

예를 들어, 오랜 시간과 자본을 투자해서 개발한 자동전화 교환기가 오작동하여 엉뚱한 사람에게 통화를 연결하거나 아예 연결이 끊기는 경우가 발생한다면 사람들은 차라리 직접 찾아가서 말하는 쪽을 다시 선택하게 될 것이다. 이럴 경우 우리의 무능함과 잘못된 투자로 낭비되는 시간을 생각해 보라. 무조건 고객 서비스를 제공하는 것만이 생산적인 것은 아니다. 나는 지금 신기술의 무용론을 주장하는 것이 아니라, 새로운 기술을 도입하는 것도 다른 투자처럼 경제적 손익을 충분히 고려한 후 추진할 것을 제안하는 것이다.

Question:

- 현재 팀에 도입된 기술 환경은 경제적 손익을 고려해 투자되었는가?
- 고려되었다면, 그 경제적 손익은 실제적으로 추정되었는가 아니면

대략적인 주먹구구식으로 계산되었는가?

- 우리는 새로 도입된 기술 환경에서 경제적 이익을 어떤 식으로 측정할 것인가?
- 새로운 기술이 낡은 공정을 자동화하거나 혹은 수많은 절차를 줄였는가?
- 신기술 도입 과정에서 전체 작업 공정이 신기술을 위해 변경되었는가?

4. 시스템 접근법 : 시스템은 다양하게 정의될 수 있다. 시스템은 목적을 추구하기 위한 두 사람 이상의 사람과 객체가 되는 대상물, 또는 조직 간의 상호작용이다. 시스템은 정의된 어떤 조건을 충족시키고, 특정하게 명시된 조건을 만족시킨다. 왜 시스템적 접근법이어야 하는가? 조직에서 단 하나의 원칙이나 한 명의 사람에 의해 이루어지는 활동은 거의 없다. 어떤 부서의 목표달성 노력은 다른 부서의 성과에 영향을 미친다. 그래서 한 그룹이 특정한 목표를 달성하는 과정과 결과는 다른 집단에도 영향을 미친다는 것을 고려해야 한다.

Question:

- 시스템 접근법을 사용하는가?
- 시스템 접근법에 대한 원칙과 필요성을 이해하는가?
- 시스템 접근법을 사용할 경우, 그 이익을 계산해 본 적이 있는가?
- 시스템 접근법을 사용하지 않는다면, 우리 팀에 추가되는 비용을 산출해 본적이 있는가?

성과측정을 위한 산출물 공식

성과를 측정하는 척도에는 단위 조직 안에서 개개인의 산출물, 다른 단위 조직에 미치는 영향, 단위 조직으로부터 영향 받은 다른 단위의 산출물, 단위 조직 관리자의 기여도 등 4가지가 있다. 이것은 다음과 같이 표현할 수 있다.

> **단위 산출물 = A+B+C+D**
>
> A = 단위 조직 내 각 개인의 산출물
>
> B = 다른 단위 조직에 미치는 영향
>
> C = 단위 조직으로부터 영향을 받은 다른 단위 조직의 산출물
>
> D = 단위 조직 관리자에 의한 기여도

산출물은 성취된 결과를 고려해 평가해야 한다. 정의하기, 계획 수립, 일정 계획, 관리 통제와 같은 활동들은 모두 무형의 작업이므로 실질적으로 직접 가치를 창출하는 것은 아니다. 위의 산출물 공식에서 A부터 D 항목까지를 측정하기 위한 양적 측정방법을 고려해 보자. 단위 내 각 개인의 산출물인 A라는 양적 지표는 목표를 달성했는지, 표준 대비 수행 정도, 납기 준수, 예상 비용 대비 집행 금액 등 3가지 프로젝트 평가 기준만으로도 쉽게 측정할 수 있다. A는 모호함이 없어 합리적 판단이 필요 없는 항목으로, 그 자체만으로도 달성과 미달을 판단할 수 있다. 만약 단위 조직 내 각 개인의 활동이 조직 목표를 위해 통합된다면, 단위 조직의 전체 목표는 쉽게 달성할 수 있을 것이다.

등식의 B와 C의 항목을 보면, 이들은 서로 상호관계에 영향을 주는 것으로, 둘 모두 매우 중요하지만 양적 측정은 어렵다. 앞에서 말한 목표와 각각의 연관된 조직의 3가지 프로젝트 요건(표준 대비 이행 정도, 납기 준수, 예산 대비 집행 금액)이 명시된다면, 이는 '예/아니오' 식의 접근법을 사용하기가 상대적으로 쉬웠을 것이다.

각 단위 조직의 업무 요건이 명확하게 정의되어 있지 않고, 프로세스 내의 의사소통이 조금이라도 무너진다면 각 단위 조직 간 시너지 효과에 심각한 어려움이 발생할 것이다. 한 단위 조직에서 변화가 발생하고 그것이 다른 단위 조직과 의사소통되지 못하면 향후 문제가 야기될 것이다. 따라서 단위 조직 관리자들 간의 상호작용은 매우 중요하다. 이런 경우에는 관리자들이 적절하게 개입하여 조정해야 한다.

위의 등식 중 'D'에 해당되는 관리자의 공헌도 측정에는 그들의 부서와 조직을 위한 기여도 평가가 포함되어야 한다. 앞에서 언급했듯이, 관리자는 전체 조직을 위한 활동에 시간을 할애해야 되기 때문에 담당 팀이나 부서의 활동을 관리하는 것보다 더 큰 책임을 지게 된다. 부서 업무와 관련한 관리자의 성과는 쉽게 측정될 수 있다. 부서 업무는 배분된 목표를 달성하거나, 달성하지 못한 것으로 측정된다. 그러나 전체 성과에 대한 관리자의 특정한 기여도는 '예/아니오' 식의 대답으로 명확하게 정의되지 않는다. 조직에 대한 관리자의 기여도를 측정하는 것은 힘들겠지만, 만약 측정 대상을 관리자의 어떤 특정한 업무에 대한 기여도로 한정한다면, 물리적으로 합리화하거나 정당화하려는 시도 없이도 쉽게 측정할 수 있을 것이다. 관리자의 노력은 조직의 프로그램에 공헌을 했거나 하지 못한 두 가지 경우 밖에 없다. 조직의 특정한 활동이 성공했는지는 고려

대상이 아니다. 진정한 문제는 관리자가 조직에 특정한 기여를 했는가 하는 문제다. 어떤 프로젝트 위원회에 앉아 있는 것이 특정한 활동일 수는 있으나 그 활동이 공헌으로 이어지기 위해서는 그 활동을 통해 특정한 결과물을 생산해내야 하고 가치를 창출해야만 인정받을 수 있다. 조직의 관리 활동에서 생산성 향상에 대한 관리자의 성과는 제2장에서 설명했듯이 제품의 제조 과정이나 유통에서 생산성을 측정하는 방법과 동일하게 측정되어야 한다. 이것은 목표 달성에 관계없이 동일한 원칙이 적용되어야 한다.

적절한 성과측정법 개발

한 부서에 대한 성과측정법을 개발하려면 우선 전체 조직에서 그 부서나 팀이 담당하고 있는 역할을 인식해야 한다. 이러한 성과측정법을 적용할 때 모든 부서나 적용되는 성과측정법은 각각 다를 것이다. 기본적으로 모든 부서나 팀은 동일한 업무를 수행하거나 동일한 성과목표를 갖고 있지 않기 때문이다. 성과측정법은 부서 내에서 일관성이 필요하다. 이때의 일관성이란 동일성을 뜻하는 것은 아니다. 마찬가지로 모든 성과 기대치는 같지 않을 것이다. 성과 평가가 적정하게 측정되기 위해서는 부서나 팀의 목표나 목적이 명확하게 정의되어야 한다. 또 조직의 기반구조에 의해 지원을 받아야 하며, 적절한 자원이 공급되어야 한다. 이런 것들이 전제된다면 목표 달성을 측정하는 것은 매우 간단하다.

어떤 부서나 팀의 성과측정법을 개발하기 위한 접근법은 부서의 목적과 위치, 기대치를 고려해야 한다. 반복적인 일을 담당하는 부서의 성과측정법은 창조적인 일에 관련된 사람들의 성과측정법과는 매우 다를 것이다.

구매 업무에 대한 성과측정법을 개발하고자 한다면 주문과 송장에 관련된 이슈들에 집중해야 할 것이다. 판매 조직에 대한 성과측정법은 마케팅부 그룹에 적용되는 방법과는 다를 것이다. 또, 제조업에 종사하는 그룹에 대한 성과측정법은 디자인 그룹에 적용되는 방법과는 다를 것이다. 학계나 정부의 성과측정법도 역시 각각 다를 것이나, 이 두 가지 경우에는 업무활동보다는 업무결과에 보다 중점을 두어야 한다.

부서가 조직의 상부와 관련된 부서나 팀일수록, 조직의 목표 달성에 대한 책임감이 더 커진다. 구매부 관리자는 주요 신제품 출시를 책임지는 부서 관리자보다는 조직의 성과에 적은 영향을 미친다. 정부기관에 있는 시설 관리자는 새로운 정보시스템의 도입 계약에 대한 최종 결정을 해야 하는 관리자보다는 성과에 적은 영향을 준다. 그룹이 조직의 상부에 위치할수록, 그리고 그룹의 지적 요건이 더 요구될수록, 성과에 대한 기대치는 증가하게 될 것이다.

조직의 형태와는 상관없이 모든 관리자는 '사람과 관련된 문제'를 관리해야 하는 공통된 문제에 부딪치게 된다. 사람에 대한 관리에 무관심한 관리자들은 성과목표 달성에 실패하는 경우가 많다. 일반적으로 우리는 기술직 인재(엔지니어)들이 일반 관리직에 있는 직원들보다 대인관계 측면에서 약하다는 편견을 가지고 있다. 그러나 인간관계에 대해 잘 훈련되었을 것 같은 사람들, 즉 일부 회계사나, 변호사, 그리고 관리자 그룹의 일부 사람들도 인간관계의 중요성을 간과하는 경우를 자주 볼 수 있다. 인간관계에서 사람에 대한 관심 부족이나 지나치게 엄격하고 절차에 치중하는 인재관리는 업무를 추진하는 데 있어 타협과 조화를 방해한다.

조직 내 사람들을 다른 관점에서 보면, 우리는 사교적인 사람과 그 외의 사람들로 구분할 수 있다. 그 외의 사람들이란 조직의 성과 목표를 무시하는 사람들을 말한다. 그들은 어떠한 목표 미달 상황도 자연스럽게 정당화하려 한다. 그들은 사람의 문제를 해결하는 데 개인적인 반대보다는 업무적이고 지적인 반대를 유도해야 함에도 불구하고 어떤 종류의 반대도 무조건 피하려고 한다. 조직에는 언제나 일부 문제가 되는 사람들이 있기 마련이며, 조직은 그 문제아들이 일으킨 부산물을 처리해야 한다. 이제 이들과 맞서야 한다.

그들 중에서 다음의 두 그룹에 속하는 사람들이 있다면 그들은 보다 효과적인 그룹으로 변화될 수 있다. 첫째는 어떤 정책, 전략, 절차를 실행하기 전에 조직의 목적 달성이나 성과미달을 무조건 정당화하는 사람들 그룹이고, 두 번째는 성과에 대한 인간 행위에 미치는 영향을 이해하는 것에 둔감한 사람들 그룹이다.

■ 부서의 성과측정이란 기본적으로 배분된 자원이 어떻게 활용되고 있는가
를 보여주는 일종의 보고서이다.

■ 실수를 하는 것과 실수를 통해서 배우는 것, 이 모두는 성공을 위한 전제
조건이다. 우리는 성공보다는 실수를 통해 더 많이 배우게 된다.

■ 성과측정의 기준이 되는 목표를 정의하는 것은 성과측정을 개발하는 것
보다 선행되어야 한다. 성과측정의 목적과 목표는 반드시 명확히 정의되
어야 한다.

■ 산출물은 배분된 자원에 대한 성과측정이고, 이는 모든 조직에게 동일하게
적용된다. 산출물에 대한 성과측정은 활동이 아닌 결과를 기준으로 평가해
야 한다. 순환 사이클 내에서 반복해 돌고 도는 것은 산출물이 아니다.

■ 양적 측정법을 개발할 때, 누군가가 자신의 사적인 목적을 위해 부풀리거
나 축소할 수 없도록 설계되었다면, 양적 측정법은 정확한 숫자로 표시되
기 때문에 논쟁의 대상이 될 수 없다.

■ 질적 측정법은 조직을 정의하는 다른 것들도 포함한다. 이 측정법은 조직
의 특성에 따라 다르며, 과거보다는 현재를 보여준다.

■ 산출물 등식은 무엇이 달성되었는지를 모호함 없이 측정할 수 있게 해준
다. '예/ 아니오'로 의사결정을 하거나 프로젝트 요건을 충족시켰는가에
따라 명확한 숫자로 표현된다.

■ 신뢰할 수 있는 측정법을 개발하는 데는 노력과 시간이 필요하다. 만일
두 개의 부서가 하나의 업무 원칙에 연관되어 있지 않다면, 성과측정법은
각 부서마다 다양할 것이다.

팀 단위 성과평가의 핵심 요소

우리는 흔히 미국식 경영 이론에 익숙해져 있다. 서양에서 공부한 대부분의 교수 밑에서 현대식 경영학을 배웠기 때문일 것이다. 인사 평가나 업적 평가에서도 예외는 아니다. 서구식 성과평가의 첨단 기법 중 하나는 평가자와 피평가자가 상호 협의에 의해 성과목표를 설정하고 그 기준에 의해 달성 여부를 평가하는 목표관리평가법(MBO평가법)이다. 최근 많은 회사에서 이 평가 방법을 적용하거나 응용해 실시하고 있다.

하지만 평가자와 피평가자가 상호 대화하고 협의하여 평가한다는 기본 원리가 한국적 정서에는 적합하지 않다. 이는 철저하게 서양식 사고방식을 근간으로 하기 때문이다. 어려서부터 합리주의를 배우고 실천해 온 서양식 인간관계에서는 직속 상사에게 자신의 실적을 적극 주장하는 것이 그리 낯설지 않을 것이다. 하지만 한국적 사고방식엔 아직 이러한 평가 환경이 충분히 갖추어지지 않은 듯하다. 오히려 '괘씸죄'가 더 크게 작용할 수 있다.

따라서 우리의 평가방식은 우리 스타일로 만들어가야 한다. 평가기법이 중요한 것이 아니라 어떻게 운용하느냐가 더 중요하다. 그 핵심은 상호 신뢰다. 평가기법과 평가 환경은 조직마다 각각 다르다. 다만, 성공적인 평가를 위한 필수적인 요소는 평가자와 피평가자가 서로 신뢰해야 한다는 것이다.

평가에 대한 사고방식에서 우리가 수용해야 할 또 하나의 접근법은 성과 지향적 평가와 장기간에 걸친 수시 평가이다. 성과 지향적 평가는 인간관계 중심의 평가와 대비되는 용어로 주어진 목표에 대하여 얼마나 달성했는지를 평가하는 방법이다. 장기간에 걸친 수시평가는 연말에 실시하는 일회성 평가가 주는 여러 가지 오류를 최소화하기 위한 접근법으로 잘못이 있을때 즉시 피드백 할 수 있는 장점을 가지고 있다.

성과평가는 누구에게나 부담스러운 작업이다 하지만 관리자로서 평가에 대한 원칙을 가지고 이를 사전에 팀원들에게 공표한다면 조직에 긍정적인 효과를 더 많이 유발할 수 있을 것이다.

NOTES

1. Robert E. Quinn, Regina M. O'neill, and Lynda St. Clair, Editors, Pressing Problems in Modern Organizations(New York: AMACOM, 2000) pp 265-267.
2. Gerard H. Gaynor, Innovation by Design(New York: AmAcom, 2002), pp. 243-269.

조직에 필요한
유능한 팀장을
키워내는

팀장 제조 매뉴얼 Manual for Changing Manager

＊팀장은 직책이 아니라
이제 브랜드다!

제10장 | 프로 팀장을 위한 경력관리

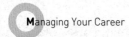

Managing Your Career

관리자가 자신의 경력에 영향을 미치는 어떤 결정을 내릴 때는 신중해야 한다. 자기 자신에 대한 깊이 있는 분석을 통해서 그것이 향후 어떤 영향을 미칠지를 충분히 고려해야 한다. 지금까지 이 책에서는 관리에 대한 지식과 기술, 인간 행위에 대한 이해, 이런 것들을 다른 시각에서 점검하고 불확실한 현실 속에서 추진하는 문제들을 두루 다뤘다. 관리 업무를 하다보면 여러 가지 예상하지 못한 변수들이 나타날 것이다. 이때 중요한 것은 당신이 어떻게 조직의 목표와 구성원의 욕구 충족을 위해 조화와 균형을 맞출 것인가 하는 것이다. 제10장에서는 마지막으로 유능한 관리자가 되고 상위관리자로 성공하기 위해 필요한 다음의 몇 가지 상황에 대해 생각해 보자.

세계화에 따른 관리 영역의 확장

세상은 점점 확대되고 복잡해지고 있다. 커뮤니케이션 네트워크의 발달은 세상을 보다 가깝게 만들어주었고 전 세계적으로 커뮤니케이션을 할 수 있게 해주었다. 이로 인해 관리자의 관리 영역은 지리적 경계를 뛰어넘어 날로 팽창하고 있다. 국제화, 세계화의 영향을 받지 않는 조직은 없다고 해도 과언이 아니다. 국가 간의 경계를 넘어서 나날이 확장되는 것은 기업은 물론이고 학계와 정부, 비영리단체도 예외가 아니다. 우리의 모든 결정은 이제 글로벌 관점에서 수행되어야 한다. 이는 우리가 의사결정을 하는 데 있어서 보다 신중하게 검토되어야 하는 요소들이 더 많아졌음을 의미한다.

팀장의 능력을 결정짓는 핵심 요소 5가지

팀장으로서의 성공은 책상 위에 무엇이 놓여 있으며, 또 자리에 앉았을 때 무엇을 하느냐에 달려있다. 관리자의 책상에는 항상 해결해야 할 어떤 과제가 놓여 있고, 관리자는 그것들을 해결하는 것에 모든 능력을 집중시켜야만 한다. 다음은 관리자로서 팀장의 능력을 결정짓는 다섯 가지 핵심요소들이다.

1. 지식
2. 기술
3. 태도

4. 개인 성향

5. 경험

제10장의 전반부에서 이들 각각의 요소와 상호관계를 알아보자.

지식

<표 10-1>은 '관리하기'에 필요한 몇 가지 지식을 예시하고 있다. 팀장이 갖추어야 할 능력과 필요한 능력 사이의 괴리감을 극복하는 방법은 업무의 성격에 따라 다르다. 각각의 표에 표시된 항목에 현재 자신의 상태를 적어보자.

〈표 10-1〉 팀장에게 필요한 지식 요소					
					※ 주 : 1-미흡(능력 부족), 5-충분(높은 경쟁력 유지)
관리에 필요한 지식 요소	1	2	3	4	5
관리의 기초					
의사결정 과정					
평가하는 사람					
정보 시스템					
팀 역량 개발					
회의 관리					
멘토링					
혁신					
문서화					
전략					
법적 이슈					
가상 조직					
윤리					
재무적 항목들					
정리 능력					

'관리하기'라는 주제에 대해 특별히 관심이 없는 상태에서 팀장으로 이동했다면 팀장으로서의 업무수행에 많은 어려움을 겪을 것이다. 반면 팀장이 되고자 하는 야망이 있고 그동안 조금이나마 준비하고 있었다면, 이러한 변화에 훨씬 쉽게 적응할 수 있을 것이다.

나는 초임 팀장으로 부임해서도 아무런 문제없이 환경 변화에 잘 적응하는 사람들을 많이 보아왔다. 그런 사람들은 대개 자신의 분야에 있어 전문가이면서 다른 업무에도 폭넓은 관심을 가지고 있는 사람들이었다. 그들은 팀장으로 임명되기 전에 이미 '관리에 대한 주제'들을 오랫동안 연구하고 공부해 온 사람들이었다. 그 중 일부는 '전문 관리자 과정'의 연수를 받았겠지만 대부분 그들은 오랫동안 '팀장의 길'을 동경하면서 팀장이 되길 갈망해온 사람들이었다.

팀장으로서 필요한 기본 지식과 현재 당신이 보유하고 있는 지식의 차이는 어느 정도 채워져야 한다. 이런 차이는 내부 교육 프로그램, 조직에서 지원해주는 다양한 외부 연수 과정, 대학교육 과정, 도서관, 전문 서적, 평소 존경하던 관리자의 조언 등 다양한 방법을 통해 보충할 수 있다. 하지만 반드시 경영학 석사 MBA가 될 필요는 없다. 전문 경영인이나 최고경영자가 아닌 초중급 관리자인 현재 수준에서는 '적절한 수준'이면 충분하다. 필요한 지식을 갖추는 것은 고급 지식이 아니라 지극히 기초적인 원리에서 나온다. 한 분야에서 전문가가 된 사람이라면 이 말이 무슨 말인지 이해할 수 있을 것이다.

관리자의 길에 처음 입문한 팀장은 관리에 대한 지식을 기초부터 차근차근 닦아야 한다. 팀장이라는 직책에 붙어있는 책임감을 충분히 이해하기도 전에 '관리자의 사다리'에 오르려고만 하다보면 수없는 실패를 경험해야 할 것이다. 지식은 어떤 전문 분야에서 앞서 나갈 수 있는 첫 단계이다. 사람들은 지식과 훈련을 통해 자신의 분야에서 전문가가 된다. 여기서 말하는 분야는 학계, 예술계, 스포츠 등 모든 직종을 포함하며, 물론 팀장의 길도 예외는 아니다.

기술

<표 10-2>는 관리에 있어 필수적인 기술들이다. 리더십, 의사소통에 관한 내용은 제7장에서 이미 논의했다. 사고력에 관한 주제는 제8장에서, 프로젝트 관리에 대해서는 제5장에서 자세히 설명했으니 참고하길 바란다.

〈표 10-2〉 팀장에게 필요한 기술 요소

※ 주 : 1-미흡(능력 부족), 5-충분(높은 경쟁력 유지)

기술 요소	1	2	3	4	5
리더십					
의사소통					
사고력					
프로젝트 관리					
문제 해결 기법					
문제 발견 기법					
영향력					
판매					
통합력					
선택하기					

관리를 위한 여러 가지 기술을 개발하는 데는 시간이 필요하다. <표 10-2>에서 제시한 기술 중 리더십은 당신이 그동안 경력을 쌓아오는 과정에서 이미 보여줄 기회가 있었을 것이다. 하지만 엄밀히 말하면 그것은 대부분 부서장이나 팀장의 지시에 의해 통제되는 부분적인 리더십이었다. 이제 우리는 한 조직을 이끌어 갈 책임이 생겼고, 이를 위해 앞서 말한 리더십과는 다른 방식의 리더십이 필요하다. 이제 관리자로서 당신은 자신뿐만 아니라 다른 사람의 성과에 대해서도 책임져야 한다.

팀장으로서 당신은 팀의 중요한 업무를 직원들에게 위임해야 할 것이며, 이것은 당연한 것이다. 위임이란 것은 위임하는 시점에서 끝나는 것이 아니다. 위임하는 시점은 단지 자신이 관리자로서 '위임한 업무'에 대한 관리를 새롭게 시작하는 시점이라고 인식하면 된다.

위임한 업무에 어떻게 참여하는가는 중요하다. 많은 팀원들은 관리자의 참여를 '간섭micromanaging'이라고 생각할 것이다. 업무 참여와 업무 간섭 사이에는 어떤 미묘한 선이 있다. 때로는 그 선이 겹치기도 한다. 팀장은 팀의 성과에 대해 책임을 지는 사람이기 때문에 팀의 목표 달성을 위해 때로는 상세한 부분까지 관여할 수도 있다. '업무 간섭micromanaging'이란 말은 매우 막연하게 쓰이기 때문에 보는 시각에 따라 다를 수 있다. 때로는 관리자인 당신의 참여가 업무 간섭으로 간주될 수도 있다. 하지만 팀이 목표를 달성하지 못하고 있다면 '업무 간섭'에 대한 비난을 두려워해서는 안 된다. 중요한 것은 비난에 따른 팀장의 개인적인 명성이 아니라, 목표를 달성했는가에 대한 부서의 명성이요, 부서에 속한 전체 직원의 명성이다.

리더십leadership은 의사소통의 효과성과 밀접하게 연결되어 있다. 관리자로서 성과에 대한 기본적인 원칙을 세운다면 '업무 간섭'에 대한 논란은 피할 수 있을 것이다. 만약 업무성과에 대한 시간 준수가 부서의 관심 사항이라면 당신이 그 부분과 관련된 몇 가지 업무에 직접 참여해 체크하기 시작하는 순간 직원들은 시간 준수에 집중하게 될 것이다. 누구든지 제때 팀 목표를 달성하지 못하는 그룹에 남아 있기를 원하는 사람은 없다. 어느 누구도 실패하고 있는 팀에서 일하길 원하지 않는다. 관리자인 당신이 업무 우선순위에 대한 관리 철학을 정의하고 이것을 직원들과 의사소통을 통해 공유한다면, 적어도 실적에 도움이 안 되는 업무 때문에 낭비되는 시간은 충분히 통제할 수 있을 것이다.

사고력thinking은 리더십, 의사소통과 불가분의 관계이다. 리더십과 의사소통 두 가지 모두 깊은 사고 없이 추진할 수는 없다. 여기서 사고란 향후 문제가 될 수도 있는 성급한 결론에 대한 생각보다는 다양한 대안을 점검해보는 깊은 검토를 말한다. '상자 밖에서 생각하기'가 절대적으로 필요한 때이고, 어떤 때는 시간이 부족한 경우도 있다. <표 10-2>에 열거된 기술 요소 중에서 부족한 기법들은 요구되는 수준까지 본인의 역량을 향상시켜야 한다. 여기에는 프로젝트 관리 기법project management, 문제 해결 기법problem solving, 문제 찾기 기법problem finding, 영향력 전파 기법influencing과 판매 기법selling까지 모두 포함된다. 팀장은 업무를 추진할 때에는 각각의 활동들을 통합하고, 어떻게 선택해야 하는지를 알아야 한다. 또한 관리자의 직책에 따라 그 자리에서 특별히 요구되는 다양한 기술과 기법도 있을 것이다.

태도

<표 10-3>은 팀장이 갖추어야 할 바람직한 태도를 열거하고 있다. 적절한 지식과 적당한 기술이 있더라도, 적절한 태도가 없다면 결과는 기대에 못 미치게 될 것이다. 한 조직을 이끌어 나가는 것은 팀장의 적정한 태도 없이는 불가능하다. 어떤 것에 집중하는 태도는 업무 추진에서 집중력 있는 그룹을 만들며, 활동적인 관리 태도는 활동적인 조직을 만든다. 이러한 태도는 관리자인 당신뿐만 아니라, 팀원들에게도 동일하게 나타나도록 유도해야 한다. 관리자인 자기 자신만 이러한 태도를 보이고 다른 팀원은 그렇지 않다면, 그룹을 운영하는 데에 어려움을 겪을 것이다.

어떤 방법으로 관리자의 태도를 팀원들에게 전달하고 그들을 유도할 것인가? 먼저 팀장이 본보기를 보이고, 지도하고, 기대 수준을 말해주고, 독려하는 방법을 활용해보라. <표 10-3>의 태도 목록은 오직 예시일 뿐이다. 지식과 기술에 더불어 태도는 관리자로서 당신

<표 10-3> 팀장이 갖추어야 할 태도

※ 주 : 1-미흡(능력 부족), 5-충분(높은 경쟁력 유지)

기술 요소	1	2	3	4	5
집중력					
유연성					
신뢰성					
민첩성					
주도적					
민감성					
헌신적					
자긍심					

의 성공을 위해 꼭 필요한 요소로 인식되어야 한다.

그러나 위의 목록에 제시된 스타일이 현재 당신의 상사와 맞지 않는다면 당신은 무엇을, 어떻게 해야 하는지 스스로 자문해 볼 필요가 있다. 어쩌면 당신은 집중도가 떨어지고, 유연성이 없고, 조직의 목표에 무관심하고, 게으르고, 감성이 떨어지고, 조직에 헌신할 줄 모르는 관리자의 지시를 받고 있는지도 모르기 때문이다. 이런 상황이 지속된다면, 개인적으로 어떤 중대 결정을 해야 할 것이다. 이럴 경우 두 가지 대안이 있다. 첫째, 조직에 변화의 기회가 있을 것으로 전망되고 그 변화 속에서 당신이 어떤 기회를 잡을 수 있다고 생각되면, 그때는 남아 있어라. 둘째, 조직이 당분간 변화가 없을 것 같고 그런 환경 속에서 계속 일하고 싶지 않다고 생각되면, 그때는 다른 회사에 낼 이력서를 준비하라. 하지만 두 가지 대안 중 어떠한 것도 그리 즐거운 일은 아니다.

첫 번째 대안을 선택했다면, 당신은 변화가 있을 때까지 몇 년이고 기다려야 한다. 두 번째 대안을 선택했다면, 현재의 일을 계속하면서 다른 직장을 알아봐야 한다. 여기서 꼭 기억할 것은 이런 상황에서의 선택이 바로 당신의 경력관리와 직결된다는 사실이다.

개인적인 성향

팀장의 개인적 성향에 대해 생각해보자. 뜻이 맞는 사람들과 일하는 상황에서는 어떤 황당한 상황이 발생하더라도 참고 넘어갈 수 있다. 누구든지 비난 받을 게임을 시작하고 싶어하는 사람은 없다. 모든 사람들은 당면한 문제를 해결하려고 노력할 것이다. 그러나 어떤 사람도 완벽할 수는 없다.

<표 10-4>는 조직을 잘 만들 수도 있고, 조직을 파괴할 수도 있는 사람들의 개인적인 성향에 대해 열거했다. 관리자로서 당신은 이런 성향들이 부서의 성과에 직접적인 영향을 미치기 때문에 민감하게 파악해야만 한다. 당신이 어느 한 팀원의 심각한 성격을 용인하고 그와 타협한다면, 관리자로서 당신은 효과적인 조직을 만들 수 없다.

순수성이란 다른 원칙들을 다루는 데 있어 윤리적이고 도덕적인 원칙을 고수하는 것을 말한다. 이는 자신의 경영철학에 대해 진실해지는 것을 의미한다. 관리자로서 업무에 전념하는 성격과 헌신하는 충실한 성격은 또 다른 어떤 메시지를 전해준다. 정직은 타협될 수 없으며 진실은 진실일 뿐이다. 에너지와 추진력에 대한 당신의 표현이 진정으로 수용된다면 직원들에게도 긍정적인 영향을 줄

〈표 10-4〉 바람직한 팀장의 개인적 성격 요소					
※ 주 : 1-미흡(능력 부족), 5-충분(높은 경쟁력 유지)					
개인적 성격	1	2	3	4	5
순수성					
전념하는					
정직					
에너지					
추진력					
사려 깊은					
자아 동기부여					
공경하는					
시간을 지키는					
인간적인 행동					
호기심					
끈기					
인내심					

것이다. 사려 깊은 관리자는 늘 생각 없이 행동하는 사람에게 도움을 준다. 관리자로서 당신의 자발적인 동기부여에 대한 표현은 팀원들에게 자극을 줄 것이다. 다른 사람을 존중하는 성격은 그 수준에 관계없이 꼭 필요한 요소다. 이는 선택할 수 있는 성격이 아니다. 당신이 타인을 존중하는 성격을 가졌는가에 따라 어쩌면 당신의 미래도 좌우될 수 있다. 지각이 잦은 성격은 어떠한 것으로도 변명할 수 없다. 자신의 시간을 계획할 수 없는 사람이라면, 다른 이들에게도 그렇게 하길 기대하지 마라.

팀장의 처신과 행실, 그리고 갈등과 위기에 대한 반응은 조직의 향방을 결정하게 된다. 어떤 중요한 일에서 공정하지 못하고 사적인 반응을 보인다면 그동안의 노력이 수포로 돌아갈 수 있다. 매사에 호기심을 갖는 것은 미래를 볼 수 있게 해준다. 끈기와 인내는 자신의 목표 달성을 가능하게 하며, 또 다른 도전을 위한 열정을 가져다 줄 것이다.

경험

팀장의 직위로 가져갈 경험은 당신이 그동안 쌓아왔던 모든 업무경력과 그 외에도 삶에서 얻었던 경험들을 포함한다. 자신의 인생에서 좋든 싫든, 성공한 경험이든 실패한 경험이든 간에, 당신이 그동안 살아오면서 겪었던 모든 경험의 결과를 가져가야 한다. <표 10-5>에서 보여주는 이러한 경험들은 당신의 태도와 기술 개발에 영향을 끼칠 것이고 새로운 지식을 얻는 기회를 제공할 것이다.

※ 주 : 1-미흡(능력 부족), 5-충분(높은 경쟁력 유지)

경험 요소	1	2	3	4	5
기본적 교육					
연관된 교육					
업무 활동 경험					
주변 관찰 경험					
다양한 직업 경험					
부업이나 취미 경험					
생활에서 오는 경험					

이러한 모든 경험들은 이미 당신이 팀장의 길을 선택하는 데 영향을 주었다. 당신은 유능한 사람부터 무능한 사람까지 여러 부류의 관리자들을 보아왔고, 학교에서 다양한 선생님들을 보아왔고, 다양한 형태의 동료들을 만났었다. 이러한 모든 경험의 결과를 직장으로 가져가는 것이다. 자신이 길거리에서 레몬에이드를 팔아봤거나 신문배달을 했거나, 걸스카우트 아이들에게 과자를 팔아봤다면, 당신은 이미 그때부터 사람에 대해서 배우기 시작한 것이다. 이러한 경험은 세상을 바라보는 당신의 시각에 영향을 끼쳐왔으며, 자신의 현재 행동에도 영향을 주고 있다.

지금까지 살펴 본 이 5가지 요소들, 즉 지식, 기술, 태도, 개인적 성향, 그리고 경험은 어떤 폐쇄된 고리로 연결된 연속체와도 같다. 어떤 경험은 지식을 피드백하고 그에 따라 개인의 기술을 개선시키고 태도를 변하게 하며, 개인적 성향을 형성시킨다.

자신에 대한 평가

<표 10-1>에서 <표 10-5>까지는 팀장 스스로 자신의 관리 능력과 관련된 5가지 요소를 평가해 볼 수 있는 기회를 줄 것이다. 그림에 나와 있는 요소에 대해 자신을 평가해 보고 이러한 5가지 항목을 체크해보면서 관리자로서 당신의 능력을 점검해 보라. 이것은 당신에게 무엇이 필요하고, 무엇을 보완해야 하며, 무엇을 관리 책상으로 가져가야 하는지에 대한 아이디어를 줄 것이다. 각각의 항목을 채운 후에 각 평균을 보면 각각의 범주에 대한 자신의 관리 능력의 위치가 파악될 것이다.

이제 그 자료를 <그림 10-1>의 평면 위에 거미줄 모양의 도형으로 나타내보자. 완성된 도형의 모양은 <그림 10-2>와 같은 형태가 될 것이다. <그림 10-2>의 완성된 거미줄 모양의 도형은 각각의 요소와 요소 간의 상관관계에서 자신이 어디에 위치하고 있는지를

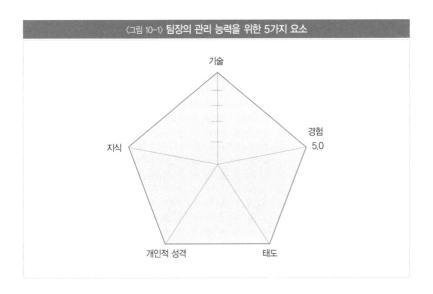

〈그림 10-1〉 **팀장의 관리 능력을 위한 5가지 요소**

그림으로 보여준다. 자신 스스로를 정직하게 평가해야만 한다. 아마도 5가지 각 요소마다 자신에게 5점 만점을 주기는 쉽지 않을 것이다.

거미줄 모양의 도형은 당신에게 5가지 영역에 대해 생각할 수 있는 기회를 주고, 어떤 것을 보완하고 집중해야 할 것인지 결정하게 해줄 것이다. 만약, 당신이 경험 영역에서 점수가 낮고 다른 4가지 영역에서는 점수가 높다면, 당신은 성공할 가능성이 높은 사람이다. 만약, 지식과 기술, 경험에서는 각각 높은 점수를 얻었으나 태도와 개인적 성향에서 낮은 점수가 나왔다면, 성공하기 위해 더 많은 것을 준비해야 한다. 만약 탁월한 의사소통과 리더십, 그리고 사고력을 갖추고 있고, 또한 훌륭한 개인적 성향과 적절한 태도를 지녔지만 지식과 경험 면에서 낮은 점수를 받았다면 자신은 여전히 성공적인 팀장이 될 후보 군에 있다고 볼 수 있다. 당신의 기술과 태도, 그리고 개인적 성향에 대한 점수는 자기 자신이 향후 무엇인

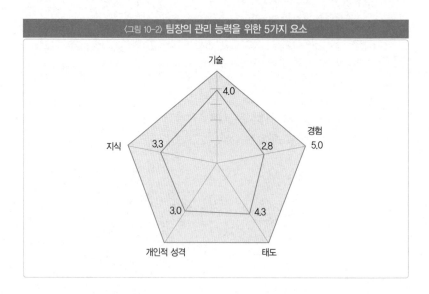

〈그림 10-2〉 팀장의 관리 능력을 위한 5가지 요소

가를 배울 수 있는 능력이 있는지를 나타내준다.

이러한 계산법에 대해 어떤 사람은 각 요소의 평균을 적용하는 것이 문제가 있을 수 있다고 반박할지도 모른다. 맞는 말이다. 이것은 과학적으로 개발된 기법도 아니고 심리학 테스트도 아니다. 이 자료는 다만 자신이 '관리자의 길'을 걸어야 할 것인지 말 것인지를 결정하는데 도움을 주고자 하는 것이다. 이것을 통해 관리 활동에서 요구하는 기대치와 그에 대한 자신의 능력과 가능성에 대한 아이디어를 주고자 하는 것이다.

이 모델을 적용하는데 있어 한 가지 주의사항이 있다. 그것은 누구든 자신을 평가할 때, 각 항목별로 어떤 근거로 점수를 매겼는지를 자기 자신에게 설명해야 한다. 다시 말해, 다른 사람이 지금 각 항목에 대해 질문한다고 생각하고 그때 무엇을 대답할 것인지를 스스로에게 대답해야 한다. 자신을 평가함에 있어 항상 누군가 관리에 대한 기본 질문을 한다면 어떻게 대답할지와 무엇을 '관리 책상management table'으로 가져갈 것인지를 생각하라. 당신이 자신을 혁신가라고 평가했다면, 당신 생애에서 혁신가로서 어떤 일을 했었는지 구체적인 증거를 제시해야 한다. 또 당신 자신을 리더십 있는 지도자로 생각했다면, 언제 어디서 당신이 지도력을 발휘했는지 설명해야 한다. 다른 항목도 마찬가지다. 당신은 정말로 의사소통 기술을 가지고 있는가? 당신이 마지막으로 문제 해결안을 제시했던 때는 언제였는가? 이러한 구체적인 질문이 태도와 개인적인 성향, 그리고 경험을 평가하는 데도 동일하게 적용돼야 할 것이다.

팀장에게 따라오는 보상과 함정

'관리자의 길management ladder'에 대한 보상은 팀장이 되고자 하는 각자의 목적에 따라 다르다. 당신이 팀장의 직책을 신분의 상징이나 안정된 직장생활을 위해서, 또는 금전적 혜택이나 편안함을 목적으로 선택했다면 앞으로의 직장생활이 결코 평탄하지 않을 것이다. 과거 수많은 팀장들은 이런 목적에서 '관리'라는 게임을 아주 성공적으로 이끌어왔다. 그들은 그동안 마른 소에게서 젖을 짜듯이 적당히 일하고, 부서가 성과에 미달해도 관리자들은 적당히 눈감아 주었다. 이러한 상황은 새로운 상사가 부임되어 정확한 현황을 인식할 때까지 계속된다. 반대로 부서의 관리자가 조직의 성과에 기여할 책임감을 인식하고 있는 사람이라면 그는 철저히 과정에 집중해야 할 것이다.

팀장이 된다는 것은 '관리에 대한 열정'을 가진 사람에게 주는 보상이다. 팀장이 관리 능력의 5가지 요소를 적절하게 조화해 당신의 책상으로 가져올 수만 있다면, 설령 관리에 갓 입문한 사람일지라도 관리자로서 성공할 수 있는 기회를 잡을 수 있을 것이다.

관리는 근본적으로 모호함을 다루는 것이며 사람과 관련된 업무이다. 자신이 만약 관리에 기본이 되는 기준이나 조건을 갖추었다면, 그 결과는 주어진 과제의 수행을 통해 얻어진 성과의 차이로 나타난다. 여기서 과제란 특정한 목표를 달성하고자 하는 사람들을 리드해야 하는 지적인 도전을 말한다.

보시디Larry Bossidy[1]는 "관리자는 사물을 다른 각도에서 바라볼 수 있는 지적 통찰력intellectual challenges을 가지고 있어야 한다."고 말했다.

미래를 내다보는 큰 그림은 일반적으로 경영자의 직관에 의해서 결정된다. 하지만 그 밑바탕에는 장기간에 걸쳐 많은 아이디어들을 분석하고 혼합하는 과정이 녹아있다. 어떤 관리자도 창문 밖을 바라보다 갑자기 거창한 계획이 떠오르거나 "유레카"라고 외치지 않는다.

보시디에 따르면, 직관에서 얻어지는 큰 밑그림을 실행 가능하도록 분석하고 형상화하는 것은 '지적, 감성적, 창조적인 통찰력'이라고 했다. 이러한 통찰력을 기르는 것은 입문 단계에 있는 팀장들이 갖추어야 할 기본 덕목이다.

팀장의 길을 가는 데 따라오는 부정적인 측면은 원칙적으로 조직의 업무환경에 따라 다르다. 다음은 팀장이 부딪치는 갈등이나 고민 관리 함정과 관련된 사항들이다. 팀장은 업무를 수행함에 있어서 이러한 갈등들과 항상 맞서야 한다.

- 주당 40시간 이하란 말은 없다. 시간이 필요한 일이라면 시간에 관계없이 전념하라.
- 관리자로서 당신은 팀 또는 부서의 직원들이 이뤄낸 성과에 책임을 져야 한다.
- 팀의 책임은 물론이고 조직 전체의 목적달성을 위한 일에 시간을 배분해야 한다.
- 조직의 사업과 목표달성은 원칙을 지키는 것보다 우선한다.
- 당신의 상사가 방해하지 않는다면 당신은 현 부서나 팀의 최종 의사결정자이다.

- 부서를 위한 7가지 역할(관리자 모자)뿐만 아니라 조직 전체를 위한 새로운 감투(직책)를 쓰고 개인적인 업무성과를 위해서 노력해야 한다. 관리자로서 당신은 업무를 위임해야 하고 담당 부서의 향후 발전을 위해서 혁신적인 업무 접근법을 도입하고 추진해야 한다.
- 사람들 간의 갈등은 자신의 부서에서, 조직 전체에서, 고객과의 사이에서, 외부 공급자, 그리고 관련되는 정부 관료 사이에서도 발생할 것이다. 갈등을 피하기보다는 적극적으로 맞서서 즉시 해결하라.

이러한 주제들은 단지 관리자의 입장이 아니더라도 현실 세계에서 직장인들이 얼마든지 부딪치는 고민거리들이다. 이러한 고민들은 새로운 업무영역을 담당하게 된 당신에게도 나타날 것이다. 하지만 이들 때문에 괴로워해서는 안 된다. 또한 그러한 고민이 오랜 기간 동안 당신의 삶을 지배하도록 놓아두어서도 안 된다. 나름대로 갈등을 관리하고 극복하는 법을 배워야 한다.

관리자에서 일반직원으로 복귀하는 경우

팀장의 직무를 수행하다 보면, 과거 자신이 '관리자' 직위에 대해 기대하고 꿈꿔왔던 특혜와 매력이 생각했던 것보다 실망스럽게 보이면서 그동안 자신이 관리자가 되고자 노력해왔던 과정들이 허무하게 느껴질 수도 있다.

반면, 조직의 입장에서 보면 부적절한 관리자가 관리 업무를 수행하는 데서 오는 고비용을 인식해야 한다. 개인의 관리능력(5가지 요소)이나 직무 요건에 대한 충분한 분석도 없이 단지 경력이 있는 전문가라는 이유만으로 관리직으로 승진시키는 것은 조직의 심각한 실수다. 그런 관리자가 성과 개선을 위한 노력은 하지 않고 오직 자신의 직위를 탐닉하도록 내버려두는 것은 더 심각한 조직의 실수다.

개인 또는 조직에서 볼 때 실패한 관리자는 항상 존재한다. 하지만 이들을 일반직원의 신분, 즉 특정 업무에 대한 일반직 전문가로 되돌아가게 하는 것은 현실적으로 쉽지 않다. 일단 관리직으로 옮겨 갔다가 다시 일반직원의 신분으로 되돌아 온 직원은 항상 '실패한 관리자'라는 꼬리표를 달고 다녀야 한다. 이러한 부정적인 충격은 조직의 규모와 근무환경에 따라 조금씩 다르다. 일반직원으로 돌아가더라도 변경된 업무처리 방법과 변화된 환경에 적응하는 데는 시간이 필요하다. 공백기 동안의 변화를 고려할 때, 2~3년의 과도기 동안은 업무성과가 기대에 못 미칠 수도 있다.

해외근무에 대한 관리자의 태도

"당신은 외국에서 근무할 용의가 있는가?"라는 질문에 대해, 외국에서 근무하고 돌아온 직원FSE, Foreign Service Employees이라면 대부분 부정적으로 답한다. 하지만 나는 그들이 말하는 대부분의 불평들이 정당하지 않다고 생각한다. 그들은 주로 해외근무 기간 동안에 무엇을 성취했나 보다는 귀국했을 때, 무슨 일이 일어날 것인지에 관심을 두고 있다. 나는 해외근무로 7년을 보냈고 또 다른 조직에서는 해외근무 직원에 대한 많은 지식을 쌓았으며, 해외에서 근무할 관리자와 전문가를 물색하는 업무에 적극적으로 참여한 적이 있다. 해외근무는 상대적으로 힘든 일이다. 모든 면에서 희생을 요구한다. 해외에서 근무하는 당신과 당신의 가족은 휴가를 즐기는 것이 아니다. 당신은 새로운 문화에서 일하고 생활하는 것이다. 새로운 언어에 익숙해져야 하며, 현지의 전통에도 잘 적응해야 한다. 휴일도 그 나라의 휴일 제도에 따라야 한다. 당신이 그 나라 사람들과 어울려서 이웃으로 살고자 한다면 그들의 문화를 배우고 새로운 환경에서 의사소통하는 방법을 더 많이 배워야 할 것이다. 이런 모든 변화에도 불구하고 해외근무는 전문직 종사자와 관리자들에게 성장을 위한 중요한 기회가 될 것이다. 관리자 직위에서 해외근무를 통해 성공적인 자기변화를 이루고자 한다면 다음에서 말하는 것들을 스스로에게 점검해 볼 필요가 있다.

- 그 직무의 목적은 무엇인가? 목적에 부합하기 위해서 현재의 방식을 계속 추진할 것인가? 아니면 새로운 방법을 시도할 것인가? – 각각에 따라 요구되는 능력이 다르다.
- 그 나라 업무 환경이 임무를 수행하기에 불충분하다면 나는 무엇을 가져가겠는가? – 꼭 필요한 것을 가져가야 한다.
- 부서 내의 갈등이나 다툼 때문에 당신이 변두리로 내몰리는 것인가? 아니면 진정 기대되는 업무라서 해외로 파견되는 것인가? 만약 자신이 밖으로 내몰리는 것이라면 나는 그곳에서 어떤 실적을 쌓고 돌아올 것인가?

- 새로운 근무지에서 관리자와 직원이 갖추어야 할 업무 차이는 무엇인가? 해외근무 직원들은 현지인들과의 서로 다른 업무 관행 때문에 현지인들의 능력을 과소평가하는 경향이 있다.

- 대부분의 해외근무 직원들은 현지 언어에 대해 무지한 상태에서 직무를 맡는 경우가 많다. 능숙하지는 못하더라도 적어도 최소한의 노력은 해야 한다.

- 가능하면 현지에서 개최되는 문화 행사에 적극적으로 참여하라. 그러면 항상 자신을 도와줄 새로운 동료를 만날 수 있을 것이다. 그런 행사를 무시하면, 당신은 인간관계를 형성하는 데 있어 어려움을 겪을 것이다.

- 해외근무에서는 항상 가족 문제가 최대 관건이다. 한 가지 충고를 하자면, 해외근무에서 성공하기 위해서는 반드시 배우자의 사전 동의를 받아야 한다. 언어와 문화의 장벽은 어떤 방식으로든 극복해야 한다. 그럼에도 불구하고 어떤 불편함은 계속 있을 것이다. 만약 그 지역이 영어가 통하지 않는 지역이거나, 배우자가 최소한의 언어 훈련이 안 되어서 의사소통에 두려움을 느낀다면 현지에서의 삶이 매우 어려워질 수 있다.

해외근무 이후 본사로 돌아오는 것은 현지에서 어떤 업무를 수행했고 무엇을 달성했는가도 중요하지만, 누가 당신의 업적을 알고 있느냐에 따라 달라진다. 해외근무 직원들은 본사의 동료들과의 의사소통에 어려움을 겪는다. 당신이 해외에서 근무하는 동안 인적 네트워크를 잃어버릴 수도 있다. 오늘날에는 인터넷을 비롯한 다양한 의사소통 방법이 있어서 이러한 네트워크를 유지하기가 쉬워졌다. 그러나 마지막 분석에서 본사 입성은 당신이 현지에서 무엇을 성취했는지에 따라 결정되고, 조직의 인사관리 정책에 따라 결정될 것이다. 또 하나의 필요조건은 현재 당신의 관리자가 본사 귀환을 전적으로 지원해줘야 한다는 사실이다. 해외근무를 마치고 본국으로 돌아가기 위해서는 본사 귀환에 대한 사전 준비를 해야 한다. 3년간 해외에서 근무한 직원이라면 본국으로 돌아가서 적응하기 위해서는 아마도 1년 전부터 사전 준비를 해야 할 것이다.

자, 이제 당신에게 해외근무의 기회가 주어진다면 당신은 이를 수락하겠는가? 결정은 오직 당신 자신이 해야 한다. 회사의 고위 경영진이 되는 것을 목표로 삼고 있다면, 해외근무 경험을 통해서 많은 것을 배울 수 있다는 점을 명심하라.

관리자에게 MBA가 반드시 필요한가?

경영학 석사 MBA는 관리자가 되기 위한 필수 조건인가? 대부분의 경우에는 그렇지 않다. 그렇다면 MBA는 경영관리 전략을 추진하기 위해 꼭 필요한 것인가? 이 또한 반드시 그렇지만은 않다. 지난 수십 년에 걸쳐 많은 조직들이 관리자에게 MBA를 강조해왔다. 제조, 기술 관리, 마케팅, 경제학, 일반관리와 기타 많은 분야에서 특화된 전문성을 위한 MBA 학위 취득이 확산되어 왔다. 이러한 프로그램들이 관리자, 경영진의 자리에 오르고 싶은 많은 사람들을 유도하는 데는 성공했을지 몰라도, 무엇이, 언제, 어디서, 누가, 왜, 그렇게 관리자에게 필요한 것인지를 가르치는 데에는 각 프로그램이 도움이 되지 못했다. 우리가 프로그램의 가치를 논할 필요는 없다. MBA 대부분의 프로그램은 관리자 입문 단계에서는 별로 필요하지 않은 경영학 이론에 대한 기초 교육들이다.

'관리'에 대해 배우는 것은 다른 직업에 관한 것을 배우는 것과 다를 바가 없다. 화가는 그림으로 예술에 통달해야 한다. 특정한 효과를 나타내기 위해 다양한 색을 어떻게 섞어야 하는지를 배우는 것도 중요하지만 훌륭한 예술가가 되기 위해서는 연습과 훈련이 필수적이다. 골퍼는 스윙 자세와 어떻게 공을 쳐야 하는지에 대해

〈표 10-6〉 팀장 입문에 필요한 기본 지식 모듈

경영관리 일반	의사소통	리더십
경영 관리 원론	커뮤니케이션 기법 기초	리더십의 유형
팀 업무 관리	바람직한 의사 전달	리더의 태도와 특징
개인 업무 관리	커뮤니케이션 메시지의 이해	리더십에 따른 위험 이해
내부 고발자/반항아 관리	듣는 방법	리더의 필요/충분조건
다양한 분야의 업무 이해	동료와의 대화법	리드하기의 장단점
제품 개발 과정	다른 업무 분야 대화법	추종자에 대한 이해
아이디어 개발과 소스 관리	상위 관리자와 대화법	조직 차원의 리더십
프로젝트의 분류와 선택	고객/공급자와 대화법	리더의 개발
문서화 작업	집단과의 대화법	조직의 하부구조 이해
부서의 행정 업무 관리	이 메일/인터넷 대화법	팀 차원에서의 리더십
예측 및 추정의 기초 이해	회의 진행 및 커뮤니케이션	리더의 차별화 전략
의사결정에 따른 재무 효과	업무 승인을 위한 계획 보고	리더십 환경 조성
법무 업무에 대한 이해	프레젠테이션의 일반적 기초	일치와 교감
효과적인 정보시스템	업무 프레젠테이션 하기	동의와 명령
가상 조직 관리	아이디어/개념 설득 기법	후원과 지원
직무 위험과 위험 관리	팀워크에서 대화 요령	동기부여 기법
필요 기술의 시스템적 개발	의사소통 네트워크 개발	직무상 리더십 효과
직업 윤리와 사회적 책임		리드하기와 업무 추진

배우고 공부하지만 전문 골퍼가 되는 최고의 길은 오로지 연습에 전념하는 것이다. 이와 마찬가지로 관리자는 실전 훈련으로 관리 업무를 배우는 것이 더 중요하다.

입문 단계의 관리자가 기초적인 경영관리 이론만 알고 있다면 나머지는 모두 실무 경험을 통해서 배우게 될 것이다. 자신에게 필요한 것이 투자 수익률을 올리거나 예산관리에 관한 것이라면 당신에게는 이제 재무관리를 위한 계절 학기 수업은 더 이상 필요 없다. 당신은 회계사나 내부 감사가 아니다. 그러므로 그런 사람이 되려고 노력할 필요가 없다. 다만, 투자 수익률이 무엇이며, 회계사나 감독자들과 의사소통하기 위한 스킬 정도만 알고 있으면 그것으로 충분하다. <표 10-6>에서 (1) 일반적인 경영관리 지식, (2) 다양한 형태의 의사소통, (3) 신규 관리자가 좀 더 빨리 정착하기 위해 필요한 기초 단계의 리더십 등과 관련해 적용되는 몇 가지 모듈 목록을 제시했다.

팀장의 성공과 실패에는 분명 이유가 있다

팀장의 성공이나 실패에는 분명 많은 이유가 있다. 나는 팀장들이나 대학원 학생들과 대화할 때 보통 두 가지 질문을 한다.

1. 당신은 현재 당신의 상사를 어떻게 생각하고 있는가?
2. 당신은 현재 당신의 상사 혹은 다른 관리자와 경쟁하기를 좋아하거나, 경쟁하고 있는가?

나는 그들에게 자신의 상사를 복제하라고 제안하는 것이 아니다. 다만 그들이 현재 어떤 부류의 관리자와 일하고 있는지를 스스로 판단해보라는 의도이다. 결과적으로 그들은 자신들의 관리자에게 조직의 목표를 위한 효과성과 효율성 측면에서 그다지 높은 점수를 주지 않았다. 일반적으로 관리자들은 어떤 특정한 사안, 즉 최고 경영자는 선호하지만 조직의 목표와는 괴리가 있는 이슈에 대해 용기 있는 문제 제기를 하지 못한다. 만약 조직이 직원들 가운데서 가장 진취적이고 리더십이 뛰어난 인재만을 관리자로 임명한다면 그 조직은 어떤 심각한 문제에 부딪칠 것이다.

성공에는 자신의 노력은 물론이고 상사와 경영진의 지원에 따라 그 성패가 크게 좌우된다. 당신이 얼마나 진취적인가에 상관없이, 최선의 노력을 다할 수 있도록 지원하는 업무 환경이 필요한 것이다. 성공과 실패를 결정하는 요인은 개인적 요인, 조직적 요인, 그리고 조직 전체의 지원과 통제로 구분해 볼 수 있다.

성공과 실패의 개인적 이유

이 책을 통해 나는 미래지향적인 사람, 업무 주도적인 사람, 남들과 차별화된 관리 철학을 가진 관리자가 될 것을 강조했다. 또한 그때 그때 필요한 관리 모자를 바꿔 쓸 것과 상자 밖에서 사고할 것, 필요하다면 건설적인 이단자가 될 것, 당신이 말한 대로 실천하라고 주장해 왔다. 이런 주문들이 현실적으로 불가능한 과제라 여길지 모르겠지만, 나는 절대적으로 실행 가능한 것들이라 생각한다. 관리의 5가지 요소를 이해하고, 지속적인 과정을 통해 배우며, 부단한 노력을 계속하는 사람들은 오늘도 조금씩 그것을 성취해가고 있다.

'관리 능력의 5가지 필요조건'을 충족하고 있고 팀원이 각자 자신의 전문 분야에 대한 업무 능력이 충만하다면, 부서의 성공은 보장된 것이다. 반대로, 관리자로서 당신이 관리 능력의 5가지 필요조건을 갖추지 못했다면 실패할 가능성은 매우 커진다. 성공은 이러한 5가지 요소의 균형 발전을 필요로 한다. 성공을 향한 열정과 추진력이 매우 넘쳐나서 늘 동기부여되는 부서는 성공할 것이다. 그들은 '이미 절반이 채워진 물 컵'을 보는 그룹이다. 관리자로서 당신은 이제 구체적인 과정을 설정하고 개인적인 실천으로 기회를 잡을 수 있도록 준비해야 한다. 때로는 당신 팀에 심각한 문제가 생겨 고통 받을 수도 있겠지만 그런 상황은 자신의 관리 능력을 테스트하는 기회로 삼아야 한다.

실망스런 성과를 내고 더 이상 조직에 이익을 주지 못하면, 당신은 물론 당신이 이끄는 조직까지도 성공을 하지 못한다는 것을 명심하라. 성공은 당신의 상사와 팀원을 포함한 조직 내 모든 사람들의 협조와 노력에 달려있다는 것을 기억하라.

성공과 실패의 조직 내적 요인

조직에 어떤 특정한 상황이 발생했을 때, 어떻게 관리하는가에 따라 관리자의 성공과 실패가 결정된다. 조직은 전략을 개발하고 경영 계획을 실행함으로써 그 목적과 목표를 달성해 간다. 개인의 성공도 조직의 한 부분으로 관리되어야 한다. 이를 위해 관리자는 발생 가능한 문제점과 새로운 기회를 예측하고 적절한 해결책을 찾아내야 한다. 하지만 조직이 목표달성을 위한 인적, 물적 자원이나 하부구조가 따라주지 않는다면 최고 경영진이 어떤 것을 요구하더라도 그것이 달성되기 어려우며, 오히려 다른 문제만 낳을 수 있다.

조직의 실패는 임명해서는 안 될 사람을 상위 관리자로 임명하기 때문에 발생할 수도 있다. 그런 사람들은 학문적 배경으로 인한 지식은 넘쳐나지만 업무 실적과 경험이 턱없이 부족한 경우가 많다. 학문적 배경은 배운지 5년만 지나면 그다지 효과가 없다. 그렇다고 해서 관리자를 임명하는 기준이 오직 지난 5년간의 업무성과에 대한 평가 결과로만 이루어질 일도 아니다. 새로 임명되는 관리자는 필요한 학문적 배경과 앞에서 언급한 5가지 핵심 요소에 대한 충분한 능력은 물론 핵심 업무에 대한 경력도 충분히 고려되어야 한다. 조직의 실패는 무능력한 자가 조직의 업무를 관리할 때 발생한다. 관리자로서의 기회는 상위 관리자가 적정하게 협조하지 않는다면 제한될 수밖에 없다.

성공과 실패의 조직 외적 요인들

세계화 경제 시스템 속에서 기업 외적인 요인들에 의해서 이루어지는 일련의 사건들은 경력이 많은 관리자라 할지라도 실패할 수 있다. 급속한 경제성장과 신제품 출시, 닷컴 기업들의 출현과 쇠퇴 등 현대의 관리 환경은 빠르게 변화하고 있다. 9.11사태와 항공기 납치 등 세계적인 사고들도 속출하고 있다. 각종 사고들을 정상화시키는 일은 개별 기업의 통제 범위 밖의 일이다. 외부 환경의 변화를 바라보는 개별 기업 관리자는 전체를 균형 있게 보는 안목이 중요하다. 당신의 성공과 실패는 이렇듯 급격한 외부 환경 변화에 관리자로서 당신의 책상에 무엇을 가지고 가느냐에 달려있다.

관리자의 길로 들어설 것인가에 대한 결정은 자신의 관심 사항, 지식, 기술, 태도, 개인적 성향, 경험에 대한 종합적인 평가를 기초로 판단해야 한다. 관리자는 사람을 관리하는 것이 아니라 그들의 행동(업무)을 관리하는 것이다. 나는 관리자로서의 경력관리를 할 때 무엇을 관리할 것인가를 깊이 생각해 봐야 한다.

■ 자신이 관리자가 되면, 관리 탁자에 무엇을 가지고 갈 것인가? 그 다음 관리 탁자에 앉으면 무엇을 할 것인가를 파악하라.

■ 관리 능력의 다섯 가지 요소, 즉, 지식, 기술, 태도, 개인적 성향, 경험을 관리 탁자로 가져가는 것은 관리자 입문 단계에 있는 자신의 성공과 향후 관리자 경력에 결정적인 영향을 미칠 것이다.

■ 관리자의 길을 가기 위해서는 지속적으로 업무를 추진할 수 있는 에너지뿐만 아니라 미개척 분야를 다루는 열정도 필요하다. 모든 관리에는 항상 잘 알지 못하는 것들이 포함되어 있는가? 꼭 그렇지만은 않다. 하지만 관리자는 업무 추진에 앞서 그것들을 점검해 볼 필요가 있다.

■ 관리에 따르는 보상과 함정은 잘 알려져 있다. 보상은 쉽게 받아들일 수 있다. 하지만 고민이나 함정은 좀 멀리 두고 볼 필요가 있다. 당신은 이미 '관리자의 길'을 선택했기 때문이다.

■ 관리자는 자신에게 주어진 직무에 책임이 있다. 물론 조직이 그 비용의 일부를 지불하겠지만, 근본적인 책임은 당신이 져야 한다.

■ 전문직에서 관리자로 옮겼다가 다시 전문직 종사자로 되돌아가는 것은 자신의 발전을 지연시킨다. 관리자의 길을 가기로 결정했다면 스스로에게 다음과 같은 간단한 질문을 해보자. 훌륭한 관리자가 되기 위해 필요한 능력을 갖췄는가? 이 질문의 답은 오직 당신 자신만이 할 수 있다.

■ 해외에서 근무할 기회가 온다면 어떻게 하겠는가? 그 판단을 하기 위해 서는 해외근무에 따른 상황과 장단점을 알아야 한다. 결정은 오직 당신만이 내릴 수 있다. 하지만 해외근무 경험이 주는 가치는 매우 클 것이다.

■ 관리자에게 MBA 자격증이 반드시 필요하다고 생각하는가? 물론 있으면 좋을 것이다. 그러나 당신에게 필요한 것은 관리에 대한 기초 지식일 뿐이다. 그 지식을 어떻게 얻을 것인지는 중요하지 않다.

■ 관리에서 성공과 실패는 기본적으로 당신 자신에게 달려 있다. 때로는 당신의 통제 밖에 있는 사안도 있을 수 있지만 당신이 관리자로서 필요한 능력을 가졌다면 당신은 어떤 문제라도 극복할 수 있을 것이다.

NOTES

1. Larry Bossidy and Ram Charan, Execution: The Discipline of Getting Think Done(New York: Crown Business, 2002), p32.

2. 역주 : 저자는 관리자의 길로 들어서서 승진하고 성공하기 위해 노력하는 과정을 관리의 사다리(mamagewent ladder)로 표현함